产业区块链

中国核心技术自主创新的重要突破口

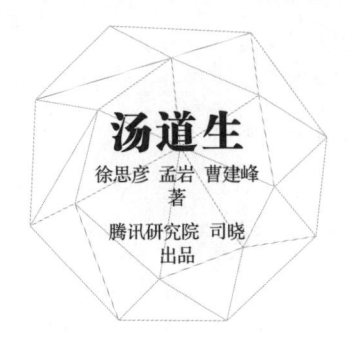

汤道生

徐思彦 孟岩 曹建峰
著

腾讯研究院 司晓
出品

图书在版编目（CIP）数据

产业区块链：中国核心技术自主创新的重要突破口 /
汤道生等著 . -- 北京：中信出版社，2020.5（2020.5重印）
ISBN 978-7-5217-1668-9

Ⅰ. ①产… Ⅱ. ①汤… Ⅲ. ①产业发展－研究－中国 Ⅳ. ① F269.2

中国版本图书馆 CIP 数据核字（2020）第 039531 号

产业区块链——中国核心技术自主创新的重要突破口

著　　者：汤道生　徐思彦　孟岩　曹建峰
出版发行：中信出版集团股份有限公司
　　　　　（北京市朝阳区惠新东街甲4号富盛大厦2座　邮编　100029）
承 印 者：三河市中晟雅豪印务有限公司

开　　本：880mm×1230mm　1/32　　印　张：9.75　　字　数：275千字
版　　次：2020年5月第1版　　　　　　印　次：2020年5月第2次印刷
广告经营许可证：京朝工商广字第8087号
书　　号：ISBN 978-7-5217-1668-9
定　　价：68.00元

版权所有·侵权必究
如有印刷、装订问题，本公司负责调换。
服务热线：400-600-8099
投稿邮箱：author@citicpub.com

目　录

推荐序一　区块链全面拥抱产业互联网⋯⋯⋯⋯马化腾　V
推荐序二　区块链产业化和产业区块链化⋯⋯⋯朱嘉明　IX
前　言　走出泡沫，落地为王　XVII

第一篇　背景与概念

第一章　区块链走向舞台中央　003
　　　　区块链被列入国家战略　003
　　　　中国区块链战略务实不务虚　004
　　　　三大领域融入实体经济　006
　　　　区块链并非简单工具，而是协作型技术　008
　　　　星星之火，可以燎原　010

第二章　区块链的价值和意义　011
　　　　区块链的概念内涵　012
　　　　融入实体经济：产业区块链成为区块链发展的新空间　019
　　　　深化数字经济：区块链支持数据成为新生产要素　022
　　　　小结　030

第二篇　市场与政策

第三章　全球进入区块链时代　033
　　　　区块链征程纵览　033
　　　　海外科技头部公司的区块链布局　038
　　　　小结　053

第四章　中国区块链产业格局　054
　　　　中国区块链产业政策　054
　　　　区块链产业生态雏形已现　056
　　　　区块链成为创业热土　057
　　　　新格局：大公司布局，垂直爆发　060
　　　　小结　061

第三篇　应用

第五章　产业区块链应用模式　065
　　　　区块链的真需求和伪需求　065
　　　　区块链作为跨信任边界的可信计算系统　069
　　　　交叉验证：区块链实现可信数据的核心方法　071
　　　　产业区块链的九步应用模式　074
　　　　区块链能给哪些行业带来变革　080

第六章　链接金融　085
　　　　供应链金融：小微企业迎来融资转机　088
　　　　数字资产：金融配置降本增效　095
　　　　数字货币：打磨新型金融基石　101
　　　　数字金融：全球普惠金融的未来　111

第七章　链动文娱　115
　　　　区块链+游戏：破局求变，好玩是第一要义　116
　　　　区块链+版权保护：省时省力，线上跑通确权维权　128
　　　　区块链+内容产业：价值流转，优质内容分得更大红利　133
　　　　文娱未来畅想　139

第八章　链上可信城市　141
　　　　区块链+城市：千城抢滩，打造未来的信任之都　142

三大引擎，链上城池潜力无限　148

区块链＋社区：精耕细作，挖掘社区深藏价值　151

区块链＋智慧交通：多方协同，链上链下四通八达　154

区块链＋城市管理：助力城市可信中台　158

链上可信城市的发展路径思考　165

第九章　链透政务治理　168

区块链＋社会治理　168

区块链＋信用体系：数据共享，助力社会信用体系建立　172

区块链＋司法：事实为王，破解数据信任难题　176

区块链＋税务：大道至简，提升各方报销效率　182

区块链＋营商环境：提升服务效率，带动经济活力　191

实施挑战　196

第十章　链牵民生服务　199

区块链＋教育：从学到用，护航千万学子远大前程　200

区块链＋医疗：链接数据孤岛，破解医疗困局　212

区块链＋溯源：流转全记录，还需要解决事实上链难题　222

区块链＋公益扶贫：精准透明，重建公益组织社会公信力　228

小结　236

第四篇　治理

第十一章　区块链是法外之地吗　239

新一轮全球技术竞争已经开始　240

逐步推进加密资产监管　241

破解匿名交易难题，防范网络犯罪风险　243

区块链监管离不开法律创新　244

数字资产和智能合约何以代表未来　247

隐私和安全　255

第五篇　转型

第十二章　企业的区块链转型　267

　　　　　火眼金睛，巧辨需求　267

　　　　　内外审视，可行与否　269

　　　　　明道定法，外引内联　270

　　　　　内靠治理，外看监管　273

结　语　产业区块链的未来趋势　275

致　谢　281

跋　　　经济增长的信任基础………司晓　285

区块链全面拥抱产业互联网

马化腾

经过 50 年的发展，互联网从少数学者的"玩具"，逐渐变为全球数十亿人日常生活与工作不可或缺的工具。中国互联网的发展更为迅猛，仅仅 20 多年的时间，我们的网民从无到有，目前已超过 8 亿，并成功实现从 PC（个人计算机）互联网向移动互联网的跨越。

最近 10 年，越来越多的人，从过去寻找固定的地点和时间上网，变成随时随地在线。正如手机的像素越来越高，物理世界在数字世界的映射，颗粒度也越来越细。互联网为我们展开的数字世界，正变得越来越丰富和庞大，并与物理世界越来越紧密地融合在一起。今天，我们的互联网服务不仅仅要满足个人用户的日常生活需求，更要逐渐满足包括工业制造企业在内的商业机构和大量公共部门的日常工作需要，从消费互联网发展到产业互联网。

在这个过程中，我们发现，产业互联网不仅仅指过去常用的信息资源网络，我们至少还需要随时随地可以弹性处理海量数据的计算资源网络，以及促成深度共享协作的可信资源网络。这也是为什么像早期的互联网一样，大家对云计算和区块链寄予如此巨大的厚望。

区块链借助密码学、共识算法和分布式存储等技术，组合出一种新的数据共享方式，通过数据的公开透明、不可篡改与集体维护等措施，降低整个系统的信息不对称性，从而促成新的信任机制。这有助于数据这种新的生产要素被更合理地分享并参与生产和分配，从而造福经济社会。区块链解决这一系列问题的技术架构和独特方案，正在给数字化转型升级中的各行各业带来创新和启发。

过去一年，我们看到，除了更多的人上网，越来越多的企业开始"上云"，还有一些业务与产品开始尝试"上链"。2019年10月，中央强调要把区块链作为核心技术自主创新的重要突破口，加快推动区块链技术和产业创新发展。今天的区块链有望超越比特币，远离狂热的炒作，脚踏实地，从谷底起步，开始攀爬产业互联网的长坡。特别是，经历新冠肺炎疫情的阻击战，中央把加快推进"新基建"提到新的高度。区块链与云计算、5G（第五代通信技术）通信、人工智能等信息技术正在有机融合起来，共同构成数字经济和智慧社会的重要基础设施。这些新型基础设施，势必深刻地影响和重塑我们的经济组织、金融组织和社会治理模式。如同工业时代的用电量，未来"用链量"也许会与"用云量"结合在一起，成为数字时代经济社会的重要指标。

腾讯早在2015年就开始区块链领域的研究和探索。几年来，我们在电子发票、供应链金融、商业银行票据、司法存证、电子证照、公益寻人、数字内容保护、产品溯源防伪、医疗处方流转等领域有广泛的应用尝试。特别是，2018年在税务部门的主导和推动下，深圳开出了中国首张区块链电子发票，并开展区块链电子发票的试点推广工作。在这个过程中，腾讯提供了底层技术和能力。截至 2020 年 2 月，区块链电子发票已被广泛应用于公共交通、政务民生、金融保险、零售餐饮、互联网服务等上百个领域，开票数量超过 1600 万。普通用户通过微信就能在消费时，支付生成或扫码生成区块链电子发票，商家也能在微信上开通申请用票。这既节省了消费者和商家的大量时间和精力，也有效解决了发票真假难验和一票多报等管理难题。

我们也看到，区块链技术远未发展到成熟阶段，有大量富有挑战性的问题有待解决。《产业区块链》尝试探讨了目前区块链技术在全球的发展趋势，及其在各个产业落地的可能性。这本书中，既有对过往尝试的总结，也有对未来趋势的探索。

推荐序二

区块链产业化和产业区块链化

朱嘉明

2020年将是区块链与产业结合的重要年份。《产业区块链》一书由中信出版社出版实在是恰逢其时。这本书不仅提供了产业区块链的全面图像,而且深入探讨了产业区块链的深层机制。

区块链与产业结合的格局

2008年,因为比特币的问世,区块链进入人们的视野。2015年前后,区块链成为专业研究对象,因此许多区块链专著、学术论文和科普文献问世,区块链概念由鲜为人知到空前普及。更为震撼的是,在过去三年,区块链技术应用从加密货币进入实体经济,且与数字经济的兴起和发展交相辉映,而2019年是区块链行业发展里程碑式的一年。

这本书认为,全球进入区块链时代,其重要标志是全球加大投资区块链产业。

  2019 年,全球区块链解决方案支出预计达 29 亿美元,较 2018 年的 15 亿美元增长 88.7%。在 2018—2022 年的预测期内,区块链支出将以强劲的速度增长,预计 2022 年将达到 124 亿美元,其中进入服务和实体经济的比重最大。其中,欧洲是全球区块链支出增速最快的地区,2019 年,欧洲的区块链支出超过 8 亿美元,预计到 2022 年,这一数字将达到 36 亿美元。只是,作为新兴的前沿技术,区块链还没有形成强大的技术壁垒,对于世界各国来说,实际上基本处于同一条起跑线。但是,全球性区块链的"军备竞赛"已经开始。

  因为大量资本涌入区块链产业,导致区块链产业发展进程加快。产业区块链领域形成了四大类参与主体:(1)大型科技公司;(2)金融机构;(3)咨询公司/系统集成商;(4)初创公司或组织。其中,最有影响力的是微软、谷歌、IBM(国际商业机器公司)和脸书等海外科技巨头,以及诸如摩根大通这样的金融机构,它们影响了从区块链技术开发、产业生态、产业布局到市场竞争模式,甚至场景落地。2019 年,脸书发布了加密货币 Libra 白皮书,对世界金融界、政府监管部门和经济学界产生的冲击至今没有平复。

  区块链技术是否可以对世界现实经济体系造成颠覆性影响?现在下结论为时尚早,但是区块链作为一种新的技术经济形态正在将不同主体、不同城市、不同国家、不同行业卷入其中。从少数极客到初创企业、大型客机企业再到政府主导的公共服务,最后发展到以城市为单位的区块链可信城市。区块链几乎适用所有应用场景。

  无论如何,如果认为区块链技术正在开始主导新的产业诞生与改造传统产业,加速数字经济的进程,还是实事求是的。

区块链与产业结合的深层原因

产业困境和互联网困境

区块链与产业的结合开始加速，有来自需求和供给的深层原因。（1）传统经济，或者传统实体经济数字化遇到瓶颈。因为数据与传统的资产有巨大的性质差异，具有易删、易改、易复制等特性，区块链从根本上确保了数字对象的唯一性，无法复制，不可篡改，帮助传统产业应对克隆挑战、确权挑战、产权挑战、隐私挑战、安全性挑战，通过数据上链，实现可信数字化、确权数据和 IP（知识产权）等无形资产的数字化交易。（2）传统经济先天的中心化系统的弊端和多方信任协作的难度。区块链通过多中心方式结合智能合约等技术解决多方信任协作问题，在数据增信的基础上，结合智能合约和其他技术，重塑信任关系和合作关系。（3）互联网不可逾越的局限性：互联网虽然可以快速地生成信息，并将其复制到任何一个地方，实现高效传播，但是现有的网络安全技术难以保障互联网上高价值数据的流转，现有的互联网技术无法实现价值传输。而基于区块链技术所建立的平台，属于一种价值技术通用平台，可以有效地支持资产数字化转化为数字资产化。

从根本上说，区块链技术是基于多方面研究成果的综合性技术系统，主要体现为非实体和非物质的状态，而不是人们所熟知的那种单项的物质化技术，或者传统的硬件技术。区块链具有三项不可或缺的核心技术：共识机制、密码学原理和分布式数据存储。区块链在技术上实现了以下三个突破。（1）区块链技术是一种分布式账本技术，属于一个共享数据库，存储于其中的数据或信息具有不可伪造、全程留痕、可以追溯、公开透明、集体维护、多方共享等特征。（2）区块链技术提供可信数据的核心方法，创造了一种关于信任的协议（Trust Protocol）的新范式。（3）区块链技术包括的可信计算系统和交叉验证合作机制，可以有效维护价值互联网的边界和运行。

未来一二十年，伴随数字时代的来临，数据将会成为资产，数据资产将有力地影响未来的财富创造方式和分配格局，成为数字经济的新动能，数据将成为新的经济增长发动机。区块链技术将有力地支持数据成为新的生产要素，并支撑数据生产要素化和数据资产化的平台，或者支撑数字经济时代价值流动体系的新基础结构。所以，区块链作为一个技术集群，正在技术、应用模式、监管和制度设计等方面提供包括思维模式、行动协议和应用模式等整体性解决方案。

区块链与产业结合的领域

区块链绝非万能的。这本书提出了不宜应用区块链的三个场景。（1）多个相互没有隶属或指令关系的实体之间相互协作。（2）各方均不愿让渡数据主权或数据治权，也不愿意无条件共享数据。（3）由信息不透明导致的过度博弈严重降低协作效率。

区块链技术在任何领域的应用，存在一些必要条件，最为重要的是相关产业部门，或者企业的数字化程度，实施区块链的相关标准和治理共识，以及实现区块链运行的人力资源，形成懂行业、懂区块链、有业务流程设计能力的人才团队。那么，究竟在怎样的领域可以应用区块链技术？这几年的事实是，区块链技术应用已延伸到数字金融、物联网、智能制造、供应链管理、数字资产交易等领域，所涉及的产业有金融、社会治理、文娱、教育、医疗、公益扶贫，以及智慧城市。

这本书提供了一个基于2019年全球区块链投资及相关产业影响的图像，说明金融、公共治理和文娱产业处于绝对领先地位，至于医疗、教育，特别是农业和制造业还处于起步阶段。在此基础上，这本书对区块链的应用产业做了较大篇幅的描述。（1）区块链和金融，支持供应链金融，缓解中小企业破解融资难题。（2）区块链和版权保护，从确权到维权，有效降低从确权到维权所需的时间成本，打通版权保护全流程。区块链和内容产业的结合，建立内容全新价值评估体系，加速内容的价值流通，保障创作者的版权收益，长尾内容迎来春天。（3）区块链与文化娱乐，促进全新的文化产业价值网络的形成。以游戏行业为代表，改变目前行业不透明、消费者的话语权弱势和价值流通不畅的现状。（4）区块链和教育，产学结合，鼓励学有所长，保护学有所得的学术版权，改善学习社区。（5）区块链和医疗健康，建立基于区块链的数字就医和智慧医疗体制，重构医疗保险系统，保证药品溯源。（6）区块链和政务，政务流程公开透明，简化税务，化解电子发票难题，形成具有稳定信任基础的经商环境。（7）区块链和司法，建立身份认证，保护个人信息安全，监督执法从事后追责变为实时预防，助力社会信用体系建立。（8）区块链和公益扶贫，提供智能合约，实现扶贫资源的透明和效率。（9）区块链和智慧城市，即可信城市，以区块链作为基础结构，形成政府规划、企业响应和居民支持的互动，重塑人与城市的发展关系，改善社区生态环境，给城市居民更深的安全感，进而建立城市间区块链联盟。

总的来说，区块链作为永久的、不可篡改的、可验证的、去信任的、可编程的分布式账本技术（DLT），有望对任何形式的资产的登记、库存、交易实现在世界范围内的去中心化记录。区块链技术的应用，应该和必然产生至少以下三个效益：经济成本下降，收益提升，积极和正面的社会影响。从根本上说，这将有利于实现联合国在 2015 年提出的实现可持续发展的目标。

中国的区块链战略

与世界主要发达国家相比，中国的区块链产业规模仍然非常小。根据相关统计，2019年上半年区块链产业规模约为4.95亿元，仅占中国2019年上半年45万亿元GDP（国内生产总值）的0.001%。在中国，早在2015年，主要科技企业的区块链布局就已开始。但是，在随后的两年中，比特币波动较大，加之ICO（首次币发行）代表的市场过度炒作产生巨量泡沫，政府不得不严加监管。这样，科技企业和民间企业对于国内的区块链投资态度转向保守，布局也显得低调谨慎。

这种情况在2019年10月下旬之后开始改变。2019年10月24日，中共中央政治局就区块链技术发展现状和趋势进行第十八次集体学习，确定将区块链作为国家核心技术自主创新的重要突破口，这意味着以大数据、人工智能和区块链为主要支撑技术的中国数字经济新战略的基本确立。

这本书认为中国推出区块链新战略有三个导向，即科技导向、产业导向和民生治理导向。或者说，以民生、经济和政务三大领域作为产业融合的突破口。这本书进而预测，区块链有望成为继云计算、5G之后，中国对科技投资的又一重点领域，形成符合中国国情的区块链产业政策和区块链产业格局。在中国，"国家队"和创新企业将共同构成推动区块链全面发展的力量。以腾讯、阿里、京东、百度、华为为代表的新型中国科技企业，全面回归区块链基础技术和应用的规划与布局，很可能酝酿区块链技术创新和区块链产业的高潮。

结语

这本书最后提出了产业区块链的七大未来趋势。（1）产业区块链成为区块链行业发展的主战场，联盟链、私有链成为主流方向。（2）区块链推动经济社会治理变革。（3）不断增加的大型传统企业引入区块链。（4）区块链与云计算结合得越来越紧密，"云链用量"

成为衡量数字经济发展的新指标。(5) 跨国区块链行业联盟组建推动垂直领域的区块链应用。(6) 区块链与多方计算、安全计算、联邦学习结合解决数据的隐私保护与共享问题。(7) 分布式商业将继续试验，探索可扩展的商业模式。

区块链技术的升级，产业区块链的形成，以及产业链技术迭代是相辅相成的关系。产业区块链最终的扩展，取决于微观企业。企业从自身需求出发，主动寻求区块链应用的路径，坚持"试错"思维方式和市场验证，建立最佳应用场景，创造基于区块链技术的产品开发和运营模式。有了更多的企业区块链，进而会出现行业区块链和产业区块链。

区块链产业领域并非法外之地。各国政府之所以没有对区块链技术及其应用进行立法，主要原因是区块链处于发展早期，尚不具规模或造成社会风险，过度监管会阻碍技术创新。但是，这样的历史阶段正在迅速完结，对加密货币和资产交易的严格监管已经开始。

这本书提出，未来三年将是传统行业与区块链紧密融合的关键时期，会涌现新型的商业模式和监管服务模式。这为实体产业换道超车提供了机遇，数字资产会成为企业的重要资产。对于实体经济而言，这无疑既是机遇，也是挑战。从短期来看，区块链的应用范围较为分散，在这一阶段，降本增效是区块链技术初步运用后带来的最直接的影响。从长期来看，随着区块链技术的成熟，更为和谐健康的社会会被塑造。这样的判断是理性的，是值得读者认真思考的。以技术创新和变革的历史，没有喧嚣的群众运动，没有惊心动魄的政治演变，甚至没有媒体的持续关注，一个产业区块链化和区块链产业化驱动的未来正悄然来临。

最后，读者应该注意到，这本书难免存在不足之处。区块链是有着深刻科学渊源的技术集群，而且可能因为其他学科和技术的突破而发生结构性与系统性改变,例如量子计算与区块链有着不可低估的关联性。在这方面,人们需要给予足够关注。

2020 年 2 月 1 日

北京

前言

走出泡沫，落地为王

每一个时代都有自己值得骄傲的技术，无论是晶体管、激光、互联网，还是载人航天飞机。近 10 年中，金融网络领域最具颠覆性、最闪耀的技术发明莫过于区块链。无论是与数字货币一道横空出世，继续发力衍生出智能合约，还是可预见的未来，以分布式经济不断重塑整个金融世界，都使它的夺目光芒无法被掩盖。人们普遍认为，今天的区块链技术就和 20 年前的互联网一样，将给我们的世界带来巨大的影响。

把目光移到 2000 年，彼时，互联网泡沫正在膨胀。经历了疯狂的 20 世纪 90 年代，"互联网"概念成了投资者眼中财富的代名词。据统计，1999 年纳斯达克上市公司里有 119 家公司名字里带有".com"。美丽的泡沫一触即破。2000—2002 年，纳斯达克指数从 5000 点崩盘到 800 点，彼时的互联网与过街老鼠无异。区块链顶着"下一代互联网"的光环出世，过去几年经历了高速的发展，有进步，也有泡沫。几年内，区块链经历了 20 年前互联网经历的一切。比特币一度从 20 000 美元暴跌至 3000 美元，行业融资乱象频发，区块链曾经也从"新兴技术"变为"传销骗局"。随后的两年中，区块链和数字货币领域经历了从被追捧到泡沫到低谷的阶段，这同时也是大浪淘沙、去伪存真的过程。

2019 年是区块链行业发展里程碑式的一年。全球区块链行业迎来了很多大事件：摩根大通发行了自己的稳定币；扎克伯格领导下的脸书发布了 Libra 区块链技术白皮书，引发全球热议。虽然全球央行和监管的反对声音以及美国国会的质疑让 Libra 的开局遭受了不小的挫折，但它的影响力仍是广泛的，一旦成功，它可能成为 10 多亿人的金融基础设施。各国央行也加快推进对央行数字货币的研究计划，其中，中国人民银行携即将推出的 DCEP[①] 是当之无愧的领跑者。随着数字稳定币等新形态的探索，基于区块链的金融场景进一步突破。同时，国内区块链应用开始迎来大规模落地。2019 年，腾讯区块链已有 1000 万张区块链电子发票面市，司法区块链也取得大范围突破。10 月，中共中央政治局就区块链进行集体学习，并明确指出将区块链作为核心技术自主创新的突破口。区块链从之前野蛮生长的状态重新走到聚光灯前，被主流人群关注。从国内来看，区块链产业发展进程加快，进入"脱虚向实"主旋律。这与 2019 年热门的"产业互联网"有异曲同工之妙，重点不在于技术本身，而在于其与传统行业结合的应用场景。从以往的概念验证走向大规模应用落地的进程正在加速，在医疗、司法、能源等方面实现规模性应用。资本驱动是区块链上半场发展的关键因素，一味依赖资本让区块链的发展出现虚假的泡沫。当资本退潮时，一个真正属于区块链的时代也许才能真正降临。

---

① DCEP，即 Digital Currency Electronic Payment，是中国人民银行未发行的法定数字货币。

区块链并不是一个全新的领域,从 2015 年开始,区块链就被当成一个独立于比特币的领域专门研究。此前已有许多专著为我们介绍了区块链的概念、历史、技术原理及颠覆潜力。我们相信,在诞生 10 年后的今天,区块链的发展已经进入一个新阶段。随着颠覆性用语的减少,更多的是思考成熟的商业应用还有多远。在本书中,我们将重点关注以下问题:为什么说产业区块链的时代已经到来?区块链与实体经济的结合有哪些路径?区块链在实体经济的各个领域中有哪些落地和潜在应用场景?区块链应用的法律边界和挑战是什么?传统产业的区块链转型,又该如何起步?

第一篇

背景与概念

第一章 区块链走向舞台中央

区块链被列入国家战略

2019年10月24日下午,中共中央政治局就区块链技术发展现状和趋势进行第18次集体学习,习近平总书记发表了重要讲话,将区块链作为国家核心技术自主创新的重要突破口。

区块链技术得到国家层面如此高规格的定位尚属首次,这标志着区块链技术已被上升为国家战略,也意味着以大数据、人工智能和区块链为主要支撑技术的中国数字经济新战略的基本确立。

党的十九大以来,中共中央政治局迄今已经进行19次集体学习,其中三次与数字经济相关,主题分别是大数据、人工智能和区块链。其中,对于区块链的定位是最高的。

习近平总书记在主持学习时强调,区块链技术的集成应用在新的技术革新和产业变革中起着重要作用。我们要把区块链作为核心技术自主创新的重要突破口,明确主攻方向,加大投入力度,着力攻克一批关键核心技术,加快推动区块链技术和产业创新发展。习近平总书记指出,区块链技术应用已延伸到数字金融、物联网、智能制造、供应链管理、数字资产交易等领域。目前,全球主要国家都在加快区块链布局。我国在区块链领域拥有良好的基础,要加快推动区块链技术和产业创新发展,积极推进区块链和经济社会融合发展。会上还总结了区块链的五大作用,分别是促进数据共享、优化业务流程、降低运营成本、提升协同效率、建设可信体系,要抓住区块链技术融合、功能拓展、产业细分的契机,发挥区块链的作用。[①]

在此次集体学习中,习近平总书记对我国的区块链发展提出了更高的要求:第一,在国际竞争方面,要努力让我国在区块链这个新兴领域走在理论最前沿,占据创新制高点,取得产业新优势,提升国际话语权和规则制定权;第二,在国内社会治理方面,要发挥区块链在促进数据共享、优化业务流程、降低运营成本、提升协同效率、建设可信体系等方面的作用,例如,推动供给侧结构性改革,实现各行业供需有效对接,加快新旧动能接续转换,推动经济高质量发展。[②]

总书记的重要讲话高屋建瓴,触及行业本质,将区块链的现状、机遇、突破点一一厘清。此次重要讲话有充分的调查研究准备,显示出国家发展区块链技术的坚定决心,对促进各部门、地方政府重视区块链技术、推动区块链行业发展有巨大的推动作用,对行业发展无疑具有重大的指导意义。

中国区块链战略务实不务虚

此次政治局集体学习,首先给区块链技术定了调:第一,要

[①] 中国政府网:www.gov.cn/xinwen/2019-10/25/content_5444957.htm。
[②] 同上。

把区块链技术作为核心技术自主创新的重要突破口;第二,区块链对整个技术和产业领域都会发挥重要作用;第三,中国有很好的基础,区块链技术在未来会全面融入经济社会。

针对以上三点,我们认为,中国之所以在此时此刻推出区块链新战略,有以下三个导向。

第一是科技导向。目前,全球主要国家都在加快布局区块链技术发展。在区块链技术发展上,中国正在抢占跑道。在中美贸易摩擦的大背景下,中国企业越来越强调对最核心的"硬技术"的掌控,从政府政策引导来看,也更加鼓励企业进行区块链核心技术的自主创新。习近平总书记的重要讲话中"最前沿""制高点""新优势"三个词无疑说明国家对区块链领域的认识已经提升到战略高度。

第二是产业导向。此次讲话指明了区块链技术要服务实体经济。习近平总书记的重要讲话中,5次提到"融合"。区块链技术的关键在于"融合"。区块链技术一定要解决某一领域的具体问题,这就要求区块链技术深入具体场景。区块链技术在产业应用中,也不是一个点的应用,更多是融合的应用。用总书记的话来说就是"打通创新链、应用链、价值链"。

第三是民生治理导向。区块链技术不可篡改、多方参与的特性是提升社会治理的重要工具。区块链在民生与社会治理领域有天然的优势,可以促进数据共享,优化业务流程,降低运营成本,提升协同效率,未来在教育、就业、养老、精准扶贫、医疗健康、商品防伪、食品安全、公益和社会救助等方面的应用价值将会逐步显现出来。

由此可见,中国的区块链战略"务实不务虚",要求区块链"脱虚向实",因此实体经济才是中国区块链的主战场。

三大领域融入实体经济

可以看出，当下政策所鼓励的区块链与几年前自然生长的区块链行业有显著不同，鼓励的是将区块链作为一门技术，与传统或其他产业相结合，实现赋能与价值提升。这与2019年热门的产业互联网有异曲同工之妙，重点不在于技术本身，而在于其与传统行业结合的应用前景。

长期以来，区块链作为一种相对后端的技术其实并不能被用户感知。一些使用区块链技术提升效率与安全性的项目，往往并不会直接让用户感觉到区块链的作用。使用"区块链"三个字对公众宣传的项目，往往并不是真正对大众有益的项目。

此次政治局学习提出将民生、经济和政务三大领域作为产业融合的突破口，区块链可以实际服务于看得见、摸得着的领域，可为经济社会转型升级提供系统化的支撑。

从商业经济层面来看，区块链经济已经萌芽。许多基于区块链的解决方案，可以改善现有的商业规则，构建新型的产业协作模式，提高协作流通的效率。无论是各国央行和各大商业银行，还是联合国、国际货币基金组织以及许多国家政府研究机构，都对"区块链+"给予了极大的关注。在金融领域，传统金融行业的发展存在诸多业内难以解决的问题，例如，增信、审核等环节成本高昂、结算环节效率低下、风险控制代价高，以及数据安全隐患大等。区块链具备的数据可追溯、不可篡改、智能合约自动执行等技术特点，有助于解决金融领域在信任、效率、成本控制、风险管理以及数据安全等方面的问题。区块链可以实现信用穿透，证明债权流转的真实有效性。金融机构可以在征信方面节约大量成本，放心地向企业、个人提供贷款，解决中小企业贷款融资难、银行风控难、部门监管难等问题。贸易领域可以省略大量的纸面工作，监控物流环节，防止欺诈。区块链不仅能大幅降低交易成本，增加资金流动速度，提高支付效率，还有利于降低参与方门槛，促进全球跨境贸易的发展，进而有望变革全球支付体系和数字资产形态，构筑分布式商业生态。

从政务治理层面来看，区块链技术正在探索在公共管理、社会保障和保护、土地所有权管理等领域的应用。相关实践表明，这种技术有助于提升公众参与度，降低社会运营成本，提高社会管理的质量和效率，对社会管理和治理水平的提升具有重要的促进作用。在政务领域，探索利用区块链数据共享模式，实现政务数据跨部门、跨区域共同维护和利用，促进业务协同办理，深化"最多跑一次"改革，为人民群众带来更好的政务服务体验。

区块链在公共服务领域的应用主要围绕 4 类工作开展：身份验证、鉴证确权、信息共享以及透明政府。我们最常说的区块链最核心的特征"去信任"对于天然带有强信誉的政府机构来说并非刚需。反而，区块链系统的附带特点"账本共享""信息共享"可以改变公共服务中的很多关键领域，如数据存储、共享与溯源，与政府日益公开化、透明化的目标高度一致，可以解决现代政府治理过程中面临的诸多棘手问题，包括腐败问题、政府信息公开问题、社会福利问题、税收问题等。区块链技术不仅仅意味着无纸化办公、效率成本优化，还意味着从数据管理流程的优化到治理思维的一系列转变。

在民生领域，"讲话"中指出要积极推动区块链技术在教育、就业、养老、精准脱贫、医疗健康、商品防伪、食品安全、公益、社会救助等领域的应用，为人民群众提供更加智能、更加便捷、更加优质的公共服务。理论上，所有需要信任、价值、协作的民生服务都可以通过区块链技术提供完善的方案，例如，教育、医疗、食品安全、城市管理。在未来智慧城市的建设中，区块链也将作为底层技术服务融入新型智慧城市建设，探索在信息基础设施、智慧交通、能源电力等领域的推广应用，提升城市管理的智能化、精准化水平。在区块链基础设施的支持下，城市间在信息、资金、人才、征信等方面将有更大规模的互联互通，提高生产要素在区域内的有序流动。

区块链并非简单工具，而是协作型技术

当然，过去几年的实践证明，区块链的认知和应用门槛相对于其他技术而言，显得比较高。很多人即使读过很多区块链的专著，也听过很多课程，对于区块链的用处和意义也是不明就里，看不到区块链的应用价值，找不到区块链的应用思路。这主要是因为区块链与一般的技术不同，不是一个简单的工具，而是一种"技术化的制度"，具有比较高的认知门槛。

人类的经济活动分为两大类：一类是生产活动，是人与自然打交道；另一类是协作活动，是人与人打交道，主要是各种形式的交易活动。无论哪一类经济活动，人们都希望不断提升效率，这就需要不断发展相应的技术。主要用于提升生产活动效率的技术，我们称为生产型技术。主要用于提升人与人之间协作效率的技术，我们称为协作型技术。两种技术都很重要，但人们对于生产型技术与协作型技术的认识能力和接受度是不同的。生产型技术比较容易被认知和接受，协作型技术则比较难以被认知和接受。

生产型技术的特点是提高个体的产出效率，比如通过采用某种工具或者流程，使得单位时间、单位投入消耗所得到的产出更多。这种技术带来的改进是看得见、摸得着的，而且个体效率提升了，整体效率也能获得提升，局部和整体效率提升的方向是一致的，个体的利益与整体是一致的。人们熟悉的大多数技术都是生产型技术，远至指南针、锯、火药、印刷术、电灯，近至电脑、人工智能、大数据、5G等新一代信息技术，主要都是生产型技术。对于这样的技术，人们理解起来非常容易，几乎没有什么认知障碍，推广部署起来阻力也很小。

协作型技术则相反，其目的是提升协作效率。协作的基本单位是"交易"。按照美国制度经济学家康芒斯的分类，交易分成三种，分别是买卖交易、管理交易和限额交易。按照康芒斯的说法，人类一切协作都是通过交易达成的。因此，协作的效率最终就体现为交易费用的高低，一切协作技术的根本也就在于降低整体的交易费用。因此，协作型技术往往不仅是一个工具，更是要确立一整套制度、流程、协议和规范，对个体施加更多的约束和要求，强化其在与他人协作中的可预测性，协调其与协作者的关系，从而实现整体协作效率的提升。从个体来看，这种技术应用之后，参与者不但自己要额外做不少工作，效率有所降低，而且必须接受更多的约束与规范，放弃原有的一部分自由和权益。也就是说，个体为了与他人协作，需要付出一定的代价，接受一定的制约。因此，在协作型技术推行的过程中，人们往往发现，局部效率和整体效率提升的方向相反，个体利益与整体利益不一致，从而不仅增加了认知和理解障碍，而且增加了实施阻力。但是，从整体和长期来看，协作型制度不仅具有更大的全局性，能够影响各个方面，促进其他技术的应用和发展，而且其对于经济社会发展的巨大促进作用，是任何单点上的生产技术和工具改进也都无法相提并论的。市场经济制度就是典型的交易型技术，互联网很大程度上也是一种交易型制度。很明显，对于人类整体福利的增进来说，没有任何具体的生产型技术能够跟市场经济相提并论。

区块链就是一种典型的协作型技术，它强调的是如何通过公开透明的可信计算平台，大大降低协作各方彼此之间的信任成本和与之相关的交易摩擦。因此，区块链具有协作型技术的优点和缺点。一方面，区块链确实比较难以认识和理解，在实施方面也有一定的难度。例如，有人觉得区块链画蛇添足、多此一举，有人觉得区块链除了数字货币一无是处，有人觉得区块链虽然有用，但是会对自己的利益带来冲击。凡此种种，都构成了对区块链落地的挑战。

事实证明，如果不能形成国家战略，不能自上而下高效推动，完全依靠自下而上的自发式推动，在行业当中落实区块链的难度就会增大，失败率会增高。而区块链一旦成为国家战略，自上而下推动，在某些领域里打破既有利益格局，甚至先推动应用，摸着石头过河，其影响也将是全局性的，在国家治理、行业应用、创新驱动、经济民生等方面都将发挥巨大的作用。

星星之火，可以燎原

区块链这个火种，终于要在中华大地掀起燎原之势。事实上，中国是较早在区块链领域进行国家级战略布局的国家之一。早在 2016 年 1 月，区块链即已首次作为战略性前沿技术被写入《"十三五"国家信息化规划》，此后全国多个省、市、自治区及特别行政区，都相继发布相关政策，在市场上掀起了区块链研发与投入的热潮。从政策推动、企业加入、监管法规来看，区块链发展的脉络越来越清晰，规范化和规模化发展成为定局。

作为新兴前沿技术，区块链还没有形成强大的技术壁垒，对于世界各国来说，实际上基本处于同一条起跑线。中国要在此领域实现核心技术突破，束缚和阻碍更小，更容易走在理论最前沿，占据创新制高点，取得产业新优势。此外，在技术、产业、人才、政策上，中国拥有良好的基础，具有快速突破的土壤。随着中央对区块链技术的高度重视和极高定位，后续行业政策有望密集落地，标准或将加速完善，在政策、资本和产业的共振下，2020 年将会是区块链与产业结合的重要年份。

第二章　区块链的价值和意义

在讨论区块链的应用落地之前，我们面对的第一个障碍就是认知的局限性。

区块链的基本技术特征并不复杂，如果方法得当，一个受过中等以上教育的普通人可以在很短的时间里大致了解区块链的工作原理。其实，区块链真正的认知挑战在于理解区块链的价值和意义。

如前所述，区块链是一种协作型技术，因此相比人工智能、5G、物联网等其他热门技术，其认知和实践门槛都比较高。更何况，由于区块链的发展路径，也给人们理解和正确认识区块链带来额外的障碍。第一，历史问题。区块链是诞生于比特币的底层技术，而比特币的发展充满争议。在所谓的"币圈"之中，短短几年，可谓乱象频出，各路"坏孩子"通过各种投机行为破坏市场秩序，不断刷新下限。而在所谓的"链圈"之中，资本推动行业泡沫，许多区块链项目"为链而链"，并没有解决实际问题。在多种因素的共同作用下，区块链行业始终充满争议。在很长一段时间内，区块链甚至是被污名化的。第二，区块链的各种"理论""观点""学派"层出不穷，鱼龙混杂，真伪难辨。一千个人眼中有一千个哈姆雷特，一千个人眼中的区块链也不尽相同。不同的利益相关方和背景知识都可以带来对区块链的不同理解，这些理解之间又激烈碰撞。"币圈""链圈"之争，又或者把区块链作为一种技术或者工具的不同理解方式，都在不同层面上把理论之水搅得更浑，使人们更难以去伪存真。第三，范围模糊。区块链行业广义上包含了数字货币、公链、联盟链、交易所、分布式数据库、BaaS（后端即服务）、密码学等子领域。如何认知？

我们认为，欲明辨是非，必须回归根本。在本章中，我们首先回顾区块链的基本概念。对于区块链这种协议式的，需要大规模社会协作参与的颠覆性技术，越快让人了解它的意义，就会使其越快体现自身的价值。在此基础上，我们将分别从支持产业区块链和支持数据生产要素化两个角度认识区块链的战略价值。

区块链的概念内涵

从信息互联网到价值互联网

我们通常认为，现在的互联网主要是信息的互联网，它将各种信息数字化并传递，进行交换交易。在互联网背后，是 TCP/IP（传输控制协议/互联协议）这样的互联网基本技术协议。TCP/IP 的根本就是执行一个网络上所有节点统一格式、对等传输信息的开放代码，把全球统一市场所需要的自由、平等的基本价值观程序化、协议化，在此基础上形成了全球信息的低成本、高效率传输。万维网协议的发明者蒂姆·伯纳斯-李曾经对互联网有这样的论断：一旦我们通过互联网连接信息，就可以用它来发现事实、创立想法、买卖物品以及建立各种联系。在互联网上，我们可以方便快速地生成信息，并将其复制到任何一个地方，所有信息都是可以高效传播的。互联网发展至今，已经初步完成阶段性使命——连接人和信息。

渐渐地，我们发现，因为电子数据易删、易改、易复制等特性，现有的网络安全技术难以保障互联网上高价值数据的流转，现有的互联网技术无法实现价值传输。举个例子，如果我们想要向其他用户转账，必须在付款账户中减去一笔钱，在收款账户中增加一笔钱，才能完成这笔支付。同样，对于一段有价值的数字内容，若想对其进行交易，也不能仅仅复制其内容。对于互联网上的价值转换，将某部分价值从 A 账户转移到 B 账户时，必须清楚地认定 A 账户减少了这部分价值，而 B 账户增加了这部分价值。目前，主要是通过银行等第三方信用机构来背书，互联网只是记录了信息的变更这个环节，而非真正解决了价值转移的动作。

区块链是比特币背后的技术。区块链是一种分布式账本技术，从本质上看是一个共享数据库，存储于其中的数据或信息具有不可伪造、全程留痕、可以追溯、公开透明、集体维护、多方共享等特征。基于这些特征，区块链技术奠定了坚实的信任基础，创造了可靠的合作机制。它创造的新范式是一种关于信任的协议，基于它可能构建转移价值的互联网——价值互联网。在最基本层面上，账本描绘了经济和社会关系。关于账本的共识及精准的信任，是市场经济的基石之一。加密的全球分布式独立账本网络提供了政府、中央银行或任何垄断的中心机构管理之外的另一种运行模式，撼动了位于金融核心的传统信任机制，创造了一种基于技术的社会信任体系。对于现有基于中心化机构设计的金融生态来说，区块链的出现带来了巨大的颠覆。区块链将社会系统中由双边互信或建立中央信任机制演化为多边共信、社会共信，人们可以突破时间和权力进行信用共建。

如果互联网为我们的生活带来的是信息重构，那么区块链就是一种价值重构。如果观察一下金融领域,可以发现,货币、股票、积分从某种意义上来说,都是一种关于价值的工具。[①] 货币大大简化了交易流程。股票是连接投资人和有募资需求的企业的一种有效机制。积分是连接消费者和公司商业活动的工具。它们的区别就在于适用范围和复杂程度。通过智能合约技术,区块链可以用程序语言来代表金融交易中的业务逻辑。再加上用去中心化的信任机制验证信息价值,我们可以看到,从本质上来说,区块链技术带来的是一个关于价值技术的通用平台。这个平台可以让我们实现各种各样的价值技术。各类资产,如股权、债券、票据、仓单、基金份额等均可以被整合进区块链账本,成为链上的数字资产。甚至其他有价值的东西,如标题、行为、版权、艺术等也可以在区块链上存储、转移、交易。

价值重构,也就是价值交互的方式、交易的方式会发生巨大的变化。这个变化会对我们的商业形态和社会形态带来巨大的冲击。让我们来类比一下,移动支付出现之前,互联网上的主要商业模式是广告。而移动支付出现以后,网约车、网游、电商、团购、视频等商业模式大爆发,各种互联网上的应用和服务也随之涌现出来,塑造了过去10年互联网的繁荣。尽管目前区块链的变革性价值还未充分显现出来,但相信在不久的将来一定会有越来越多的颠覆性应用和服务诞生。

信任与账本

区块链最基本也是最核心的价值,是它通过技术手段帮助人们降低信任成本,确保信息安全。在如今的互联网时代,为什么大家

[①] Creole, A Simple View of Blockchain, [EB/OL].2015, https://medium.com/@creole/1-a-simple-view-of-blockchain-500654a55d1d.

愿意相信远在千里之外的一个卖家呢？因为在交易过程中，我们把信任托付给了官方机构或大型企业，它们在其中扮演增信中介的角色。区块链技术带来的是一种智能化的信任。比特币从 2009 年至今运行了 10 年，无责任主体，无担保机构。以色列数学家阿迪·沙米尔（Adi Shamir）曾在 2012 年发表了一篇论文——Quantitative Analysis of the Full Bitcoin Transaction Graph，通过对比特币系统中前 18000 块链公开的交易记录进行分析，估算比特币持有者的数量，截至 2012 年 5 月 13 日，持有比特币的实体有 185 万。[①] 时至今日，数以千万计的用户已经对基于机器信任的价值交换不再陌生并习以为常。

那么，区块链是如何实现技术增信的呢？通俗地说，区块链可以看成是一套由多方参与的、可靠的分布式数据存储系统，其独特之处在于：一是记录行为的多方参与，即各方可参与记录；二是数据存储的多方参与、共同维护，即各方均参与数据的存储和维护；三是通过链式存储数据与合约，并且只能读取和写入，不可篡改。分布式账本中的每条记录都有一个时间戳和唯一的密码签名，这使得账本成为网络中所有交易的可审计历史记录。

区块链技术可以很好地满足公信力的需求。建立在区块链上的信任并非由单个组织掌控，而是由多方交叉验证与监督。

值得注意的是，区块链技术不是单一的技术，而是一个集成了多方面研究成果的综合性技术系统。我们认为，其中有三项不可或缺的核心技术——共识机制、密码学原理和分布式存储。

第一，共识机制。所谓共识，是指多方参与的节点在预设规则下，通过多个节点交互对某些数据、行为或流程达成一致的过程。

---

① Dorit Ron and Adi Shamir. Quantitative Analysis of the Full Bitcoin Transaction Graph [C]. Financial Cryptography and Data Security.2012.

共识机制是指定义共识过程的算法、协议和规则。区块链的共识机制具备"少数服从多数"和"人人平等"的特点,其中"少数服从多数"并不完全指节点个数,也可以是计算能力、股权数或者其他计算机可以比较的特征量。"人人平等"是当节点满足条件时,所有节点都有权优先提出共识结果,直接被其他节点认同,并且最后有可能成为最终共识结果。

第二,密码学原理。在区块链中,信息的传播按照公钥、私钥这种非对称数字加密技术实现交易双方的互相信任。密钥至少有两种组合:公钥和私钥。信息发送者使用公钥将信息加密,加密后的信息只能用私钥来解码。数字签名是用来证明信息或者文件真实性的数学工具。密码学对公钥和私钥进行处理,体现了区块链的阴阳法则:虽公开可见,但需要私人认证。

第三,分布式存储。区块链中的分布式存储是指参与的节点各自都有独立、完整的数据存储方式。

与传统的分布式存储有所不同,区块链的分布式存储的独特性主要体现在两个方面:一是区块链每个节点都按照块链式结构存储完整的数据,而传统分布式存储一般是将数据按照一定的规则分成多份进行存储;二是区块链每个节点的存储都是独立的、地位等同的,依靠共识机制保证存储的一致性,而传统分布式存储一般是通过中心节点往其他备份节点同步数据。

这三项技术使区块链成为"防篡改的、没有中央权威的、去中心化的数字分布式账本",将几千年来依赖于信用中介的信任转化为基于技术的信任。

区块链解决了中心化的信任问题后,给商业、社交、生活带来了重大的契机。比特币也是区块链的第一个试验品,也是到目前为止知名度最高、最成熟的区块链应用。在比特币的世界,该币没办法凭空产生,没有通货膨胀和超发问题,无法造假,在交易过程中外人无法辨别用户的身份信息。更重要的是，它天然是全球化的。各种文化背景的开发者通过开源的方式聚集起来，由共识社区赋能比特币的价值。

区块链是一种制度设计

单从技术角度来看，把这些过去已有的技术排列组合，并没有特别的革新之处。区块链虽然以技术之名诞生，但是其所带来的，已经远远超过技术本身。

早在1993年，密码朋克埃里克·休斯（Eric Hughes）就发表了一篇名为 A Cypherpunk's Manifesto 的宣言，总结了密码朋克的原则和抱负——保护隐私和言论自由，使用匿名通信并交易，建立匿名信息系统和电子货币，自力更生，自己动手编写安全软件，传播密码学知识，并谴责任何监管。这篇文章是所有密码朋克的圣经，当然包括比特币和区块链的创造者中本聪。这些想法在过去10年中对区块链社区产生了深远影响。自从比特币问世以来，我们已经有了数百个区块链项目，但基本原则是一样的。

- 自由：任何时间，任何地点，以任何方式，用户都可以在区块链上自由使用和管理他们的数据/数字资产，没有任何第三方施加限制。
- 匿名：用户有权只公开最少的凭证，并将其真实身份作为秘密。
- 透明：所有的数据和过程应该是公开的，易于跟踪和审计，难以篡改。
- 去中心化：没有单一的控制点，没有黑箱，没有人可以单独改变规则和记录。
- 完全用户控制：用户可以完全控制他们的数据和资产。这一点非常重要，因为在现实世界中，大多数人都会委托第三方，如银行、公司、基金、政府机构管理资产。因此它不是所有者控制的，也不是真正私有。
- 协作：区块链社区的成员可以协作办事。他们不指挥别人，不会通过建立官僚机构实施管理，而是平等协作。

正是这些原则吸引了区块链的核心支持者。大多数区块链的粉丝对技术知之甚少，他们不知道什么是哈希指针，为什么它可以防止数据被篡改，他们不知道数字签名是如何工作的，他们不知道为什么分布式共识如此难以达成。但是他们知道这些简单原则的意义，并体验和拥抱它们。

更进一步，从广义上，我们可以将其理解为一种组织或机制设计。区块链的技术采用分布式网络架构，具有去中心、分布式、共识共担的组织结构特征。从组织机制设计的角度来看，信息共享和共识表现为参与者之间的信息相互传递和验证。区块链是一种可以实现既定社会目标的信息分散决策机制。具体而言，在机制层面区块链包含以下几点。

- "编码化诚信"：诚信被编码到流程的每一个环节，而不依赖任何金字塔体系或者任何一个成员。编码化诚信追求的是合作的透明度，以提高履约率并降低信用风险。
- "共识系统组织"：在区块链上商议、起草执行协议，与供应商、客户、雇员等利益相关者无缝衔接。人类纷争的本质就是无法达成共识，而人类社会发展的本质是共识的凝聚和达成。区块链就是构建共识的基石，只有达成共识才能开启交易，形成社群。
- "多种数据治理"：区块链系统蕴含数据治理的理念，即尊重各节点的数权和治权。区块链是一种数据及时广播的多副本存储模式，只要求在应对具体事务时共享信息，且重视过程数据。
- "分布式商业"：现行社会治理体系中的产权制度和分配方式等，宗旨皆在于激励人们发展生产力，创造财富。公司的薪酬制度、职工持股、职级晋升同样是为了激励员工创造价值。区块链的一项重要创新，就是个人的资产可以被确权，包含拥有权、使用权、交易权等不同的权益可以作为资产在价值网络中流转。推动分布式商业的是协作共赢的思维。把员工、用户、供应商等都绑在一条船上，形成共同利益后，整个社会的活力就会被激发出来。

可以看到，区块链可以被视为一种"技术化的制度"。这些理念既可以蕴含在区块链概念中，也可以脱离区块链系统而存在。不过值得注意的是，在具体应用的过程中，要立足于实际情况，不可拘泥于一些过于理想化的宗旨。完全用科技取代制度和信任是非常困难的，分布式与中心化也各有适用场景，不存在优劣之分。

融入实体经济：产业区块链成为区块链发展的新空间

区块链对于各产业的数字化发展具有积极的推动作用，这是区块链能够得以落地应用的首要原因。产业区块链正是本书的主题，因此在本节我们简述一下产业区块链的意义。

过去几年，有许多成熟的机构对区块链进行了不同程度的尝试，有的将区块链作为技术系统引入某些垂直领域，但很快就发现它并未带来突破性的应用和商业价值。也有一些区块链创业公司和创新项目，虽然试图实践广义上的区块链，但是往往不能找到有真实需求的应用场景，更多的时候只能做出一些类似乌托邦的去中心化区块链平台。很多人都忽略了区块链技术与具体产业的结合，没有用区块链技术进行产业系统和业务流程的组织再造。

中国的区块链新政并非空穴来风。从 2018 年开始，产业互联网就成为行业关注的焦点。产业互联网是从消费互联网引申出的概念，是指传统产业借力大数据、云计算、智能终端以及网络优势，提升内部效率和对外服务能力，是传统产业通过"互联网+"实现转型升级的重要路径之一。产业互联网依托大数据实现传统产业与互联网的深度融合，助推经济脱虚向实，实现转型升级。产业互联网的兴起，意味着制造、农业、能源、物流、交通、教育等传统领域相继将被互联网改变和重构，并通过互联网提高跨行业协同效率，实现跨越式发展。

在我们重新认识区块链以后，可以发现区块链的技术特性赋予了自身变革传统产业的潜力，其应用已经从单一的数字货币应用延伸到各行各业的场景，脱虚向实，能提升系统的安全性和可信度，加强传统产业多方之间的协作信任，同时简化流程，降低成本，进而在各领域中助推实体行业，解决实体经济的真实问题，我们将这样的趋势称为"产业区块链"。

区块链如何赋能产业

区块链通过点对点的分布式记账方式、多节点共识机制、非对称加密和智能合约等技术手段建立强大的信任关系和价值传输网络，使其具备分布式、去信任、不可篡改、价值可传递和可编程等特性。区块链可深度融入传统产业，通过解决产业升级过程中遇到的信任和自动化等问题，极大地通过增强共享和重构等方式助力传统产业升级，重塑信任关系，提高产业效率。

从发展阶段来看，区块链对产业的赋能表现为以下三个方面。

第一，消除中心化系统的弊端，比如数据透明度和数据隐私保护问题，强调增信，增强数据可信度，强化数据公信力，例如，存证项目，存——数据上链，证——证明数据不可篡改，从而实现可信数字化。

第二，区块链用多中心方式结合智能合约等技术解决多方信任协作问题，在数据增信的基础上，结合智能合约和其他技术，重塑信任关系和合作关系。比如腾讯微企链解决的供应链融资问题，促进了小微企业、核心企业以及金融机构等参与方的信任协作关系。

第三，基于区块链，可以将数字资源确权形成数字资产，未来会有越来越多的资产数字化和数字资产化。作为一种价值技术的通用平台，区块链可以帮助传统产业实现在数字世界的流转，也可以通过确权让数据、知识产权等无形资产数字化，进而交易。这是数字经济时代全新的价值流动体系，将真正激活数字经济的发展潜力。

目前，在区块链与实体产业融合的初始阶段，最广泛的需求是增信，其实现方式是存证，这也是产业区块链发展的重要基石。存证主要解决的是数据真实可信的问题，为相关数据提供"存"与"证"的双重保障，强化数据的公信力，市场对其的期望是有效的事前预防和事后追责，为产业中企业间多方协作打下重要的信任基础。结合智能合约、身份认证和隐私保护等技术，传统企业间低效的协作模式将通过预设规则、智能协同和信息共享等手段得以改进，简化合作流程，提高协作效率，强化互信合作，实现"信息互联网"向"信任互联网"的跨越。例如，在版权领域，区块链主要用于电子证据存证：一能保证证据不被篡改，通过和原创平台合作，可以辅助证明原创作品的真实性和完整性；二能提高侵权举证和司法判决的效率，因为区块链可以链接原创平台、版权局、监测中心以及执法部门等机构，依据链上共享的电子证据高效处理侵权行为，降低举证难度，加快执法进度，增强合作信任。

由此可见，通过存证实现数据增信是整个产业区块链未来高速发展的重要基础，这涉及数据的采集、保全和共享等流程，可在这个基础上拓展延伸的功能也较为丰富，比如身份认证、数据交换、资产交易和共享经济等。因此，存证的基础越扎实，多方协作越顺畅，未来的想象空间也就越大。这也是为什么腾讯等互联网企业选择从各领域存证开始切入产业区块链，例如，司法电子存证、区块链电子发票、物流运单管理、医疗处方流转、公益寻人等。在产业区块链发展的初始阶段：一方面，我们需要强化技术能力，推动技术、业务和监管的磨合；另一方面，在做好存证应用的基础上深挖区块链与实体产业结合的切入点，从而更好地赋能实体经济。

与产业互联网一样，产业区块链的主导方，不应该是一众的区块链独角兽和技术服务商，而应该是深扎在社会不同领域的实体产业。实体经济是根基，区块链技术是树叶，只有根基牢固，树叶才能更好地进行光合作用，结出更好的果实。区块链技术可以通过全方位改造各项生产要素，赋能实体经济。但若没有实体经济根基支撑，区块链就是无本之木、无源之水。

区块链的技术迭代是简单的，但技术和产业场景的融合却是困难的。区块链的业务竞标是简单的，但满足业务场景的变化是困难的。区块链行业寻找热钱是容易的，但持续创造价值是困难的。产业区块链的发展不会一蹴而就，但在这片产业森林中会长出各种新物种，更多细分市场的需求将被满足。

深化数字经济：区块链支持数据成为新生产要素

区块链的另一个重要价值就是它能够有力地支持数据成为新的生产要素。

我们现在正处在从传统的工业经济转型为数字经济的过程中。2018 年,中国数字经济的规模达 31.3 万亿人民币,大约占 GDP 的 1/3。中国现在已经是全世界数字经济发展速度非常快的国家之一。但是可以发现数字经济还处于非常早期的阶段,大量现实生活的很多领域还不是用数字经济、数字方式、数字工具来解决问题。

数字经济不同于传统经济,它是基于高科技的深度影响带来的经济运行方式的变化。

未来 20 年,数据资产将成为数字经济的新动能。

经过过去将近 30 年的发展,全世界主要经济体已经充分认识到数字经济对于整体工业、经济和社会发展的"催化剂、变压器"效应,纷纷结合信息技术升级换代的新趋势制订自己的数字经济升级计划。[1],[2]

- 美国先后推出了"数据科学战略计划""美国国家网络计划""美国先进制造业领导力计划""美国国防数字战略计划"等,同时脸书计划发行的 Libra 本身也是美国在全球数字经济当中的一个战略大招儿。
- 德国于 2019 年 9 月发布《德国国家区块链战略》文件,配合此前已经提出的"工业 4.0"和"德国国家高技术战略 2025"计划,为德国数字经济升级提出了新规划。
- 法国制订了"法国数字技术推进工业转型计划"。
- 欧盟制订"欧盟人工智能战略"、《通用数据保护条例》(GDPR)、"非个人数据自由流动计划框架"、"地平线欧洲计

---

[1] CIE 智库,《2018 年全球主要国家和地区数字经济战略及政策梳理》,https://cloud.tencent.com/developer/news/391934。

[2] 中国信通院,《2019 年全球数字经济新图景》,http://www.199it.com/archives/948509.html。

划 2021—2027"等战略计划,为未来数字经济的发展设定了框架。
- 英国发布《数字宪章》和《英国国家数字度量实施计划》。
- 日本颁布《支付服务法案》,在各主要经济体中最早承认比特币的合法支付工具地位,并制定"综合创新战略"、"整合创新战略"以及"战略性创新推进计划(SIP)二期"。
- 俄罗斯颁布《俄罗斯联邦数字经济规划》。①

显而易见,一场新的全球数字经济竞争已经展开。那么在这场竞争中,中国的关键战略是什么呢?

数据成为新的生产要素

中共十九届四中全会通过的《中共中央关于坚持和完善中国特色社会主义制度、推进国家治理体系和治理能力现代化若干重大问题的决定》(以下简称《决定》)第六节第二条"坚持按劳分配为主体、多种分配方式并存"中有一段简短但意义深远的论述:"健全劳动、资本、土地、知识、技术、管理、数据等生产要素由市场评价贡献、按贡献决定报酬的机制。"

这是一个具有重大理论价值的论断,为中国数字经济的发展指明了新方向。

为了进一步解释这一论断的意义,国务院副总理刘鹤在 2019 年 11 月 22 日《人民日报》上刊登一篇文章,题为《坚持和完善社会主义基本经济制度》,文章说道:

---

① 工业和信息化部国际经济技术合作中心,俄罗斯政府正式批准《数字经济规划》,http://www.ccpitecc.com/article.asp?id=7438。

特别是《决定》首次增列了"数据"作为生产要素，反映了随着经济活动数字化转型加快，数据对提高生产效率的乘数作用凸现，成为最具时代特征的新生产要素的重要变化。要强化以增加知识价值为导向的收入分配政策，充分尊重科研、技术、管理人才，建立健全数据权属、公开、共享、交易规则，更好地实现知识、技术、管理、数据等要素的价值。

如何理解这一决策的重要意义？这与产业区块链和数字经济升级又有怎样的关系呢？

首先，必须深入理解生产要素的含义。

生产要素，是经济学非常重要的一个概念。传统的古典经济学和新古典经济学并不关心企业怎么组织、怎么管理，而是将企业当成一个黑盒子，假设一群变魔术的人躲在一个黑盒子里，只要往这个黑盒子的一头输入一些资源，这个黑盒子就能像变戏法一样从另一端输出产品。就好像这个企业是一个函数，输入自变量，函数就会输出结果。对应到现实生活，企业输出的结果自然是老百姓需要的商品和服务。那么企业需要投入什么呢？经济学上就把这些投入抽象地称为生产要素。

如何定义生产要素，是经济学的一个重大问题，它不仅反映观点，还反映立场。比如亚当·斯密提出的生产要素有三个：土地和自然资源、劳动、资本。马克思认为生产要素是劳动、劳动对象、劳动工具。一部分新自由主义者认为一切生产要素都跟资本有关，因此主张生产要素是可变资本（也叫流动资本）、固定资本、金融资本、人力资本，甚至社会资本，总之一切都是资本。改革开放以后，有经济学家向政府建议，将"企业家才能"作为生产要素看待。经济学告诉我们，一个人的收入来自他对于生产要素的贡献。由此可见，怎么认识生产要素，体现了不同的人对于"什么是驱动经济增长的关键因素"的认识和理解。对于这个问题的回答,很大程度上会影响一个国家的经济政策和经济发展模式,更决定了一个社会的收入分配模式。

在十九届四中全会以前,中国官方认定的生产要素包括6项,分别是土地、劳动、资本、知识、技术、管理。这已经代表全球主流经济体对于生产要素问题的高水平认识。而在十九届四中全会上,数据被认定为新的生产要素,而且有助于实现其他要素的价值,是最具时代特征、最具"活性"、具有"乘数"作用的新生产要素。这一经济学意义上的重大理论突破,将对中国乃至全世界的数字经济发展产生巨大、深远的影响。

第一,数据将成为新的经济增长发动机。由于数据作为一种新资源,其总量没有限制,且正在以指数速度快速增长,因此,如果能够让数据充分发挥对经济的驱动作用,那么经济将因此获得加速推动力。

第二,数据要市场化。中央决定指出,数据跟其他生产要素一样,都要由市场评价贡献,由贡献决定报酬。这就意味着,要让数据资源市场化、商品化,由市场机制为商品数据定价,由市场来配置数据资源,并且决定各参与方的收入分配。

第三,数据将会成为资产。刘鹤副总理在文章中强调了一点,即数据要确权、公开、共享、交易。这意味着我们将会努力使数据资源摆脱现有的权属不明、权责不清、定价不公、分享不易的状态,进入高效率、低摩擦、高流动性的交易市场,并给数据资源的权利所有人带来经济收益。这无疑表明,数据将成为新时代的资产。

第四,数据资产将有力地影响未来的财富创造方式和分配格局。在市场经济中,一个个体和企业的报酬,是由其要素贡献决定的。相对于其他要素,数据这一要素增长更快,更具活力和潜力,因此将成为左右财富分配格局转变的关键因素。完全可以想象,再过 20 年，整个社会的财富分配将很大程度上受数据因素影响。

凯恩斯说："讲求实际的人自以为不受任何理论的影响，其实他们经常是某个已故的经济学家的俘虏……经济学家和政治哲学家的思想，不论它们在对的时候还是在错的时候，都比一般所设想的要更有力量。的确，世界就是由他们统治着。"

毫无疑问，中国对于数据成为新生产要素的判断，将会对未来数十年中国乃至全世界的经济和社会生活产生重要影响。

数据面临的挑战

数据作为新生产要素和新型资产，发展前景无限。但是由于数据的一些特性，它跟传统的资产有巨大的性质差异，要升级为资产，在技术、应用模式、监管和制度设计等方面还面临一系列挑战。

- 克隆挑战。数据要成为商品，就需要允许其流动，但是数据有一个巨大的特点，即可以零成本或者非常低成本地被复制、克隆。一个可以被低成本随意复制的东西没有稀缺性，供给可以随意放大，而且永不折旧。这样的东西如何商品化？
- 确权挑战。数据难以确权。一份数据放到我们面前，如何确认创造者和所有者？两份一模一样的数据放在人们眼前，如何确认哪个是原本、哪个是复本？数据没有天然的权属机制和标签，根本搞不清楚归谁所有。一个没有所有权的东西，如何交易？
- 产权挑战。数据只有整合起来才能发挥最大的作用，可是数据整合应用与数据产权分散所有存在矛盾。整合数据需要很多人主动将数据交出，但他们凭什么交出数据？如何确认谁作为整合中心？按照什么标准为数据提供方支付对价？

- 隐私挑战。数据整合应用与人们越来越强烈的保护个人数据隐私的观念之间存在非常尖锐的矛盾。如何既保护和尊重个人的隐私，又实现数据整合应用、整合协作，这是技术上的重大挑战，也是应用模式和监管的重大挑战。

- 定价挑战。互联网免费模式的本质是什么？用户免费使用互联网产品，产品免费收集用户的数据。其带来的后果是，大家以一种吃大锅饭的计算方式来考虑数据的价值。说白了，就是没有进行细致的数据价值衡量和数字管理。在互联网发展初期，很多人都称赞这种免费模式，实际上，今天应该反思这个问题，因为这种免费模式已经严重阻碍了数字经济进一步发展。我们要把数据商品化投入市场，就需要给数据定义和定价，但精准定价仍是一个难题。

- 真实性挑战。数据有这样一个特点，即如果是高质量的数据，往里头掺假是非常容易的。一旦掺假，再想把这个假数据过滤出来，恢复数据质量，非常困难，这里存在非对称性问题。目前互联网数字经济、流量经济领域造假猖獗，受害者无计可施。2019年10月有一条新闻，一位拥有380万粉丝的微博网红帮甲方做广告，这个网红发布的Vlog（视频博客）达到353万次观看量，但最后成交量为零，为什么？她的粉丝都是机器人，点击量都是机器人贡献的，可想而知数据极易掺假、造假。这带来一个问题，既然要资产化数据、要让数据的价值由市场来衡量，而我们又没有办法把真数据和假数据分开。这会带来什么后果？谁越能造假，谁就越能赚钱。这肯定是不能被允许的。数字经济向前发展，必须解决真实性问题。

- 安全性挑战。随着大数据分析、机器学习等智能算法的广泛应用，"数据黑客攻击"正在快速发展。这种新的IT（信息技术）系统攻击方法，是使用精心炮制的假数据对依赖数据进行判断的智能算法实施攻击，使智能算法发生重大错误，例如，通过身上佩戴简单的贴纸，让人脸识别程序将一个人完全识别为另一个人，或者通过埋藏的"数据炸弹"使无人驾驶装置采取可能导致自毁的行为。目前，学术界对这个领域的研究刚刚开始，但是安全性挑战对于数据资产的广泛应用可能构成严峻的挑战。

以上挑战是将数据转变为生产要素的过程中必须解决的问题。

区块链作为数据生产要素化的支撑平台

区块链为解决上述问题提供了一个可行的方案，也因此，区块链成为数据生产要素化和数据资产化的理想支撑平台。

首先，区块链从根本上确保了其上数字对象的唯一性，区块链中的数字对象无法复制。此外，区块链数字对象在任何状态下均有清晰的所有权权属，也就是说，任何一个区块链对象一定绑定了自己的所有者账户（地址）。这两点是区块链能够成为数字生产要素化基础平台的技术保障。

其次，区块链并不仅仅是一种技术，更是一套思维方式、行动协议和应用模式。本书第五章将介绍行业区块链典型的应用模式，其目的在于通过各方的响应式协调行动和交叉验证，将普通的数据转变为可信数据，并记录在链上。通过这种方式，各方在无须事先共享私有数据的情况下，基于协作方的具体需求，在有效的激励之下，协助对方获取所需的证据，完成交易。整个过程安全、高效，并且结合市场化激励制度，能够比较公允地为数据定价。

总而言之，区块链为应对上一节所列举的各项挑战提供了一整套解决方案。以发展的眼光看，这套方案未必是唯一的，也不一定是最优的，但是在当前，是最可行的方案之一。因此，区块链也就成为支持数据成为生产要素、数据资产化的一个现实可用的平台，在当前这个特定的历史阶段，具有极其重要的战略价值。

小结

我们相信，在比特币诞生10年后的今天，区块链的发展已经进入一个新的阶段，翻开产业区块链这一新的篇章。国家层面的支持和投入可以帮助区块链行业度过幼苗期，但接下来区块链行业将面临更多的商业考验。区块链技术的应用将开启许多让人兴奋的可能性，在区块链发展早期，人们大多关注区块链技术对金融行业的影响。随着区块链技术的不断成熟，潜在的应用案例越来越多，将广泛地影响知识产权保护、供应链管理、公共管理、公益等领域。一方面，区块链将优化各行业的业务流程，降低运营成本，提升透明度和协同效率。另一方面，区块链的诸多案例已经显示了区块链与传统行业业务运行范式的区别，定式思维将无法适应新技术的颠覆。各行各业将利用其分布式、数字化、可编程的区块链基因辅助现有行业转型，催生新的商业模式，带来更多的商业与社会创新。

短期来看，技术决定门槛。长期来看，思想决定成败。如果说计算与通信技术的融合催生了第一代数字经济，那么现在计算机工程、数学、密码学及行为经济学的结合或许能推动第二代数字经济加速到来。

第二篇

市场与政策

第三章　全球进入区块链时代

经历了数字货币跌宕起伏的发展历程，随着市场炒作泡沫的逐渐破灭和技术的进一步成熟，区块链去掉污名，走出浮躁，接入产业，真正成为各行各业的信任机器。不管是国内还是国外，更多的机构和个人摘掉怀疑和偏见的有色眼镜，区块链正逐渐得到越来越多的认可，全球正开足马力进入区块链时代。

区块链征程纵览

区块链领域像是一场令人热血沸腾的大赛，每个参赛选手都全情投入其中。这场比赛没有规则的束缚，最终目标只有一个，以胜利的姿势到达成功的彼岸。参赛选手或许身份不同、选择路径不同、参与领域不同，这些不同之下，如何在这场比赛中发挥没有最优解，只有不断探索，找到最适合自己的路才是关键。但是，参赛选手也有相同之处，即对区块链未来的相信和期望。

四大类参与主体

区块链技术与应用在北美、欧洲和亚洲等全球主要市场逐渐受到重视，各类区块链技术和产业联盟先后成立，主要金融机构与科技公司也纷纷加强了在区块链领域的布局。依主体类型区分，参与者主要包含以下四类。

1. 初创公司或组织。这类组织依靠组建跨公司、跨行业领域的国际性区块链平台和联盟来参与制定行业标准，力求成员间在技术协定、商业应用、监管合规等方面达成一定程度的协同。

2. 金融机构。区块链要取得大规模应用，最容易的方式不是推翻目前的金融场景，而是帮助现有金融场景降低成本，提高效率。针对已有的应用场景或已知的应用需求，各大传统国际银行通过自主研发、与外部金融科技公司或其他金融机构合作的形式，实施区块链技术应用试点，积极建设提升区块链能力。

3. 大型科技公司。基于 IT 技术开发、云服务等能力，大型科技公司和云计算服务商推出"区块链即服务"（BaaS，Blockchain as a Service），主要面向包含金融机构在内的企业客户，帮助企业客户实现区块链应用建设。

4. 咨询公司/系统集成商。其主要业务范围包括整合软件、系统设计与应用、云等 IT 服务的 IT 咨询公司/系统集成商，通过发展区块链技术与相关服务，以支持金融机构和其他领域企业客户的区块链技术布局与应用。

两条发展路线

面对区块链技术的机遇与挑战，全球各个类型主体积极布局，抢占先发优势，大致形成了两条发展路线。

一条是自上而下的路线，包含政府、大型金融机构、IT 及互联网头部公司、咨询公司等主体，主要在公司战略规划下，以内部孵化项目和组建联盟的方式进行区块链变革。由于区块链源于金融领域，银行和金融服务公司率先见微知著，成为第一批直接投资于区块链的活跃投资者。其中，部分金融机构已在内部开展试点应用，通过内部孵化项目对区块链的概念进行验证。UBS(瑞士联合银行)、花旗、德意志银行及巴克莱都成立了区块链实验室，对不同应用场景进行测试，主要服务于自身业务的流程改造。在我国，建设银行主动探索"区块链+贸易金融"技术，通过区块链实现在信用证、保理等领域的跨行跨境应用，已累计产生16亿元的交易业务量。[①]

同时，组建联盟也是金融机构的一大探索之道。机构之间联手共寻区块链合作项目，共享区块链技术研究成果，加速区块链技术的落地尝试，以占领行业制高点，同时扩展业务合作。区块链联盟相继涌现，其中的领头羊当属R3。R3是国际银行参与数量最多的联盟链，专注于分布式账本的应用，其发布的Corda平台用于处理银行间的法律协议，有助于金融监管。在中国平安2016年加入R3的带动下，越来越多的中国企业的身影出现在该联盟中，包括中国银行、招商银行、民生银行。虽然近两年有多家银行选择退出R3，但其生态网络仍覆盖超过100家银行和金融服务公司，且有大量的项目和合作正在推进。2019年，IBM与恒星体系合作推出的World Wire联盟为来自各国的金融机构搭建点对点的、直接的跨境汇款。值得注意的是，该联盟瞄准的金融机构均受所在国家的监管。因此，这一联盟可以说是通向数字金融网络生态的一个先驱。在不远的未来，金融界的联盟有可能由来自世界各地合规的券商组成。

另一条是自下而上的路线，主要由无数开发者组成的区块链开

---

① 新华社，《国内银行纷纷试水区块链技术》，https://baijiahao.baidu.com/s?id=1598074346814139825&wfr=spider&for=pc。

源社区带动。自上而下的路线目标十分明确，而自下而上的路线不可把控性更强，随之而来的各种可能性也更大，社区会因此变得更包容且多元。从比特币到以太坊，原生社区一直是推动区块链行业发展的重要力量。公有链的第一个成功应用——比特币，其核心代码正是由开源社区的方式维护的。而后，以太坊突破数字货币的界限，以开源公有链的形式将区块链推向了更广阔的应用市场，支持开发者通过智能合约创建可信且去中心化的应用程序（DApp），涉及领域包括加密货币钱包、金融应用程序、去中心化市场、游戏等。作为最早支持智能合约的区块链平台，以太坊为开发者而生，现在有 18% 的区块链开发者属于以太坊社区[①]，众多极客以各种方式自发为这个生态做贡献。其中，DeFi（去中心化金融）正是依托以太坊网络蓬勃发展起来的。因众多融资需求而壮大，现实中的大多数金融服务均可在以太坊上找到对应的去中心化版本，无形中滋生了另外一个开放式且去中心的金融生态，也就是目前加速进入公众视野的 DeFi。在开源协议的基础上，DeFi 以加密数字资产为标的，可以满足智能合约之间相互调用和组合的需求。2019 年，DeFi 以较小的监管合规风险推动了各类 DeFi 产品和商业模式的开发和应用。在这个与现实世界平行的信息基础设施空间，稳定币的概念自然孕育而生。这种可以自行保持价格稳定的工具将以带动开放式区块链金融生态为起点，进而构建一个去中心化的经济信用系统，激发整个区块链的社区生态活力。除了以太坊外，影响力较大的公链还有以抽奖类 DApp 为主的 EOS（Enterprise Operation System，即为商用分布式应用设计的一个区块链操作系统），以内容为主的 Steem 等。

---

① 橙皮书，《专访 Vitalik：社区远比代码更重要》，https://mp.weixin.qq.com/s/w0-Iw-M9IbjdKdOhwXncxA。

两条路径没有优劣之分，但要想更好地应用和推广区块链技术，要做到上下结合而求索，通过技术创新与机制标准设计的广泛沟通、紧密互动，才能和谐共赢。

全球加大投资区块链产业

过去几年，区块链行业的投资金额成倍增加。区块链领域的投资早在 2015 年就达到 4.74 亿美元，全球区块链投资事件有 65 起，同比增长 43.5%。主要公司如 Ripple、Blockstream、Chain、DAH、Circle 等融资规模超过 5000 万美元。[①] 随着时间的推移，区块链领域的投资发生了很大变化。2016 年以前，投资主要集中在比特币相关的领域，比如矿机芯片、交易平台、支付汇款、钱包服务等。2016 年以后，区块链作为一个独立领域崛起。考虑到区块链技术在多个领域发展还有极大的不确定性，更多项目集中在底层技术基础架构。不过随着与实践的进一步结合，行业细分类型会越来越多。

全球范围内的区块链"军备竞赛"已经展开。2019 年，全球区块链解决方案支出将近 29 亿美元，较 2018 年的 15 亿美元增长 88.7%。在 2018—2022 年预测期内，区块链支出将以强劲的速度增长，预计 2022 年将达到 124 亿美元，其中进入服务和实体经济将是最大的占比。同时，多家头部专注于区块链领域的风险投资机构诞生于美国，例如 Pantera、a16z 和 Placeholder 等。欧洲是全球区块链支出增速最高的地区，2019 年，欧洲的区块链支出超过 8 亿美元，预计到 2022 年，这一数字将达到 36 亿美元。[②]

在国内，区块链产业链规模仍然非常小，根据相关统计，2019 年上半年，区块链产业规模约为 4.95 亿元，仅占我国上半年 45 万

---

① 搜狐，《区块链世界的"军备大赛"》，http://www.sohu.com/a/241465189_100217416。
② IDC，《全球半年度区块链支出指南》，http://www.199it.com/archives/961204.html。

亿元 GDP 的 0.001%。[1] 如果只靠初创企业去推动和发展区块链技术，这一进展将会十分缓慢。因此，可以预见的是，区块链有望成为继云计算、5G 之后，中国对科技投资的又一个重点领域，"国家队"和创新企业将共同构成推动区块链全面发展的力量。

海外科技头部公司的区块链布局

区块链技术发展到今天，其颠覆性潜力吸引各大传统 IT、互联网头部公司纷纷入场，找寻新的方向。它们在区块链领域的布局，也很大程度上引领了区块链产业的发展方向，其中主要包括基础技术、企业服务和垂直应用三大方向。并且，从布局来看，它们更重视区块链技术的长期效应，而非短期利益。本节选取微软、谷歌、IBM 和脸书 4 个国际互联网 /IT 头部公司为代表，一窥这些企业如何迎接区块链时代。

微软：超早布局，加码云平台

作为为全球软件模型制定了统一标准的 IT 头部公司，微软公司在上一轮互联网浪潮中的表现并不算亮眼，但在区块链领域，则显示出凌云壮志。继比尔·盖茨和史蒂夫·鲍尔默后，萨提亚·纳德拉主导的微软确立了移动和云服务两个核心布局。在 2014 年就投身比特币市场的微软，已经参与并支持众多区块链项目，而 Azure 云服务是公司区块链战略的核心之一。

2014 年，纳德拉在刚刚成为微软 CEO（首席执行官）时就提出了"移动优先，云优先"（Mobile First, Cloud First）的战略，指出要打造全球企业首选的云平台。由此，微软开始全方位拥抱云服

---

[1] 赛迪区块链研究院，《2018—2019 中国区块链发展年度报告》，http://image.ccidnet.com/ccidgroup/qukuailian2019.pdf。

务。Azure 是微软推出的一款云计算服务产品，可供企业自由构建、管理、部署应用程序。2015 年 11 月，微软启动了 "Azure BaaS" 计划。该计划将区块链技术引入 Azure，为使用 Azure 云服务的客户提供 BaaS 服务，让他们可以迅速创建私有、公有或混合的区块链环境，解决了早期的跨行业区块链使用者的大量常见问题。Azure 吸收了众多区块链参与者，从知名企业到规模较小的创业公司，其认知度日益扩大。

2016 年 6 月，微软宣布启动 Bletchley 计划。这个开放的、模块化的区块链组件由 Azure 驱动，用微软自己的架构方式创建区块链企业生态联盟。Bletchley 计划的启动，让微软可以针对不同行业合作伙伴的需求，提供更为开放、灵活、模块化设计的区块链服务。自 2017 年起，微软围绕云上平台建设的动作更为频繁：1 月，微软发布区块链合作伙伴战略；2 月，与全球各行业代表性企业一同加入企业以太坊联盟，致力于将以太坊开发成企业级区块链；5 月，发布基于 Azure 的区块链概念验证框架；8 月，推出企业级开源区块链基础平台 Coco 框架。2018 年，微软花费 75 亿美元收购了全球最大的开源代码托管平台 Github，而区块链开源项目基本都把代码托管到 Github 上。微软通过完全拥抱开源来吸引更多的开发者使用 Azure 的云服务，进而入驻平台参与共建，用最大的诚意建设区块链平台。经过长时间的建设，Azure 服务得到长足进步。使用 Azure 服务，用户可以在几分钟之内在云中部署一个区块链网络。云平台会将一些耗时的配置流程自动化，使用户专注上层应用方案。Azure 区块链服务目前支持部署以太坊或超级账本 Fabric 网络。

基于这一平台，微软与合作伙伴在金融、零售、数字内容、商品溯源等方面展开了区块链解决方案的探索[①]：微软 Azure 云区块链

---

① Microsoft, https://azure.microsoft.com/zh-cn/services/blockchain-service/, 2019.

服务通过与纳斯达克金融框架的整合，创建了便于交易双方撮合、支付、结算、管理的区块链系统；新加坡航空使用 Azure 将客户的飞行里程转换为基于区块链的代币，可在零售合作伙伴网络中使用；Xbox 运用 Azure 区块链解决方案将向游戏发行商提供版权费的时间从 45 天缩短至几分钟，大大降低了管理费用；在食品领域，Azure 与星巴克合作开发"咖啡之旅"功能，使一杯咖啡从产地到加工再到消费的全程透明且可追溯。

从上面的种种举动可以看出，微软在区块链领域既不做算法本身，也不做共识，而将自己定位于做好整个区块链的生态系统，提供区块链生长的环境，由此建立平台，推出多种多样的解决方案。正如微软（中国）有限公司 CTO（首席技术官）黎江所说："区块链的开发，不仅仅是区块链本身，还包括用户界面、前端开发、链上链下等，链下也要沉淀数据，怎么做数据挖掘，如何做大数据平台，这些方面除了提供区块链技术的这家公司以外，实际上需要很多系统来支持。因此，微软呈现的是在云上支撑区块链，将区块链更好地与互联网结合，利用云计算、大数据来为区块链赋能。"[1]

微软已不再是比尔·盖茨时代的微软，这艘巨舰已张满船帆，引领区块链的浪潮，驶向新时代的未来。

谷歌：前期投资观望，后期拥云入场

作为全球最成功的科技公司之一，谷歌在新技术上无疑扮演着持续领先者的角色。持续的高研发投入和公司战略对技术的高度重视促使谷歌在 AI（人工智能）领域中成为当之无愧的龙头企业，贯穿搜索、广告、自动驾驶、云平台等重点发展主线，业务生态已经

---

[1] Unitimes，《面对区块链，这一次微软没有迟疑》，https://mp.weixin.qq.com/s/GCQ5AUsfF9Xo1i6EJlzkJg。

全面形成。然而，视线转到区块链，这种技术盛况能否在这一领域延续呢？

2018年7月，谷歌联合创始人谢尔盖·布林在一个区块链大会上对谷歌的区块链发展做出如下评价："说实话，我们大概已经无法处于行业最前沿了。"确实，相较于其他互联网头部公司，谷歌入局区块链技术略显迟缓。但是，谷歌是否真的完全落后了呢？

早期观望，以投资布局

2017年以前，谷歌的早期区块链布局以投资为主，对外部项目投资力度较大，自主研发成果较少。那时正逢数字货币的风口浪尖，许多投资都投向了这一方向。2017年，彭博社称，谷歌是最积极的区块链投资者之一。据CB Insight 2017年的统计报告，谷歌在2012—2017年投资了多家区块链公司，在区块链投资领域的力度居全球第二。[1]

其中，谷歌投资的代表企业包括Gyft、Ripple、LedgerX、Blockchain、Buttercoin、Veem等。Gyft是数字化礼品卡片平台，允许使用比特币购买购物卡，是较早启用比特币的公司之一；Ripple被称为世界上第一个开放式支付网络，用户可通过此网络实时结算、兑换货币和汇款；LedgerX是加密货币资产管理平台，也是第一家联邦监管的互换执行机构和清算中心；Blockchain是比特币钱包服务商，该公司主要为用户存储加密货币并用之与其他用户交易；Buttercoin是一家专注于全球汇款领域的比特币创业公司；Veem是专注于使用区块链技术将跨国电汇转换成比特币，随后再转换成交易方所需货币的国际支付提供商。从投资选择标的来看，谷歌在这一时期的投资围绕比特币的数字货币相关服务商，其中以

---

[1] 亿欧智库，《蓄力后起的雄狮，谷歌入局区块链，迟也？》，https://www.iyiou.com/intelligence/insight108268.html。

Ripple 为代表的被投公司在如今已经有了相当大的影响力。

这一阶段，谷歌的战略变得较为谨慎，但用资本力量对整个区块链市场进行冷静观望和布局，形成进可攻、退可守的局面，以这种方式紧随其他互联网头部公司发展。

下场发力，以云服务出击

若只是投资，影响力还是有限，不足以支撑整个企业的变革。谷歌的下一个令人关注的举动是以云服务为主要发展方向。

最早在 2016 年，谷歌同亚马逊 AWS（云服务）一起为以金融机构为主的客户群提供支持区块链技术应用的云服务。在随后的三年里，云服务成为谷歌布局区块链的重要切入口。2018 年，谷歌与区块链领域的两家领先公司（Digital Asset Holdings 和 BlockApps）合作，将区块链技术引入谷歌云，以此来探索用户如何更好地使用分类式账本技术。Digital Asset 是一家专注于分类式账本技术的金融科技公司，通过将 Digital Asset 的数字资产模型语言接入谷歌云，开发人员可以访问广泛的工具和服务，这些工具和服务将减少 DLT 应用程序开发的技术障碍，帮助他们在谷歌云中构建、测试和部署分类账应用程序，更简单地推动智能合约的发展。[1]BlockApps 是一家 BaaS 公司，通过与 BlockApps 合作，谷歌将自身平台与 BlockApps 的产品 Strato 平台完成整合。Strato 平台是基于以太坊协议，提供企业级 API（应用程序接口）集成功能和可配置的共识算法，还能使企业使用传统的 SQL（结构化查询语言）数据库查询区块链数据。[2]

2019 年以来，谷歌云服务在区块链的动作更为紧锣密鼓。当年 2 月，谷歌公布其 BigQuery 云平台开始正式提供来自八大活跃

---

[1] Digital Asset, https://digitalasset.com/.

[2] BlockApps, https://blockapps.net/about-blockapps/.

区块链网络的完整数据集，包括比特币、Bitcoin Cash、以太坊、以太坊经典、Zcash、Dash、Litecoin 以及 Dogecoin。虽然这些加密货币的交易数据在此前就已经全面公开，但谷歌方面允许数据科学家更轻松地查看其实时状态。6 月，谷歌与 Chainlink 合作。Chainlink 是一家提供执行智能合约所需信息的公司。本质上，Chainlink 的作用是为区块链提供真实数据。作为一个去中心化的预言机网络，Chainlink 可以安全可靠地把谷歌 BigQuery 上的数据传输到以太区块链上。同时，受益于 Chainlink，智能合约能够安全地访问链外数据源、传统银行支付与网站 API。①

从 2018 年之后谷歌的区块链布局来看，还是较为谨慎的。谷歌区块链战略偏向于同其他公司合作，其团队仅归属于云计算部门。此外，谷歌对区块链的使用，更注重维护自己在云计算领域的地位。

下一站，在何方

尽管谷歌联合创始人谢尔盖·布林表达过对谷歌错失区块链前沿机会的惋惜，但谷歌在未来区块链领域并非毫无胜算。当前，谷歌对于区块链的运用通过云服务来提升用户对数据使用的体验感，其中最为重要的是让用户建立对于自身数据安全的信任。此外，通过结合 Chainlink、BigQuery 与谷歌云，区块链的公共数据能被更好地提取。由此，复杂的区块链市场也能因大数据的共享而被更安全、准确地预测。未来，谷歌可能会利用对于全新、开放的网络标准具有的丰富经验，进一步构建自己的账本，继续研究超级账本联盟技术，并尝试探索其他更易扩展的技术类型，助力智能合约和分布式应用平台的开发。

近年来，谷歌的种种行动说明其并不满足于只是一家互联网公

---

① Chainlink, https://chain.link/.

司，希望更多地转向实体经济，转向未来社会。区块链作为未来技术的重要一员，谷歌需要以更积极的态度拥抱区块链。虽然起步不及微软等公司那么迅速，但在可预见的将来，谷歌在区块链领域还是有相当光明的前景的。

IBM：深耕企业服务，主攻业务成果

蓝色巨人 IBM 一向能及时抢占新兴技术的风口，不过由于其个人电脑、软件、云服务等业务的失利，IBM 这一次比以往更快速地进入区块链的研究领域。在时间方面，该公司关于区块链的探索相较于其他 IT 头部公司更早，可追溯至 2014 年。该年，IBM 尝试在以太坊上构建区块链，但由于许可模式的限制，最终选择从零开始自行构建；2015 年，IBM 筹备了区块链项目 Open Blockchain，并于 2016 年初完成了基本框架的构建。[1] 在人才方面，截至 2018 年，IBM 已经拥有超过 1500 名专注区块链研究的员工。[2] 根据 2019 年 3 月的 Glassdor 职位市场研究报告，IBM 有近 110 个区块链相关职位需求。在专利投入方面，根据 2018 年全球区块链专利企业排行榜，IBM 以 89 项专利位列第二；截至 2019 年上半年，该数量达到 104 件，位居第五。[3]

构建区块链开源平台，广泛开展机构间合作

2015 年 12 月，在 Linux 基金会牵头下，IBM 与其他 29 名成员共同创立 Hyperledger 开源项目，致力于将区块链的解决方案应

---

[1] 比特财经，《紧抓区块链，沉重的大象能否再次起舞？》，http://www.bitecoin.com/online/2017/11/27062.html。

[2] 链闻，《IBM 区块链布局扫描》，https://www.chainnews.com/articles/018511359107.htm。

[3] 搜狐，《2018 年全球区块链专利企业排行榜》，http://www.sohu.com/a/260289424_100153725。

用于各个行业。也因此，IBM 逐渐从中取得了制定区块链行业标准的主导话语权。根据 2019—2020 年区块链联盟超级账本技术指导委员会（TSC）成员名单，在 11 位委员会成员中，有 6 位来自 IBM 公司。①

2018 年初，公链项目在区块链全生态中异常火热，以 EOS 为首的公链项目甚至提出了百万级 TPS（事务处理系统）计划。就在各个公链为证明自家的 TPS 能达到企业级水准而争长竞短之时，IBM 已超然物外开启了与大量企业级客户的合作之旅，甚至还和一些国家和地区的政府建立了合作关系，获得满满战绩：参与的联盟链项目目前已达 500 个以上，2018 年初 IBM 已拥有至少 400 家涉及不同行业的区块链领域客户，其中有 63 家以上已与 IBM 进行了特定主题的合作。②

构建区块链即服务，拓展企业级商用场景

2016 年 2 月，IBM 推出区块链服务平台 BaaS，使用 IBM 在 Bluemix 上的区块链服务，开发人员就可以访问完全集成的开发运维工具，从而在 IBM 云上创建、部署、运行和监控区块链应用程序。在 Hyperledger 联盟中，IBM 主导孵化的 Fabirc 子项目，首先满足了各商业应用场景需求的智能合约运行。这些均为 IBM 在多元领域的不断涉猎和对应技术工具的高效开发奠定了坚实的基础。

在医疗领域，IBM 与制药公司 Boehringer Ingelheim 合作，将临床记录保存在区块链上，旨在保持数据的完整性、透明度和患者信息的安全性，同时降低成本和加快自动化流程。同年 3 月，IBM（日本）宣布将构建一个基于区块链的进行药品供应以及医疗数据

---

① 新浪财经，《因贡献过多，IBM 被质疑即将控制超级账本项目》，http://finance.sina.com.cn/stock/relnews/us/2019-09-10/doc-iicezzrq4843250.shtml。

② 链闻，《IBM 区块链布局扫描》，https://www.chainnews.com/articles/018511359107.htm。

交换的平台，制药企业、医疗团体等 20 家企业和团体宣布参与其中。同月，IBM 开发通过供应链追踪药品来打击非洲假药的区块链医疗认证平台。同年 6 月，IBM 及其他三家公司与美国食品药品监督管理局合作推行医药区块链试点计划，利用区块链识别和追踪分销至全美的处方药物与疫苗，并在不泄露资料的情况下记录分享者和接收者。

在金融领域，IBM 于 2016 年初就相继推出可以改善借贷流程的"影子链"Shadowchain、身份认证系统、云端安全服务等区块链项目。2017 年 10 月，IBM 宣布已与合作方区域金融服务公司 KlickEx Group 和 Stellar 建立了一个新的跨境区块链支付解决方案，帮助金融服务公司为企业和消费者在全球支付服务层面降本增效。2018 年，IBM 继续推出了基于区块链和 Stellar 协议的全球支付系统 IBM Blockchain WorldWire，使金融机构能够在几秒钟内清算和结算跨境支付，并进而开发了对应的区块链支付系统。2019 年末，跨国支付网络 World Wire 已融入 6 家国际银行，其 Lumens 正在加速发展为各国法币间的桥梁货币，进入更广泛的跨境交易市场。此外，IBM 还收纳了各大银行客户：2018 年初，IBM 联合中国邮政储蓄银行推出基于区块链的资产托管系统；2019 年初，则与韩国信用卡公司 Hyundai Card 合作，改善人工智能和区块链技术在企业中的应用；隔月又为美国信用社行业区块链联盟 CULedger 开发了新的区块链解决方案，用于创新现有的商业模式和流程，改善部分服务，例如，数字身份认证、用户客户合规性等。面向大型金融服务机构，IBM 统一式地推出了一个名为 Ledger Connect 的区块链平台，当前已联合巴克莱银行和花旗集团等 9 家金融服务机构进行测试。

在食品安全领域上，IBM 与沃尔玛、京东、清华大学电子商务交易技术实验室于 2017 年末成立了安全食品区块链溯源联盟，旨在通过区块链技术进一步加强食品追踪、可追溯性和安全性的合作，提升中国食品供应链的透明度和安全性。

在全球贸易供应链上，2017 年 IBM 便与 AOS 合作开发建立在 IBMCloud 上的 Blockchain 和 WatsonIoT，以提高物流和运输行业的效率；2018 年 1 月 17 日，IBM 与丹麦哥本哈根市政府、纽约阿蒙克市政府、马士基集团宣布将组建一家合资公司，旨在创建一个联合开发的全球贸易数字化平台。该平台建立在开放的基础之上，全球航运生态系统中的各方均可使用。它将解决在跨境和贸易区内货物运输方面的需求，使信息流更透明、更简化。

错过了两个时代的 IBM，正在通过对区块链的优先关注且持续投入抢占下一个时代。在业务和技术方面的集成能力上，它已连续三年获得了区块链服务提供商全球第一名的荣誉。从全球区块链的市场份额来看，IBM 能躬先表率的主要优势在于：提前意识到了区块链战略的成功因子本身是超出技术范围的。[①] 在对业务网络的构建和拓展之路上，最难的还在业务这一部分，也正因为如此，IBM 将其众多的工作重点放在了客户应用区块链的动机以及对应的区块链方案设计意图上，从而能在业务网络通用化所需的通用模式下，确定好各个企业在业务价值和生态治理上的细微差别，进而把握住区块链整体形势的脉搏。接下来，IBM 需要避免过高频率的系统和平台的更新，结合好客户所需的业务周期把控好区块链工具的发行周期，注重培养客户对区块链的全面适应能力，并逐步解决 Fabric 私有链在架构复杂性、性能与安全上的问题。

脸书 Libra：后发先至，搅动市场

在所有的互联网大公司中，脸书的区块链战略来得最迟，但也

[①] IBM，Beyond the technology: Blockchain network design，https://www.ibm.com/blogs/blockchain/2020/01/beyond-the-technology-blockchain-network-design/.

最为重磅。相比其他科技公司，脸书有最优秀的互联网基因：有用户，有流量，有黏性，有数据。2018 年 5 月，脸书宣布史上最大的管理层重组，此次重组新增了区块链部门，由原 Messenger 应用部门负责人马库斯领导。马库斯同时也是贝宝的前总裁和加密货币交易所 Coinbase 的董事会成员，这显示了脸书进军区块链的决心。

北京时间 2019 年 6 月 18 日下午，脸书推出了数字加密货币 Libra：一个为全球数十亿人提供简单无国界的数字加密货币和金融基础设施服务的区块链平台。Libra 测试网已在 Github 上开源上线，并发布官网和白皮书，公布项目相关信息。此举在传统互联网和区块链等领域引起巨大轰动，被认为是继 2008 年比特币诞生以来区块链领域最重磅的事件，各路人士纷纷解读 Libra 的项目细节以及未来可能对整个区块链和全球金融体系产生的影响。

那么，为什么脸书要如此大张旗鼓地进军加密货币领域发行 Libra？Libra 究竟是什么？未来又将何去何从？

脸书为何要发行 Libra

作为"古典"互联网公司中第一家试水加密货币的公司，脸书此次推出 Libra 的动机兼具内因和外因的推动。

从白皮书中可知，随着互联网和移动宽带的高速发展，现在几乎只要一部手机就能接触各式各样低成本的便捷服务。然而，全球仍然有 17 亿人没有银行账户，无法享受金融服务，而且传统的跨境转账存在烦琐、耗时且成本高的弊病。针对传统金融的痛点问题，Libra 的诞生是为了让全球所有人，不论贫富，只要有一部智能手机，就能享受方便快捷、成本低廉且安全可靠的金融服务。

这是脸书描绘的宏伟愿景，是其推出稳定币 Libra 的出发点之一，但背后仍有更复杂的原因。其中最直接的动机是丰富现有的商业模式，寻求新的增长突破。尤其是 2019 年爆发的用户隐私泄露丑闻加强了政府对用户数据保护的重视，如果提高用户对数据的支配权，无疑会大大增加脸书数据分析的成本，进而动摇其广告收益。

如果只是为了寻求新的增长突破，坐拥 20 多亿用户的超级社交帝国可选择开拓的商业模式有很多，比如云计算、游戏、电商等更为传统的互联网商业模式。然而，脸书选择以加密数字货币领域里的稳定币为突破口。稳定币满足了作为货币稳定性的需求，可以在脸书生态体系以及优步、声田等实际应用场景中流通。区别于 Q 币等熟悉的由公司发行的代币，Libra 是与现实资产挂钩的稳定币，而不是一种商品积分体系，目前主要面向的是转账、支付和汇款市场。Libra 拥有强大的合作伙伴和用户基础，可以将数字货币支付扩展到更常见、更普遍的领域。

我们知道，移动支付是移动互联网时代深入发展的重要基石之一。在美国，由于各种历史包袱，移动支付的渗透率非常低，美国人在生活中还是以信用卡和支票为主。Libra 的诞生给了脸书一次弯道反超移动支付的机会。

Libra 如何运转

那么，这样一种承载脸书重塑金融生态愿景的稳定币 Libra 是如何运转的呢？

《Libra 白皮书》声明："Libra 分为三个部分，共同构建一个普惠金融体系，分别是安全、可拓展和可靠的 Libra 区块链，提供支持其内在价值的储备资产，以及负责治理并促进生态系统发展的 Libra 协会。"

Libra 区块链目前是一条基于 LibraBFT 共识机制的联盟链，采用全新设计的编程语言"Move"实现交易逻辑和智能合约，具备吞吐量高、延迟性低、灵活性强和安全性高等特点。鉴于近几年智能合约漏洞等安全事件频发，专为数字资产交易打造的 Move 无疑是此次发布的一大亮点。因为法币拥有无限法偿能力，在法币上做智能合约是有风险的，而 Libra 本身没有这个负担。以往智能合约所承诺的类似自动发放奖金、自动还贷等功能用法币或以太坊等数字货币都难以实现，而有了抵押权益代币 Libra，事情就简单多了，得以实现真正的可编程的货币。除此之外，未来各种金融资产都可以数字化，从而在全球顺畅流通，这个想象空间远大于今天的移动支付结算体系。如今移动支付只限于零售端的交易支付和结算，如果加上金融资产的流通和交易，Libra 的体量将不可估量。

在储备资产方面，Libra 采用近似等额锚定一揽子货币的方式来稳定币价，因此法币兑换通道、储备资产的配置和产生收益的分配也是大众关注的焦点。目前，在法币兑换通道方面，Libra 采用授权代理商模式，即用户通过授权的交易所或其他机构买卖 Libra，这个过程涉及的 KYC（了解你的客户）验证、交易手续费和监管等问题尚不明确。为了缓解 Libra 价格波动的可能性和严重性，储备资产的配置倾向于波动性低的资产，例如银行存款和违约率低的政府债券。同时在保证流动性方面，Libra 计划将一部分资金用于政府发行的短期证券以满足日常交易量的需求。这种资产配置基本满足 Libra 求稳的需求，但已动了不少既得利益者的奶酪，能否挺过各方利益角力而成功开展有待时间检验。当然，关于这个过程产生的收益分配，Libra 在白皮书中也有相应的计划——优先用于维护项目运行，剩余收益分红给早期贡献的成员和其他投资者。

作为维系整个 Libra 项目运转核心的 Libra 协会，是一家总部位于瑞士日内瓦的非营利性会员制国际性机构，其成员是 Libra 区块链的验证节点，通过理事会投票表决，还可控制新成员的加入、规则的制定、储备资产的管理和监管以及负责其他日常事务。

Libra 协会的初始成员主要是来自不同领域的 28 家企业、非营利性组织、多边组织和学术机构，大多集中在互联网、金融和区块链领域，包括风险投资、电子商务、支付、电信和社交等行业头部公司，如万事达卡、贝宝、亿贝、优步和脸书等，成员数量未来有望拓展至超过 100 个，争取以强渗透力打通更多商业支付场景。基金会成员天然解决了 Libra 拉新和场景问题，而随着 Libra 生态的丰富，其跨国、低成本的便利性也将带来网络效应。随着成员的数量逐渐变多，Libra 的治理机制也变得尤为重要。现阶段，每个成员（验证节点）派一名代表加入 Libra 协会理事会，有一票投票权，重大决策有 2/3 以上的赞成票则为通过。这种管理模式在项目初期能高效快速地推动项目发展，但也容易埋下一系列隐患。尽管 Libra 称未来将逐步提高去中心化程度，降低准入门槛，5 年内开始逐步过渡到非许可性治理模式，以提升整个生态系统的弹性，但未来能达到多大程度的去中心化且各方权益和监管如何平衡仍然有待时间验证。

至此，Libra 的愿景是惊天动地的，但落地之路仍然充满不确定性。从目前白皮书、官网动态以及外界表现来看，对 Libra 后续的发展仍然有很大担忧。

从外部因素来看，能否通过国家的监管合规要求，对 Libra 来说是一项艰难考验。其一，数字加密货币的本质已挑战一部分禁止加密货币交易的国家的监管条例。其二，Libra 的发行和设计机制挑战了国家央行最重要的职能，进而动摇了各国法币的地位，尤其是货币不稳的第三世界国家。其三，目前各国监管机构表达的质疑和担忧还集中在抵押资产的可靠性、数据隐私安全性以及是否满足各国反洗钱、反恐融资等方面的需求。那么，在 Libra 正式落地之前，与各国监管机构之间的博弈成为 Libra 团队面临的最为棘手的难题。如何在监管合规的基础上实现商业支付，如何确保用户数据不被滥用，如何避免 Libra 成为洗钱等灰色地带的金融工具等问题都是 Libra 团队需要向监管机构和公众回答的问题。

继 2019 年 2 月摩根大通宣布发行 "JPM Coin" 之后，脸书带领 Libra 也强势进入数字加密货币领域，顶级玩家的加入为区块链的发展打开新局面，也让赛道间的竞争更加激烈。其他行业头部公司会如何应对？是顺势加入 Libra 协会为其献策献力，还是另起炉灶带着新的商业模式和生态弯道超车？

再从内部因素来看，在治理结构方面，Libra 的最终目标是过渡到非许可性治理，逐渐实现去中心化。但前期仍然是联盟链结构，为了平衡各方势力，将企业、非营利性组织、多边组织和学术机构纳入其中，同时也将拜占庭容错机制的核心原理融入理事会的决策规则。但随着 Libra 的体量不断扩大，涉及的范围不断拓展，面对前所未有的利益诱惑，现有成员是否愿意牺牲自身利益以达到 Libra 的最终目标尚且未知。此外，在储备资产的收益分配方面，Libra 计划先将收益覆盖系统运行成本，确保低交易费，之后向早期做出贡献的成员和其他投资者分红，并支持后续发展。然而，整个分配规则的制定和过程中的监管均由 Libra 协会负责，而协会成员大多也是早期参与的贡献者，即未来的收益获得者，这种自我监管的方式能否被大众接受也是一个未知数。

种种因素使 Libra 的落地之路面临重重阻碍，但无论如何，脸书推出稳定币 Libra 是一次大胆、开放且有意义的尝试。它为脸书打开了另一条商业路径，使其能切入在线支付领域，并且使其商业生态能更具网络效应。人们终于可以在脸书旗下的 Messenger、Instagram 和 WhatsApp 等应用中更快、更方便地进行支付和汇款。

对极客来说，Libra 也许是向现实世界的妥协，但新技术从发明到大范围爆发型应用往往都是最初的变体。"谁来做"在很多情况下比"怎么做"更重要。

《Libra 白皮书》写道："在全球范围内转移资金应该像发送短信或分享照片一样轻松、划算，甚至安全。"这与比特币的初心——"一种点对点的电子现金系统"相呼应。只不过，随着时间的推移，比特币的通缩属性使其成为一种数字资产，而无法实现其数字现金的目标。现在，脸书用一种（多）中心化的方式使这个目标继续推进。在脸书之前，不乏明星团队、学术精英和工程精英尝试区块链项目，但离真正的爆发都欠缺必要的条件。而晚于业内到达战场的 Libra 由于脸书的海量用户、跨国属性和多场景生态的基础，全世界无出其右，具有强大的后发优势。

从长期来看，头部公司入场打开了一个潘多拉魔盒，让虚拟货币成为数字世界中不可逆的组成元素。一旦全球脸书用户习惯在各种场景中使用 Libra，届时人们也不再需要将 Libra 兑换成法币，也不再需要第三方资产支撑。这将为数字加密货币真正在用户中普及铺平道路，撼动传统的货币体系。不管成功与否，Libra 都已经为未来更自由、更普惠、全球化的数字货币世界铺下了第一块基石。

小结

目前，从大企业到初创公司，从政府到各种组织，都在探索并应用区块链技术，运用分布式信任管理机制进行创新。未来几年，区块链行业一定会精彩纷呈。谁会最快攀上技术高峰？谁会推出下一个现象级产品？一切不得而知。

第四章　中国区块链产业格局

相较于海外地区，中国区块链的起步时间不算早，基础设施建设也不够完善，但发展势头却不容小觑。在将区块链视作具有国家战略意义的新兴产业后，区块链在中国的地位与日俱增，特别是强调落地应用的产业区块链，其生态雏形已初步形成。随着资金和人才的不断涌入，无论是中小型创业公司，还是各大互联网/IT头部公司都纷纷投身区块链这片热土，积极抢夺下一个爆发点，期待引领技术新纪元。

中国区块链产业政策

中国将区块链视作具有国家战略意义的新兴产业，政府对其发展给予了高度重视。在2019年10月中共中央政治局集体学习区块链之前，中国政府就已推出一系列支持区块链技术创新发展的政策，以期超前布局，快速占领区块链技术高地。目前，我国对区块链行业的政策主要集中在金融监管和产业扶持两方面：一方面，加大对数字货币领域的监管，防范金融风险，打击炒币乱象；另一方面，积极推动相关领域研究、标准化制定及产业应用发展。截至2019年6月底，全国已有25个省、市、自治区及特别行政区发布了区块链相关政策，包括北京、上海、广东、江苏、重庆、四川、湖南、湖北、福建、辽宁、广西、黑龙江、内蒙古、海南和香港特区等。

在金融监管方面，为了保障投资者的利益，控制金融风险和维护金融稳定，2017年9月，监管部门连续发布《关于防范代币融资风险的公告》和《关于配合开展虚拟货币交易平台清理整顿工作的通知》，将ICO定性为非法集资并全面叫停，禁止数字货币交易，整顿清理虚拟货币交易平台，打击违法违规行为。在区块链产业上游，中国互联网金融风险专项整治工作领导小组于2018年发表文件称，由于"挖矿"企业在消耗大量资源的同时，也助长了虚拟货币的投机炒作之风，要求有关省市整治办对"矿场"进行排查，有序清退部分企业的"挖矿业务"，因此，大部分"矿主"要么迁到国外，要么停机出局。

在产业扶持方面，2016年10月，工信部发布《中国区块链技术和应用发展白皮书》，首次提出我国区块链标准化路线图。同年12月，"区块链"首次作为战略性前沿技术被写入《国务院关于印发"十三五"国家信息化规划的通知》。自此，国家和地方政府相继出台多项纲领性文件，鼓励研究区块链、人工智能等新兴技术，开展其试点应用，支持其创新融合与前沿布局。多数地方政府的区块链政策较为积极，扶持方式主要为开办产业基地和提供项目奖励等。其中，作为改革开放的前沿，广东省将区块链写入了本省"十三五"发展规划，发布的区块链相关政策数量也居全国前列，且从2017年12月开始每年增加两亿元财政投入用于支持区块链行业的发展。

随着政府对区块链行业的重视程度不断加大，区块链领域得到进一步深耕，这顺应了全球化和数字化需求，积极推动了国内区块链的相关领域研究、标准化制定以及产业化发展。未来，区块链的技术创新和生态发展将更快汇集到各个领域。

区块链产业生态雏形已现

自 2008 年以来，经过 10 多年的行业耕耘，区块链产业链逐步清晰，已经形成含基础设施、行业应用、综合服务三大板块的产业生态雏形，产业内各细分领域发展迅猛，产业聚集效应显著。区块链正在从数字货币领域加速与各行各业进行创新性融合，为各产业的新一轮发展赋予了新动能。

基础设施层是区块链产业生态发展的基石，为区块链的上层应用的研发和运作提供重要的支持，技术准入门槛相对较高，头部效应明显。目前，基础设施层主要围绕硬件和软件这两个部分展开，硬件包括矿机、服务器、密码机和密钥存储设备等，软件包括底层开发平台、治理工具和开发者工具等。其中，底层开发平台一直以来竞争激烈，主要聚焦在公有链、联盟链和 BaaS 平台等。公有链以以太坊和 EOS 等为代表，DApp 生态在业内有极大的影响力。联盟链主要以国外的 Hyperledger Fabric 和国内的 FISCO BCOS 为技术典范，得到众多金融和互联网等行业头部公司的青睐。国内腾讯和阿里等公司均发布了 BaaS 平台，开启区块链行业的战略布局。底层开发平台的多元发展，无疑带动了一系列开发者工具和延伸技术的快速发展。随着链间价值流通、数据交换和性能提升等需求增长，跨链平台逐渐成为竞争焦点。为了满足不同产业间的业务需求，多链结合的混合链架构或将成为未来的主流方向。

行业应用层是区块链服务用户和产业的重要窗口，建立在扎实的基础设施层之上。区块链的应用主要分为两类：一类是区块链原生应用生态，如数字货币、钱包和交易所等；另一类则是区块链在产业中的应用。因为有了前期的探索，区块链的应用场景呈多元发展趋势，从数字化场景延伸到实体领域，率先在跨境支付、交易结算和电子存证等天然数字化场景中落地，引领传统行业借助区块链在征信、多方协作和分布式商业等方向上进行创新探索，尝试提升服务或升级商业模式。因此，我们可以看到，近年来，区块链在金融、医疗、司法、能源、教育和物流等领域有了诸多实践，在探索"区块链+"的过程中赋予了产业新价值和新动能。

综合服务层是区块链对外连接其他行业的信息和资金接口，主要包括媒体、投资机构和孵化器等，为整个产业生态发展提供行情资讯、投融资和资源支持等综合性服务，有着较为清晰的商业模式和发展方向。

区块链各产业板块内各细分领域发展趋向成熟，在竞争中合作，共同推动整个产业生态的良性发展。

区块链成为创业热土

数字货币市场的两轮行情波动，给区块链行业带来了大量的关注，随之而来的是更多资本和人才的涌入。同时，区块链本身的技术特性也推动"信息互联网"向"价值互联网"变迁，引领全球技术和产业变革，它的发展不仅产生了新的产业生态，也通过解决信任和价值传输等实际问题，完成了对传统产业的改造和升级。在逐步完善的政策体系下，前沿的技术、广阔的市场、无穷的机遇和活跃的市场吸引了一批又一批创业者涌入区块链行业，开启新一轮创业热潮（见图4-1）。

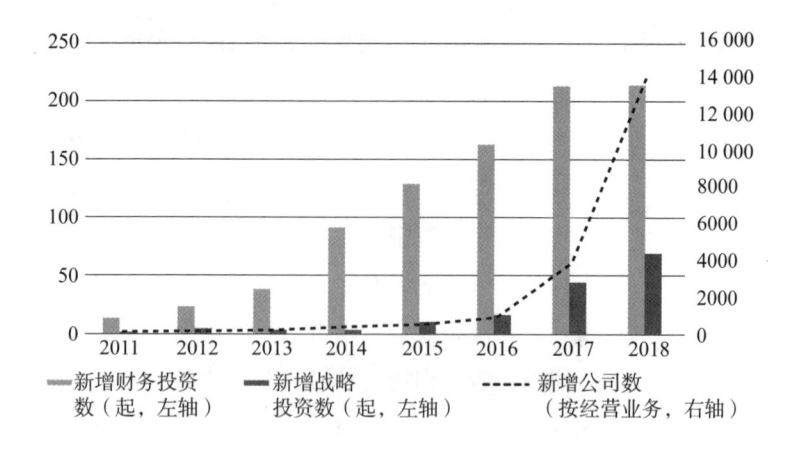

图 4-1 中国区块链行业投融资情况

资料来源：IT 桔子、企查查

2016 年之前，经营区块链相关业务的公司不足 1000 家，且数量增长缓慢。而从 2016 年开始，由于区块链技术的迅猛发展、其概念的迅速普及以及市场行情的空前高涨，越来越多的人才开始进入区块链领域，区块链公司的数量也开始呈爆发式增长，连续两年增幅均超 250%。

近年来，随着区块链热度的不断上涨，该领域的投资额也显现稳步增长的态势。早期以财务投资为主，从 2015 年开始，战略投资的占比逐渐增加，从低于 10% 增长到 2018 年的 24.38%。此外，数字货币市场行情对区块链投融资影响较大，2018 年的市场遇冷不仅淘汰了一批长尾部分的创业公司，也导致了区块链领域财务投资额增幅的大幅放缓，从 2014 年的 139.47% 逐步降为 2018 年的 0.47%，表明资本市场在该阶段主要持观望态度。然而，财务投资中的早期投资（种子轮/天使轮）占比在逐年增加，从 2012 年的 21.74% 增长到 2018 年的 79.44%，意味着区块链领域的投资仍然处于早期阶段，预计未来中后期阶段的投融资占比将会逐渐增多，推动整个产业创新发展。

截至 2019 年 3 月，中国区块链企业数量仅次于美国，但仅有 BATJ（百度、阿里巴巴、腾讯、京东）等互联网公司布局了区块链底层基础设施，多数企业还是基于以太坊、超级账本等国外开源区块链对自身产品进行构建和完善。

从全球专利申请量的变化趋势来看，区块链领域专利申请数量稳步上涨（见图 4-2），但增幅逐渐放缓，从 2015 年约 3000% 的涨幅降到 2018 年的 40%，可以发现，全球区块链专利发展渐渐从高速发展期进入稳步增长期。其中，中国的增长趋势和全球趋势十分接近，每年中国的专利数量越来越多，占全球新增专利比重也在逐年提高，从 2014 年的 33.33% 上升到 2018 年的 82.1%，这得益于国家政策的高度重视、公司机构的持续投入以及行业人才的不断涌入。

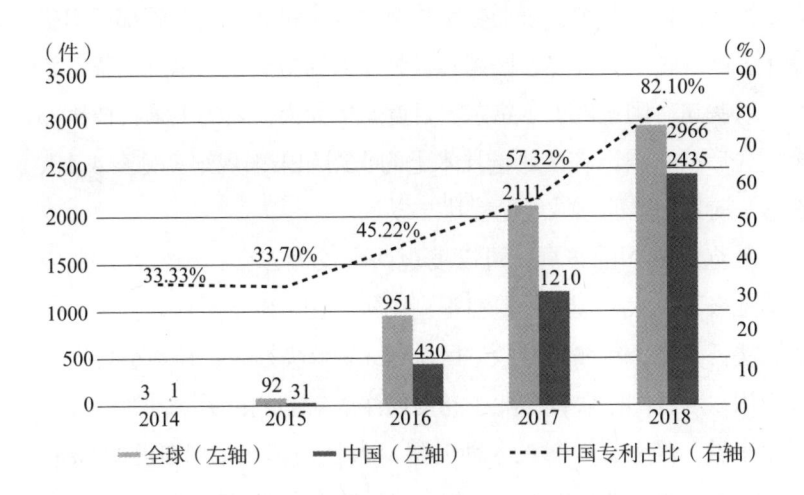

图 4-2　中国和全球区块链专利申请情况

资料来源：链塔智库

目前，在全国企业区块链专利申请量排行榜中，互联网公司 BATJ 均入围前十，前三名之后的排名竞争激烈，变化浮动较大。

但从专利领域来看，区块链最先进的底层技术，如 PoS（权益证明）、DPoS（委托权益证明）、共识算法、分片、零知识证明、侧链、闪电网络等技术解决方案大多数由国外技术社区引领，国内技术社区跟随和模仿。中国亟须在区块链关键技术领域有所突破，掌握核心技术，进而推动区块链技术在更大规模的商业场景中落地。

新格局：大公司布局，垂直爆发

区块链产业规模的不断扩大不仅吸引了越来越多的初创企业，还得到了互联网头部公司的快速跟进。中国科技头部公司在区块链上的布局早在 2015 年就已开始，在随后的两年中，比特币等数字货币以及 ICO 爆红导致市场过度炒作，该领域的泡沫十分明显。由此，大公司们在这段时间对区块链的态度较为保守，布局也显得低调谨慎。2018 年以来，随着数字货币的低迷和 ICO 被监管部门明确禁止，区块链洗去浮名，回到其极具潜力的基础技术本身，获得新生。以腾讯、阿里巴巴、京东、百度、华为为代表的中国科技头部公司先后公布自己在区块链技术上的布局和未来规划（见表 4-1），在这一前景无限的领域展现勃勃雄心。

纵览大公司的布局，可以发现两大发展方向：一方面，从应用落地来看，大公司纷纷深耕垂直场景，在金融、医疗、电商、公益、法务、溯源等领域寻找"区块链+"解决方案，开始小规模试点应用，为我国区块链产业生态发展注入新动能；另一方面，从云平台来看，随着云计算的不断升级，大公司都在布局自己的 BaaS 平台，致力于打造全方位、全生命周期的企业级区块链应用解决方案，这将在未来迎来快速发展阶段。未来，市场参与者也将保持这种垂直场景与 BaaS 平台并存的趋势。除此之外，大公司依靠原有优势，在探索区块链和原有渠道、技术优势的结合方面各有千秋，未来发展重点可能会显示出不同。

表 4-1　中国科技巨头的区块链布局和规划

	BaaS	应用场景	可结合优势
腾讯	TBaaS	知识产权、供应链金融、电子发票、银行汇票、游戏	社交渠道、支付场景
阿里巴巴	蚂蚁 BaaS 阿里云 BaaS	慈善公益、保险业务、供应链金融、司法、跨境汇款、溯源	电商、支付场景
京东	京东智臻链	供应链、ABS（资产证券化）、零售物流、品质溯源、数字存证	物流、零售
百度	百度云 BaaS	知识产权、ABS、信息溯源、软件安全、教育	人工智能
华为	华为云 BCS	供应链金融、保险、新能源交易、政务	物联网、5G

进入区块链时代，为互联网时代的平台经济打开了新的局面。平台经济的发展，信任机制是首要问题。以往互联网上的信任依赖中心化企业自身的信用，区块链技术则打破了企业的边界，能够为平台经济创造更多类型的信任。因此，虽然大公司布局已经开启，但创业者仍然有突围机会。

小结

近年来，区块链的技术创新不断涌现，全球区块链产业链进一步丰富。底层平台百花齐放，平台研发、应用推广、生态培育竞争越发激烈。行业应用扩展迅速，区块链与各行各业的创新融合将是重点发展方向。面向用户端的应用随着 Libra 的横空出世，有望进一步被大众认知，成为像微信一样的"杀手级"应用。未来，随着更多大公司的加入，行业内玩家将进一步展开激烈角逐。

纵观中国区块链产业的发展历程，虽然起步稍晚且基础设施不完善，但支持性和监管性政策的双重扶持创造了国内区块链领域创新创业的沃土，完善了该领域的人才培养机制，也极大地加快了中国的发展速度。此外，资本的加持不仅丰富了新兴产业的生态，加速传统产业升级，推进"产业区块链"解决方案落地，也为我国争夺人才、专利和应用等赛道高地，建设具有中国特色的区块链产业生态提供了支持。

区块链技术推动着新一波创业浪潮，在不远的将来，随着我国区块链创业热情的持续高涨，区块链的技术、应用和市场也将逐渐成熟，不论是创业公司、互联网公司，还是传统行业头部公司，都会根据政策、市场和技术等因素的变化，合理布局，制定稳健的竞争和发展策略，共同推动我国区块链技术的健康发展和应用的扎实落地。

在这一轮产业区块链浪潮中，中国是否会成为全球区块链发展的核心引擎？我们将拭目以待。

第三篇
应用

第五章　产业区块链应用模式

本章致力于对产业区块链解决方案的一般架构和一般模式进行探讨和归纳。在后续章节中，将对区块链在各个行业的应用分别进行深入分析，并列举大量案例。本章所描述的架构和应用模式，将在之后的分析和案例中复现。

产业区块链应用之所以会有一致的模式，是因为区块链并非与方法论无关、任由设计者挥洒的纯技术平台，而是有其特定的针对性和"套路"。可以这么认为，区块链技术平台只是整个系统的"硬件"部分，而一个产业区块链应用系统若要顺利运行，解决问题，必须遵循一套规则、协议、流程和方法，这就是系统的"软件"部分，也就使得区块链应用呈现明晰一致的模式。

区块链的真需求和伪需求

当前，区块链行业内伪创新项目横行，其中打着金融创新的幌子进行非法集资的违法项目已经引起人们充分的重视，得到有效遏制,更应警惕的是伪区块链项目。

典型的伪区块链项目分为两种。一是瞒天过海,趁着大多数人对区块链一知半解,把区块链的能力无限夸大,"忽悠"人们投资区块链以解决一些区块链根本无能为力的问题。二是画蛇添足,明明可以用传统中心化系统解决得很好的问题,非要用区块链。使用区块链技术之后,其带来的好处远远抵消不了为此付出的成本和代价,得不偿失。

为了防范这两种伪区块链应用,我们需要首先分析一下,区块链技术落地的关键难点在哪里。在分析了很多成功或失败的区块链项目之后,我们得出结论,区块链技术落地的关键难点是"硬链接"问题,或者更通俗地说,是"事实上链"问题。

举个例子,有的项目宣称要用区块链彻底解决食品安全追溯和防伪问题,而这是在当前的技术和成本条件下做不到的。一个核心问题是区块链的"硬链接"难题尚未破解。所谓"硬链接",就是区块链内的数字对象与区块链外的实物或虚拟资产之间建立的牢固、可信任的链接绑定关系,而且成本要尽可能低。

以食品追溯区块链平台为例,无论追溯的是一个杧果,还是一瓶波尔多红酒,对应实物,必在区块链内存在一个对应的数字对象,其形式可以是一个简单的位串,也可以是类似比特币 UTXO(未花费的交易输出)那样更高级的数据结构,总之是一个数字对象。问题在于,如何确保这个数字资产与现实世界中它所代表的那个杧果或那瓶红酒结成一对一关系呢?如果能做到,并且让这个对应关系牢固、可信,难以伪造和打断,我们就可以说链内的数字资产与链外实体之间建立了硬链接,或者说,链外实体为这个事实上了链。

人们立即就能想到的一种方式,就是把数字资产信息变成二维码标签,或者写入只读的 IC(集成电路)芯片,称为智能标签,贴到或者印到实物资产上。现在绝大多数的区块链防伪类项目就走到这一步，比如在柑果上贴一个标签，在葡萄酒盖子上印一个激光二维码，认为这样问题就被解决了。

遗憾的是，这种方法可以说不堪一击。为了说明这一点，我们用"攻击者"的逻辑来分析一下。这是密码学研究中经常使用的一种方式，就是假设我们是破坏者，考虑攻破这个系统的几个主要方式。

第一，"空链接"攻击，或被称为"一对空"攻击，也就是毁掉贴在实物上的标签。这样，区块链中的数字对象就不再对应现实世界中的任何实物，成为"空悬链接"，区块链也失去了对这个实物的追踪和管理能力。

第二，"伪链接"攻击，或被称为"一对假"攻击，也就是让数字对象的记录与实物不符合。比如区块链内的记录明明说这个数字资产代表一个柑果，但你可以把这个实物标签揭下来，转身贴到一个苹果上。这跟今天超市换标签出售过期食品，或者用真的茅台酒瓶装假酒，本质上是一样的，即用真标签绑定假物件。出现这种情况，区块链就面临非常尴尬的局面。

第三，"一对多"攻击，也就是让区块链中的数字对象同时对应多个实物。实施这种攻击的方法是想办法复制多个一模一样的标签，贴到不同的实体上，也就是伪造标签。

第四，"多对一"攻击，与"一对多"攻击正好相反，就是把多个标签贴到一个实物上，一个物件多个身份证，这样就可以在交货之前想办法把一个商品进行多次销售。

以上 4 种基本攻击方式还可以任意组合，形成丰富多彩的攻击模式。简而言之，在"硬链接"问题解决之前，区块链防伪溯源只能实现提升作恶成本的目的，不能像某些人幻想的那样彻底解决问题。

紧紧抓住"硬链接"和"事实上链"问题，就能够有效辨别瞒天过海的伪区块链应用。

"画蛇添足"类的伪区块链应用，就是明明可以用中心化系统解决的问题，却为了区块链而区块链。在当前区块链热的背景下，要格外防范这类伪区块链应用。因为在多数情况下，如果一个中心化系统也能够完成预定的功能，那么它在成本和成熟度方面相对于区块链会有明显的优势。此外，中心化系统配合先进的密码学应用，注入数字签名、加密通信、零知识证明、加密数据备份等手段，在很大程度上能够提升中心化系统的可信度，能够覆盖相当多的应用场景，并不一定要升级为区块链。本着实事求是的原则，我们认为，能够使用中心化系统完成的任务，应优先使用中心化系统完成。

那么如何区分区块链的真需求和伪需求呢？为此我们提出了三个判断原则。

第一，多个相互没有隶属或指令关系的实体之间相互协作。如果在协作关系中能够找到一个中心和权威，那么可以用这个权威来运行一个中心化系统，没有必要使用区块链。

第二，各方均不愿让渡数据主权或数据治权，也不愿意无条件共享数据。如果参与协作的各方愿意将数据交出来，集中在某一方手里，那么就可以用中心化系统解决问题，无须使用区块链。

第三，因信息不透明导致的过度博弈严重降低协作效率。对等实体之间需要进行协作但双方均不愿让步，这种协作的结果就是过度博弈、效率降低。只有在这种情况下，为了提高效率，在各方协商的基础之上，可以创建区块链系统。

基于以上原则判断区块链的行业应用场景，大致可以避免误用和滥用问题。

区块链作为跨信任边界的可信计算系统

在第二章中，我们提纲挈领地介绍了区块链的技术特色，区块链可以被视为这些技术特色的有效组合。那么这些技术组合起来针对什么问题呢？或者说，区块链要突出解决的是什么问题呢？

其实，区块链要解决的问题是在多方协作的情况下，如何建立跨信任边界的可信计算平台，从而实现可信计算的问题。著名的青年计算机科学家、创新工场执行董事王嘉平在一篇文章里对此有非常精彩的概括：

> 账簿不是区块链的本质，这个系统维护的状态完全可以是账簿之外的东西，当然更可以不是数据库……世界计算机不是区块链的本质，区块链的核心诉求在于关注计算过程的可信，而不是为了获得计算的结果……区块链的计算本质是一个可以和特定计算设备分离的冯·诺伊曼架构，是可以向第三方证明的可信计算范式，目的是保证计算过程真实可信，支持上层应用实现业务逻辑的自证清白，为世界带来可以计算的信任。[1]

经济协作的范围越大，分工越细致，效率越高。因此，经济协作范围有无限扩展的趋势。随着数字经济的不断深化，越来越多的经济组织在互联网上进行协作，越来越多的交易活动通过计算完成，因此人们对于计算的可信性要求也越来越高。例如，甲乙双方通过互联网达成一个交易，根据经济学的基本思想，一切交易都是由合约来规范的。也就是说，甲乙双方的交易是遵循某个合约进行的。互联网计算系统对于这个交易的处理过程必须与合约完全一致，这是交易双方最基本的要求。到目前为止，所有的计算系统，包括以

---

[1] 王嘉平，《区块链到底有什么了不起》，https://blog.csdn.net/e_boris/article/details/88859271。

分布式计算为初衷的互联网系统，都采用中心化的方式构建，这就要求参与各方对于这个中心化系统存在高度的信任。事实上，这种多对一的信任总是存在边界的。地域、文化、行业、商业生态、司法管辖等，都是天然的信任边界。比如，在一个国家非常大、备受信任的电商平台，在另一个国家的民众当中可能毫无信任度可言。此外，交易性质、目标、规模和金额都可能影响信任边界。比如，在一个交易二手日常生活用品的C2C（个人对个人）电商平台上，买卖双方比较容易形成对平台的信任，但是同样一个平台如果交易大宗复杂金融合约，或者为供应链仓单提供担保，其目标用户就非常可能对该平台没有足够的信任。事实上，在全世界仍然处于多种族、多民族、多文化、多行政司法区域的今天，中心化信任的边界总是有限的。日益扩大的经济协作范围，与有限的中心化信任之间，构成了一对尖锐的矛盾。

区块链的优势就在于解决这一对矛盾。为了实现跨越信任边界的协作，区块链以自己特有的方式构造可信计算平台，并且能够向第三方证明其计算过程的可信性。区块链是怎么做到的呢？我们不妨考虑一个问题，一个可信的计算系统由哪些部分组成？最朴素的回答，就是由可信的计算基础设施和可信的程序组成。

其中，可信的计算基础设施，就是要正确、健康、确保没有人可以通过攻击基础设施使计算产生错误和病态的结果。区块链创建跨越信任边界的分布式基础设施，因此协作的各方都可以确信，单个或少数恶意方无法通过修改和干扰基础设施的方式损害计算的可信性，也就是说，区块链提供了一个可靠的计算机"硬件"。

实现可信的程序，则比较复杂。著名的计算机科学家尼古拉斯·沃斯曾经高度概括地指出，程序等于数据结构加算法。因此，可信的程序就要有可信的数据和可信的算法作为基础。可信的算法比较容易实现，通过开放源代码并接受代码检查和验证，不难做到。真正的难点是可信数据，尤其是可信的输入数据。一个计算系统要想做出正确的计算，必须能够得到外部世界的状态变化的准确信息，而这是通过输入数据实现的。如果有人故意向计算系统提供假数据，那么无论系统本身多么完美、可信，都必然会出错。区块链在其边界之内，能够确保其基础设施和程序的可信性，但输入数据是否可信，不在其能力范围之内，必须由外界提供保证。

区块链之所以需要一套与众不同的应用模式，是因为需要向系统提供可信数据输入。区块链是创建数字资产的机制，也是一套解决问题的方法和思路。它的核心是在链上记录不可篡改、可追溯的事实，并基于这些事实进行衍生应用。

区块链有一套特别的应用模式，将链外数据上链确认为事实。区块链的应用宗旨就是要通过共识机制，让数据在上链的时候实现飞跃，从一份真假难辨甚至可能包含错误的数据变成代表此时此刻多数人共识的事实。有了事实，才可能生成数字资产，才可能进行有价值的衍生应用。

交叉验证：区块链实现可信数据的核心方法

事实上链，是目前许多区块链应用的一大难点。实际上，区块链是通过"交叉验证"来解决这个问题的。这是目前被区块链领域忽视的一个环节，其实它从一开始就存在于区块链的基本逻辑。

在区块中，主要计算节点也被称为"验证节点"（validator）。在比特币、以太坊这样的系统中，所有的全节点都是验证节点，因此人们不会特别关注这个问题。在类似 EOS 这样的 DPoS 系统中，情况就一目了然了。在 DPoS 系统中，全节点分成两类，只有真正少数的高级节点是验证节点，其他的全节点只是候选节点。由此可见，验证节点才是区块链主链中"手握实权"的节点，而正如其名称所示，这类节点真正的"实权"，其实就是实施验证而已。

那么到底验证什么呢？验证的对象就是即将被记录到区块链中的数据，其目的是通过验证，确保上链数据都是真实可信的，都是此时此刻多数验证节点的共识的凝结。

区块链正是通过多方交叉验证的方式，实现可信数据输入。正如上一节所述，可信数据输入是区块链作为可信计算系统最困难也最关键的挑战，一旦这个问题能够得以解决，区块链就可以跨越各种信任边界，成为数字经济时代交易处理最可靠的平台。

什么是交叉验证？在区块链中如何实现交叉验证？

比特币的设计就包含了"交叉验证"的思想。只不过比特币的各个节点都在同一个网络里面，大家拿到的数据大同小异，各节点基于同一个数据集做判断。因此给很多人的印象是节点都在做冗余和重复性的工作。就像用相同的方法去做数学题，先做一遍，再用同样的办法检查一遍。

其实并非如此，在比特币中，不同的节点收到的交易顺序不同，内容完整度不同，可能会有错误，也可能会有遗漏，甚至还会出现矛盾。所以每个节点，在理论上，都应该用自己的算法来验证交易的合理性。某个节点提交一个区块之后，其他节点在检查这个区块时，可采取自己特定的方式、算法，完全可以编写不同的程序，用不同的策略来进行核验。这个区块最后能否被接受，取决于所有的验证节点是否多数接受。如果某些节点决定不接受，就会在区块上产生一个分叉。这个分叉如果在事后得到更多节点的交叉验证和支持，就会取代原先那个分叉，进入区块链主链。

我们再用一个供应链金融的案例来介绍在实际行业应用中如何进行交叉验证。

供应链金融是解决中小企业融资难、银行征信难、部门监管难的有效手段，其中特别有潜力的一类融资手段是仓单质押融资。具体来说，每个有真实业务的实体企业都会有持续不断的原材料、零部件、制成品物流。在某种意义上，这些川流不息的物流就是实体企业跳动的脉搏。这些物资在流转过程中要进出多个仓库。仓单是保管人收到仓储物资后给存货人开具的提取仓储物资的凭证。仓单除作为已收取仓储物资的凭证和提取仓储物资的凭证外，还可以通过背书，转让仓单项下货物的所有权，或者用于出质。存货人在仓单上背书并经保管人签字或者盖章，转让仓单就有了效力。存货人以仓单出质应当与质权人签订质押合同，在仓单上背书并经保管人签字或者盖章，将仓单交付质权人后，质押权就有了效力。因此，仓单具有明确的金融属性。理论上，中小企业可以通过仓单质押融资，大幅度提升资金融通周转的效率，支持实体业务发展。但是在现实中，仓单质押融资在中国的发展相对于其巨大的潜力而言，长期萎靡不振，根本原因在于仓单太容易造假，金融机构防不胜防。

仓单造假有很多办法，比如有单无货、货不对单、一货多单、重复质押。在我国，假仓单融资造成的损失达数百亿元。对于金融机构而言，仓单造假之所以难以防范，主要是因为信息不对称，验证成本太高。当企业拿着仓单到金融机构寻求融资的时候，金融机构若要验证该仓单的真实性，需要与诸多单位接洽，进行大量的查验工作，不但成本高昂，而且很多情况下根本不可行。因此，很多金融机构都不提供仓单质押融资，或者要求信用良好的机构为仓单提供担保，而这又失去了仓单作为中小微企业融资工具的意义。

仓单融资有着巨大的市场需求和利润空间，核心是解决仓单保真的问题。为此，一些金融机构和行业协会已经着手用区块链解决这个问题，其关键思路就在于"交叉验证"。

所谓交叉验证，就是多个不同的业务主体，分别根据自己的专业知识、业务流程和掌握的数据，对同一份账目、文件、票据、事件陈述、主张等内容的真实性予以查验，并且提交相关证据。

比如，一份纸质或者普通电子仓单，必须经过多家机构协同交叉验证才能升级为数字仓单。这种协同需要遵循一定的协议和流程，而区块链就是这些协议和流程的支撑平台。具体过程是，存货的持有者发起一个创建数字仓单的请求，并附带该仓单的标准信息，声称自己有一卷钢材在某仓库。区块链上各个相关节点接到该请求之后，根据协议，在自己的私有数据库里查询能够支持或者反对这一请求的证据。比如，相关的仓库出具入库记录、照片甚至录像，证明这卷钢材确实在库；相关物流机构出具物流记录，证明这卷钢材确实由该物流机构运输，重量数据与仓单信息吻合；相关质检机构出具报告，证明钢材质量与仓单信息一致等。出示这些证据的过程，就是各个节点在对该数字仓单创建请求予以交叉验证的过程。这一过程如果顺利完成，则区块链上的验证节点可以就是否认可这一数字仓单为真进行投票，若符合事先确立的标准，就可以正式生成数字仓单，并对之后的金融活动予以支持。

在上面这个例子里，一个仓单请求经过多方联合交叉验证，升级为"数字仓单"，也就是升级为多方认可共识的事实，并记载上链，这是区块链解决"事实上链"问题的关键手段。在此基础上，完整的区块链应用模式呼之欲出。

产业区块链的九步应用模式

如前所述，区块链不仅是一项技术，还是一套制度和协议。这套协议的目的在于产生可信数据，执行可信程序，完成可信计算，从而驱动一个又一个数字经济的基本单元——交易。当前产业区块链应用当中，人们往往把重点放在区块链技术平台的构建上，对于协议的设计却不够重视。这一方面是因为区块链产业应用的发展还处于早期阶段，需要不断摸索。另一方面是因为不同的行业、不同的应用场景需要的协议不尽相同，设计难度很大。然而，协议不对，区块链的应用就很难落地，不是用不起来，就是画蛇添足。产业区块链的发展需要大量懂行业、懂区块链、有业务流程设计能力的人才来研究和设计协议。

尽管不同行业、不同应用场景中的应用协议会有很大不同，但是我们通过实践、研究大量案例，发现优秀的区块链应用协议呈现一致的模式，总结为以下 9 个步骤。

1. 由不同的利益主体管理不同的验证节点，形成跨利益边界部署的区块链基础设施。

2. 将应用涉及的各主要协作方纳入区块链，分配数字身份和数字签名。

3. 当某项交易或事项发起时，发起方提出请求和证据，各相关协作方举证，形成证据链。

4. 验证节点验证证据链，并通过投票方式决定是否接受证据。如果接受，则将相关数据记录上链，成为可信数据和链上事实。

5.（可选）基于上链的事实证据，产生数字资产。

6. 基于链上的可信数据，运行预先设定的可信程序，执行相关行动。

7.（可选）允许数字资产流转交易。

8.（可选）为协作各方发放激励。

9. 若发现错误，采取必要措施修补或纠正错误。

上面这套应用模式及其变体，反复出现在各行业的区块链应用当中。

在上一节中，我们用基于仓单的供应链金融区块链介绍了交叉验证的概念。下面我们完整地用上述模式将这一解决方案介绍一番。

第一步：建立验证节点网络。在这个项目中，主要的验证节点应当由监管、金融、交易所等机构组成，它们手握投票权，根据搜集到的证据决定是否认可仓单为真。

第二步：将仓储、物流、质检等关键参与者纳入，分配数字身份和数字签名，使他们具有提交证据并接受奖励的权利。

第三步和第四步：交叉验证，并投票决定仓单是否为真。这两步的过程在上一节已经做了详细介绍，此处不再赘述。

第五步：仓单上链，成为数字仓单。这就是本案例中的核心数字资产，具有提货权，是交易流转的凭证。

第六步：数字仓单生成之后，可以按照预先设定的程序或者智能合约执行一些动作。比如，相关的金融产品和保险合约的创立，向潜在的投资者推送消息等。有些动作不一定是程序和智能合约自动执行的，需要个人或机构人为执行。

第七步：数字仓单及其金融衍生品进入市场流转，完成融资功能。

第八步：完成融资的企业拿出一部分资金，激励在整个过程中提供了支持的节点。这个动作可能是人为执行的，也可能是智能合约自动执行的。

第九步：如果出现错误，一方面由保险理赔，或者节点集体行动修正错误，另一方面可以将相关证据链交付司法机关，对相关责任人予以惩处。

上面这个模式不仅可以用于供应链金融等商业场景，对于政务治理类应用，稍加变化也是适用的。下面我们再虚构一个政务类应用场景，然后详细解释上述应用模式。

社会治理是区块链重要的应用领域，而个体公民的行为引导和管理是良性社会治理的基础。一直以来，很多城市的管理者希望建立一种"市民综合信用评分"机制，根据一个市民的善行或者恶举，从多个方面对其予以综合评价，并且以数字化积分的形式体现，进而将一系列公共服务、公共资源的配置与这一积分挂钩。这种方式无疑将大大强化社会对个人的行为引导。

然而这种综合信用分在实践当中难以落地，主要原因有两个：

一是不少人担心这种信用分会压制自由精神和创造力，甚至加剧社会对个人的压力；二是缺少可靠、可信、低成本的方式对每个市民进行综合信用评分。解决第一个问题要靠政治家、学者和民众自身，而面对第二个问题，则需要依靠先进的技术和管理办法。区块链就提供了一个可能的解决方案。

可能有人会质疑，这样的系统为何不可以用中心化的方式实现？事实上，我国金融当局就对金融信用系统采取一竿子插到底式的管理。我国的金融体系、银行体系的信息系统完全打通，形成统一的内部征信系统。如果某个人在某家银行的信用被加入黑名单，就不太可能在任何其他银行系统中成为漏网之鱼。这样一个垂直领导体制不是对等实体之间的协作，可以很自然地找到一个中心，因此它可以做数据大集中，在银行系统里建立高效的信用黑名单制度。

但同样的中心化系统却不适用于个人综合信用评分，因为综合信用的评定，需要多个不同的官方和民间部门参与，例如，公安司法机关、交通管理部门、环保部门、税务部门、教育机构、市场监管部门、行业协会、社区居委会等机构。在这些机构中，几乎不可能建立一套中心化的系统。

区块链为建构这样的系统提供了一个可行的方案，并且这一方案可以很好地体现区块链应用的模式。

第一步：构建一个跨利益边界的区块链基础设施，选择一定数量的机构成为验证节点，比如该城市的民政部门、大数据部门以及广受社会各界信任的社会机构。注意，这些验证节点机构之间应当尽可能利益分散，尽可能降低它们联合起来作假、作恶的可能性。尽管区块链数据透明、不可篡改的特点使得这种联合作恶的行为很容易在更大的范围内被揭露和谴责，但毕竟这会导致更大的制度成本，因此从一开始就应该避免这种风险。

第二步：将与市民综合信用评价相关的各个机构、单位加入区块链，例如，上面提到的公安、税务、教育、环保、卫生、居委会、媒体等协作方。它们不必以验证节点的身份进入区块链，可以以所谓的"轻节点"身份加入。这意味着，它们可以发起一个事务，也可以提交证据，并且用自己的数字签名确认身份，但是它们没有对于事实认定的最后投票权。这是联盟链应用的典型模式。

第三步：由某个节点发起一个为市民甲进行综合信用评分的请求。这可能是因为该市民刚刚做了一件事情，可能导致其综合信用评分出现变化。比如，他协助处理了某个交通事故，从而缓解了交通堵塞，交管部门可以提请给他 0.5 分的综合信用分，并且提交相关证据。所有的节点，包括验证节点和轻节点，都可以针对这一请求中所包含的事实的真假，给出自己掌握的证据。例如，这个城市的交通电台可能掌握关于该交通事故处理情况的详细信息，于是给予旁证。当然，大多数节点并不知道某个具体请求中所包含的事件的真假，因此在这件事情上只能保持缄默。有的时候，甚至只有一个节点，也就是提出请求的那个节点，能够提交证据。这不应该被视为异常，因为区块链的机制将在下一步把是否认可事实的责任交给验证节点。

第四步：验证节点投票决定是否认可事实，并且根据事先确定的规则，决定该项数据是否上链。注意，这里的规则未必一定是少数服从多数，而是一切事先得到所有人同意的规则。比如，在投票之中设定一票否决，或者某几个节点拥有"直通车"特权等，都是可以的。

第五步：得到确认的事实上链。注意，关于这一事实的触发因素、投票情况，都将作为区块链事务数据被永久存于链上。在这个例子中，市民甲"做好事"的事实上链，未必能够产生数字资产，但在很多其他应用中，比如前面提过的仓单应用，这一步将导致新的数字资产被创建出来。

第六步：根据投票结果，更新该公民的综合信用得分。这一步应当是根据预先设定的、公开透明的算法自动执行的。比如，市民甲的综合信用分增加 0.5 分之后，恰好达到 70 分。算法规定，达到 70 分的市民可以获得"好市民"数字奖章，那么颁发这个数字奖章的工作就应当自动连锁触发执行。当然，不是所有的连锁行动都是在链上自动完成的，很多相关的行动还是需要由相关的人或组织根据链上凝结的事实证据来执行。例如，税务机构基于公民的综合信用分调整税率，保险机构也可以因此向公民推荐新的产品。

第七步：允许数字资产流转。在本例当中，由于每个人的综合信用分是其个人属性，不可以随意分离和转让，因此这部分积分不能进入交易市场流转。但是，假设政策允许市民买卖"好市民"数字奖章作为纪念品，那么还是要提供一个交易场所。

第八步：为参与认定事实和投票的各种节点提供激励。注意，这里的激励不一定是经济激励，也可以是非经济激励。但是我们在实践中感受到，区块链系统一定要有激励，否则难以持续发展。

第九步：如果发现链上真的有错误，那么要及时处理，或者用保险机制托底，或者实施所谓的"硬分叉"，纠正错误。

上面的解决方案将为政府及社会提供关于一个市民的可信的综合信用评分数据库。而且，在实现这个数据库的过程中，各参与单位并不需要将自己的全部业务数据无条件地集中给某一方，而是根据需要，提交必要的数据证据。我们称这种方式为"响应式数据整合"。也就是说，各节点并不是无条件、不分青红皂白地将数据集中给某一方，而是根据区块链应用协议的要求，在事前或事后提交必要的证据。

当前大数据应用要求数据充分集中整合，但在数据资产化的大背景下，各数据采集者、所有者都越来越重视其数据产权，这与数据集中整合应用的要求之间产生了矛盾。而响应式数据整合为解决这一矛盾提供了一个新的思路。这也可以被视为区块链应用中的一个特色。它不要求各节点把数据全部交出来，只需要节点自愿地为某一数据请求做出响应。

各节点为什么要对这样的请求进行响应？一方面，区块链协议在设计中可以对此进行要求；另一方面，要依靠激励机制，比如在供应链金融当中，某个节点响应一个请求，给出了关键数据，帮助企业挽回了多少损失，或者帮助企业顺利贷款融资，就应该获得相应的激励。

按照上述逻辑，数字经济时代的政府和企业很有可能因此获得一笔额外的数据服务收入。

这种数据服务费，看上去是一笔开支，实际上反而降低了交易费用和交易摩擦。而数据这个资源是没有上限的，只会越来越多，而且在可以预见的未来是呈指数速度增长的。充分利用这些数据资源将创造新的经济增长模式，推动整个社会以及国家数字经济的快速发展。

区块链能给哪些行业带来变革

区块链对各个行业转型的影响不能一概而论。未来区块链能给哪个行业带来最深刻的变革影响？普遍认为，行业对区块链的真正需求主要有 4 个评判标准：行业有无痛点，痛点能否用区块链来解决，能否做到充分降本增效，合作伙伴是不是利益共同体。本书结合对国内外相关评价理论和工具的研究分析，从影响力和可行性两个主要维度出发，以了解区块链对于不同行业的具体战略价值，并掌握对应的落地效果。

其中，影响力特指产业引入区块链的动力，以 4 个影响方面作为判断依据。

- 收益提升：产业引入区块链技术后，通过收益结构的升级提升收益价值的程度。
- 成本下降：行业内现有流程成本的降低以及与产业生态沟通协同成本的减少。
- 行业变革：从长远来看，区块链重塑行业商业模式、重构产业价值链的力度和深度。
- 社会影响：行业引入区块链后对社会产生的影响程度，包括社会效率的提升、社会信用体系的建立、提高群众生活质量等。

可行性特指对于行业是否能运用好区块链技术的评估，以下面4个能力点作为判断标准。

1. 资产数字化程度。资产类型决定了通过区块链进行交易的可行性。产业里的数字化记录和交易资产是否可以在区块链系统上进行端到端管理，或者通过应用程序接口与现有系统集成，是衡量资产数字化程度的标准。

对于一些原本资产类型以数字化形式为主的产业，如金融、游戏等，其资产上链是比较容易的。这个优势会加速相关区块链应用的商业化。对于其他资产类型较为依靠实物连接的产业来说，则需要启用物联网和生物识别之类的技术，而现阶段此类技术尚处于发展阶段，一定程度上阻碍了其在区块链上的发展。除此之外，这种连接也可能成为区块链安全性方面的一个漏洞，因为尽管区块链记录是不可改变的，但具有物理属性的实体或物联网传感器仍然可以被篡改。例如，在食品追溯方面，在用区块链对谷物、牛奶等商品进行监管时，需要通过射频识别（RFID）之类的标签系统来认证，这一过程有可能被操作为人为更改了物品但仍然留存识别码。这样一来，产生了"上链的不是事实"这一情况，无法追踪真实产品的情况。

2. 技术成熟度。区块链技术现在仍处于相对不成熟阶段，这在一定程度上限制了产业对其的接受度。实际上，技术配置是一系列设计选择，其中重要内容的选择包括速度、安全性和存储三大板块，现阶段的技术很难做到满足所有需求。此外，区块链技术的不成熟还增加了转换成本。企业需要值得信赖的解决方案，尤其是考虑到大多数成本优势需要在淘汰旧系统后才能实现。当前，很少有初创企业具有足够的信誉和技术稳定性部署大规模项目。大型技术公司正以与基于云的存储类似的模型，通过使用自己的区块链即服务产品来弥补这一差距。

3. 通用标准。缺乏通用标准和清晰的法规是限制区块链应用扩展能力的主要因素之一。相对而言，如果某产业中只有一个主导角色或政府机构能够强制建立法律规则，使得法律对参与方的法律地位和责任界定足够清晰，在面对系统运行过程中出现的纠纷问题时相关的法律责任能够清楚区分，则可以较为轻松地建立行业标准。要做到这一点，离不开当前监督机构的支持，如果区块链的引入对监督机构具有足够的吸引力，标准的建立会更加顺畅。

4. 治理共识。当区块链系统需要在多个参与者之间建立合作关系时，协调各方的参与积极性会变得十分复杂，特别是遇到原本的竞争者需要合作的情况。此时，建立有效的沟通机制，就如何领导和管理系统等问题达成共识，是整个系统能够顺利运转的重要保障。为解决此问题，通常需要政府等监管机构或行业领导者带头，在运行过程中能够让参与者实现各自的目的。

结合区块链近期的热门应用场景，我们选出与区块链结合较为紧密的十大领域，并按照上述评价标准进行比较（见图5-1和图5-2）。

在此基础上，我们引入投资力度来说明现阶段资本市场对具体产业与区块链相结合的看好程度。根据公开资料，2019年，在全球

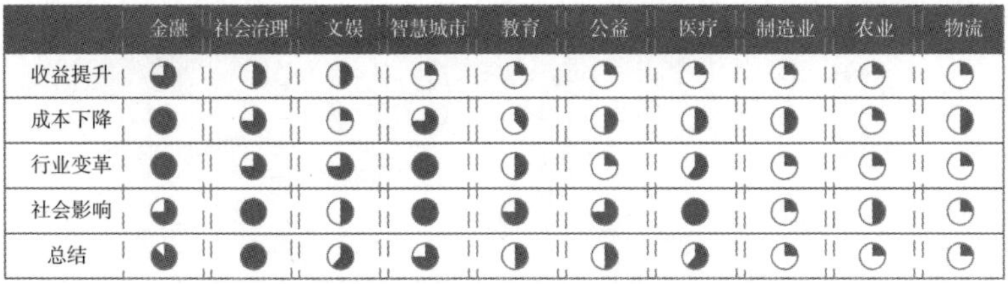

图 5-1 影响力分析

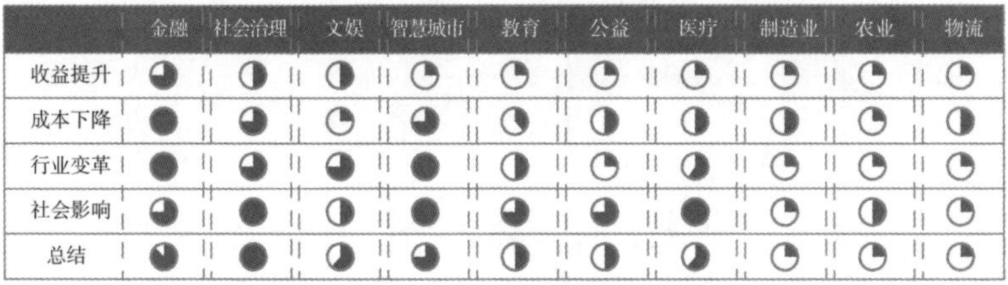

图 5-2 可行性分析

439 起风险投资事件中，189 起投资属于以数字货币、支付、清算结算为代表的金融领域，约占总投资数量的 43%（见图 5-3）；区块链游戏为代表的文娱产业和以身份验证、司法为代表的社会治理领域分别获得 21 起和 12 起投资，占比 4.7% 和 2.7%；其余产业目前投资较为分散，数量也较少，尚处于起步阶段。

对于所有行业而言，从短期来看，区块链的应用范围较为分散。在这一阶段，降本增效是区块链技术初步运用后带来的最直接的影响。从长期来看，随着区块链技术的成熟，使得技术能更加深入且全面融入产业，变革运行模式、重塑产业形态成为大势所趋。

对于不同的行业来说，由于区块链对于具体产业的影响力和可行性不同，其战略意义的侧重点也有所差别。结合现阶段的投资情况，我们可以看出，金融行业以其先天对于区块链的匹配性且能够

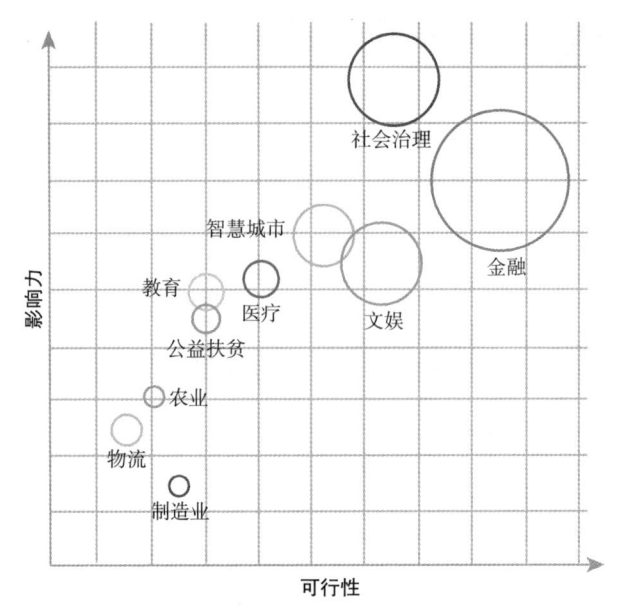

图 5-3　不同领域的风险投资占比

快速商业化的优势独占鳌头,尤其受资本青睐。其次,在政府机关的大力支持下,社会治理类产业的发展也较为迅猛。接下来,文娱产业、智慧城市由于本身数字化程度高、资产数字化程度极强的优势获得了不少关注。对于在未来更具社会影响力的教育、医疗、公益扶贫等领域,虽然现阶段的可操作性略显劣势,但其发展潜力不可限量,有可能衍生出更大的经济生态。在后面的章节中,我们会逐一分析以上各个产业与区块链产生的化学反应。

第六章 链接金融

　　金融的本质决定了区块链技术与之天然契合。金融，顾名思义即资金的融通。从不同的角度来看，金融的核心价值在于优化资金的时空配置，通过跨时空地交换风险和效能，完成其平衡供给需求的使命。换句话说，小到个体户的日常理财，大到金融机构对资本的运筹帷幄，或者国家对资本市场的规范管控，只要涉及资本的效益叠加、价值增值，就可以说是金融领域内的活动。无论是谁，崇尚稳健投资的从众者也好，爱冒险独辟蹊径的投机者也罢，多多少少都需要拥有可信数据去做金融决策，也需要备好有效的凭证，以及可流通且受认可的货币工具开展对应的金融交易活动。同时，由于利益出发点的明显差异，公平公正的金融监管环境也是不可或缺的。

　　然而，以下4项必需品的功能却一直在弱化：金融机构在解决信息不对称和担保信用这两个核心职能上疲软之态尽显，支撑可信数据流转的平台长期缺席；各类凭证在过渡中心化门槛的途中遇到了大量的交易摩擦；货币及各类金融资产的产生和运行过程一直存在不透明的劣根性，为此金融交易不仅需要面临高风险，还得承担高费用；金融监管本身也附带越来越高的金融系统成本，管控难度独木难支。长久以来，金融业极高的中心化程度，在作为保护膜的同时，实质上也一直限制金融业的长远发展。

区块链技术点对点互联互通以及不可篡改的特性，恰恰为去中心化的信任机制提供了可能。当前，区块链的爆发力已从解决金融行业底层问题的能力，升华至未来对整个金融基础架构的颠覆潜力。我们可以从以下4个方面逐层深入，分别挖掘区块链金融在短期与长期的核心价值。

从最浅层来看，由于金融各方依赖事实、呼唤可信数据，区块链在金融领域的大刀阔斧之道可开始于对传统金融系统的革新：搭建可信且开放的数字存证平台，减少可信数据的传输阻力。其中的一大典型应用便在于供应链金融领域。长期以来，小微企业自身信用不足、抵押品相对缺乏、信息不对称等原因导致其融资难、融资贵、融资慢。为了维护信任，金融产业链条催生了越来越多的征信机构，金融系统的运转效率整体下滑。在供应链金融的创新型应用中，信用穿透可由区块链技术实现，释放核心企业到多级供应商，提升全链条的融资效率，逐步向普惠金融推进。

可信存证平台进而可映射出第二层面中数字化后的现实资产。股票、债券、股权、票据等资产要实现数字化，主要是通过上链存储和链上流通。一旦链上链下映射成功，区块链技术不可篡改的优势将促进金融行业各机构在系统、信息、业务、组织等层面和环节上的协同效应，实现化繁为简，将金融的业务创新向可控化、协同化和全面化推进，实现金融机构的转型升级。这将极大地降低各大金融机构的监管合规成本，以及资本配置和流动性成本，改善全球资本市场利润跳水的窘境。以银行为代表的金融机构正在大范围地借鉴区块链技术，目前主要基于联盟链覆盖了一些适用于参与方较多、信任成本较高、协作效率需要提高的交易场景，聚焦于贸易融资和金融资产交易等。

更进一步，数字货币将区块链与金融的结合推向了更深的层次。众所周知，区块链是在数字货币探索的过程中出现的，而货币则毫无疑问是一切金融活动的基本记账单位。比特币名为"数字货币"，但其是否能承担交易中介以及记账单位的重任，实际上仍有巨大争议。但比特币的全球分布式记账、点对点支付以及支付即结算的特征，确实展现了区块链作为金融基础设施的潜力，大大拓展了人们对未来数字经济、数字金融、数字货币的构想。在区块链的支撑下，全球支付和金融网络可以整合，支持跨境交易的实时结算，在有效降低账本的运维成本和系统性风险的同时，进一步缩短货币流通的时间。法定数字货币的战略价值不言而喻，攸关国际，其在金融领域的标准制定的重要程度不亚于在 IT 领域制定互联网 TCP/IP 的协议标准，将会是区块链在实体经济领域延展的基本价值支点。随着 Libra 和 DCEP 的相继尝试，数字货币时代正在拉开帷幕。

在更远的未来，区块链金融更具想象力的方向在于数字金融。面对信息不对称、金融资源分配不均的难题，金融行业长远的突破点在于创造更宽广的价值流动范围、更高速的价值流程与更穿透的风险评估力。在区块链生态中的数字一旦被确权之后，便具备了唯一的资产属性。在长远的区块链愿景中，我们可以看到数据将成为新型的生产要素，全球无边界且透明的数字金融交易也并非遥不可及。

下面我们由浅及深、由近及远，分 4 个层次探讨区块链与金融的结合应用。

供应链金融：小微企业迎来融资转机

第一个层次是供应链金融。在这个层次，现有的金融体系和基础设施可以基本保持不变，仅仅将区块链作为一个可信数据库来使用。因此，供应链金融是现阶段最容易实施的方向。

小微企业身为我国经济的重要支柱"负重难行"。截至 2018 年 10 月，中国小微企业名录收录户数已达 9311 万[①]，基数庞大，可谓国民经济的"毛细血管"。2017 年，小微企业的最终产品和服务价值对 GDP 的贡献率高达 60%，纳税量占国家税收总额的比例约为 50%。[②] 然而，2018 年第一季度，中国金融机构小微企业贷款余额仅占金融机构企业整体贷款的 37.8%。[③] 可见，小微企业的经济贡献能力与金融机构对小微企业的贷款支持力度确实存在较大差距。

在供给侧结构性改革与"加大小微企业扶持力度"的政策背景下，国家从不同层面持续出台多重举措。国务院于 2019 年 4 月 7 日在官网披露了中共中央办公厅、国务院办公厅印发的《关于促进中小企业健康发展的指导意见》，显示了国家对中小企业面临的生产成本上升、融资难融资贵、创新发展能力不足等问题的高度重视。中国人民银行、财政部等监管机构已着手引导金融机构下沉客户群体，推动税务局等数据源直接提供数据支持，鼓励地方建立中小微企业信用数据库，为加大放贷供给规模，促进银行贷款利率合理化铺垫。除给小微企业提供政府担保与政策性贷款之外，国家还差异化地为小微企业省税费，降税负：继 2018 年 9 月国家税务总局对小

[①] 深圳新闻网，《第十五届中国国际中小企业博览会明天开幕》，http://www.sznews.com/tech/content/2018-10/09/content_21127591.htm。

[②] 国家工商总局，《全国小型微型企业发展情况报告》，https://wenku.baidu.com/view/b07ca3a686c24028915f804d2b160b4e777f81c7.html。

[③] 艾瑞咨询，《2018 年中国小微企业融资研究报告》，http://report.iresearch.cn/report/201812/3301.shtml。

微型个体工商户发放小额贷款取得的利息收入免征增值税，2019年两会将普惠性减税与结构性减税并举，深化增值税改革。并且，央行实行企业评级，提高了对小微企业的信贷支持力度。与此同时，近两年征信体系的加速建设也在一定程度上缓解了融资难题。部分市场化征信机构创新征信服务模式，通过采集当地政府部门公用事业单位的信息，搭建公共部门信息导向的小微企业信用框架及评分，补足小微企业征信短板。随着中国人民银行稳步推进企业征信市场和评级市场的对外开放，在出台相关面向外资企业的政策后，外资企业征信和信用评级机构陆续进入中国市场，有多家已在中国人民银行备案。

供应链金融大有可观

金融科技也在不断蓄力。各方以解决身份信任问题及连带的一系列金融风险与风控难题为出发点，积极求索支持小微企业融资的新模式。其中，基于对小微企业负重难行底层逻辑的深度理解，区块链高速担保、可信可靠的融资存证平台已逐步成熟。

区块链准确把握了小微企业与金融机构在供应链体系中的痛点来源。在大多数供应链中，核心企业由于具有强有力的话语权，面向供应商通常不是采用现金交易，而是采取带有账期的交易方式，即给上游的中小企业支付凭证，到期再支付账款。在该流程里，信任无法传递。实际参与者仅为核心企业的上下游"近亲"企业，即一级供应商和经销商，其二级、三级乃至多级供应商的"远亲"供应商与经销商可以接收的账期越来越短。加上核心企业的信用票据无法拆分和流动，供应链的信用传导机制并不通畅，大多数"远亲"频繁面临资金短缺的压力，需要转向金融机构寻求融资。但是，"远亲"并不受金融机构青睐，小微企业常常由于自身局限性求而不得。在接到订单之后，供应商为组织生产通常需要增加相应的运营资金,然而银行对"一物多押"的规避导致多级供应商无法用订单作为还贷的担保物。那么能否用现有资产去做替代抵押呢?小微企业抵押资产占用率低,又因为自身体量小、治理结构不成熟、财务透明度不高等,很难再从其他渠道获取有效的抵押资源,增信再次受阻。再有,"远亲"缺乏与核心企业直接的贸易往来,导致其信任数据不足,同时又缺乏实用的平台化与系统化的管理工具,难以激活产业链上下游的合作。各地政府部门在行政方法、办事流程和服务效率上存在差异,令资金二度滞留。传统金融机构也是力有不逮。在放款之前,传统风控审核需经过贷前尽职调查、贷中审批部的信息深入和信息纳入三个流程,参考依据有限,信息的采集和对风险的感知决策均由多个业务人员进行,对人力的依赖度高,存在较高的道德风险,也难以规模化。三个流程加起来,传统金融机构在风控上需耗时三周左右,加上结算不能自动完成,获客和增信成本居高不下。

在传统信贷模式的基础上,供应链金融的所有节点构成区块链平台,跨越利益边界覆盖了供应链的上下游企业,包括物流、仓储、质检,以及财务公司、金融公司等参与方,丰富了各参与方的合约选择空间。上层业务系统通过底层区块链平台,对小微企业的全面贸易信息,包括资产所有权、数量、质量、仓单、担保,以及应收账款、存货、预付账款等上链登记和存储,从而标准化、数字化且通证化小微企业的资产,进而生成企业支付、融资与流通的债券凭证。基于供应商对核心企业的应收账款等资产的发行、流通、拆分和兑付可以被完整真实地记录和追溯,这大幅度地扩充了金融机构的信息参考范围。由此,信任与价值的可靠传递难题能够以极低的成本加以解决。

基于联盟链本身不可篡改以及分布式交叉的验证机制,各节点业务数据的可信度得以保障,解决了仓单质押融资借贷一直存在的身份信任问题，极大地增强了金融机构信用评估的可操作性，也大幅降低了其风控难度。值得注意的是，在链上的电子凭证是可拆分的，这提升了资产的流动性，融资可得性大幅提高，有效缓解了多级供应商融资难、资金短缺的困境。银行根据链上资产与贸易信息采取相应行动，既有助于减少借贷的服务成本，又可以获取低风险高收益的资产。在保险公司的参与下，金融机构即使在遇到异常风险时，也有保险偿付的保障。核心企业也是一大受益方，整体供应链成本的降低使得其账期安排得以优化，与供应商的长期战略合作关系也因之坚固化，可确保其行业领先地位。

"微企链"助中小企业破解融资难题

腾讯已携微企链率先落地，成就了国内首个"供应链金融＋区块链＋ABS"的开放平台。该平台依托TBaaS云区块链，实现全流程的数据电子化流通与参与者的全线上化的电子化操作。债权凭证内容被规格化和统一化，企业可根据金融机构的要求选择性开放和上传融资所需的文件，避免了大量纸质背景资料与多重操作和审核的时间浪费。同时，区块链基因支持生产端、供应端、物流端内多方线上共享账簿和签署协议，也有效提升了金融机构的信贷审核效率。在产品端，微企链借助后端平台的多渠道资金，如银行、券商、信托等机构，以及公募市场和过桥资金，使多样化的应收账款可拆分流转至产业链末端的小微企业，激活了不少低风险、高收益的资产，同时提供有效的风控手段。截至目前，腾讯理财通、银行、私募基金和保理公司等金融机构已从中受益，与创维、麦当劳等十余家核心企业建立了合作关系，提升了资金的配置效率，多个"核心企业＋供应商"目前正在交易所储架申报。

在实际操作中，微企链突破了传统模式的反向保理模式，通过七大步骤交叉多主体，实现应收账款债券的拆分流转及变现。如图

6-1 所示，一级供应商与核心企业之间先通过资产网关电子审核应收账款，在确保贸易背景的真实性之后确权上链，生成数字债券凭证，便可进行分拆流转流通至上游的供应商。基于此，每一级供应商可以按照业务需要选择持有数字凭证到期，或者根据自身资金诉求卖出。金融机构在收到各级供应商提供的债券凭证后，便可对供应商进行融资贴现，完成资金的代付，并将对应交易结果上链，以确保信息的不可篡改。

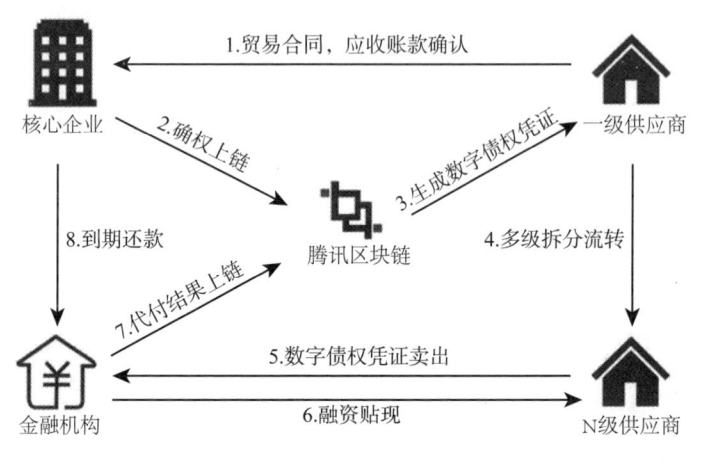

图 6-1 微企链工作模式

区块的"哈希值 ID"与全链不可被篡改的特性与密码学和其他多元的技术能力相辅相成，为微企链上的交易数据增添 4 层安全屏障。其一，平台上的资产网关对链下资产有审核作用，每笔债权凭证在其鉴证下，均为不同属主行使自身权益的唯一凭证，是有效、可兑现且可被追溯与审计的资产。其二，在数字证书与密钥的双认证机制下，该平台确保交易信息只在必要的参与方之间直接可视，使数据私密化成为可能。其三，腾讯区块链技术还采用了多重签名的中间账户技术，任何关键操作都有对应的私钥签名记录。其四，腾讯创造性地联合多方合作伙伴，将物联网、智能视频监控、LBS

（基于位置的服务）和图形图像识别等技术能力与仓单质押融资场景相结合。如此一来，货仓方的数据可实时上链，资金方可动态监管，有效防止出现多头借贷和恶意骗贷等问题。

相较于传统供应链信贷模式，微企链除推动海量交易信息的实时共享与多方合作协同之外，还巧妙运用了区块链不可篡改和可追溯的特性，保障了流通信息足够靠谱，实现了出资者与融资者规模化的共赢：核心企业上游端的资金成本与整体采购成本逐级降低，全产业链条凭借数字债权凭证的信息流转实现穿透式自主管理；中小微企业重建信用后可以低融资成本获取金融服务，债权凭证的流转变现灵活度大幅提高，可在盘活资产的同时实现流动性管理。然而，在解决中小微企业融资难题方面，利益相关方，包括政府、供应链参与者、技术提供方等需要在技术标准与法律监管层面有所配合，保障供应链金融的风险可控，以发挥其实际社会效益和经济效益。

技术聚合效应：腾讯云的动产质押区块链登记系统方案

在供应链金融场景中，很多时候阻碍应用落地的并不是区块链技术本身，而是缺乏辅助上链技术的配合。要进一步落地区块链供应链金融应用，必须考虑引入多种技术。以腾讯云的动产质押区块链登记系统方案为例，在区块链的技术底层汇集了物联网和人工智能的协同力量，旨在通过仓单记载货物全流程的数据上链，改变传统动产质押领域"信任和低效流通"的困局。

借助工业互联网标识解析系统，当货物进入仓库时，通过车牌识别、货物铭牌识别、重量传感器等物联网技术，对进场货物进行识别和数据采集，再结合标识技术（二维码、射频识别、近场通信等）实现一物一码、一物一跟踪的定点管理。此时，轮到人工智能悄然进场了，利用智能视频监控等技术，对监管仓内堆积的货物的位置、形状等进行识别。当出现货物移动、叉车运行等情况时,能够完整记录并根据设定的规则发出监管仓的参数警报,实现质押、监管与实际物理操作相对应,以便于及时通知各参与方。

此过程中的所有事件及数据,都会实时被记录在区块链上。这首先起到将仓单标准化、规范化和统一化的作用,避免了有形仓单原有的被毁坏、被误读和被冒充等风险,实现更加便利的票据贴现。其次,链上信息的不可篡改和可追溯性,实现仓单信息记录的真实性、完整性和及时性,解决了平台信任问题,防止多头借贷和恶意骗贷,降低业务风控管理的难度。仓单的及时记录不可或缺,通过对仓单质押业务中与实际监管仓的联动,实时监管质押的仓单所对应的货物,一旦有违规移动的货品出现,系统将自动及时地发出警报。再有,全质押流程业务在区块链上快速开展,加速整个信贷过程:链上货品的所有权根据业务规则,自动实现属主的变化,根据仓储方、质押人、担保方等的签名和授权,实现货品的快速质押,以银行、保理公司等为代表的资金方便可以高效地根据质押品进行放贷。

腾讯云的动产质押区块链登记系统方案引起金融机构、大宗商品交易所及大宗商品供应链金融平台、B2B(商对商)电商等的广泛关注与兴趣。佛山钢聚人仓储有限公司在应用该方案后,入库工作量减少50%,加工填单工作量减少35%,盘点工作量减少80%,多工种协同操作,提高流程运转速度,管理效率大幅提升,操作流程更加规范,加快仓内货物周转速度,大幅度提升仓单信用效力,更好地解决了企业融资问题。

多技术聚合效应可催化多产业链条集体实现数字化与智能化。全方位、全流程的仓单数据画像,不仅仅为整个系统和业务过程增信,更拓展了跨平台、跨单位、跨区域的多个实体间建立业务信任,实现多方的确权和协同,使业务由区域拓展到全国,资金供给从自营资金到多种融资渠道。

数字资产：金融配置降本增效

第二个层次是数字资产。目前全球各国对于区块链的数字资产应用已经形成共识，纷纷积极制定战略规划，一场围绕区块链数字资产的竞争已经悄悄开始。

在算法和数据的综合互动式应用下，资产全生命流程中原生的所有数据被全部整理打包，封装成区块，使得所有类别的资产自此有了自己唯一的数字化身份。又或者说，底层资产在区块链技术的催化下摇身一变，成了标准化的数字形态，它们无须再携带和依靠"股票""债券""期货"等分类名目和票据凭证来激活自己以流通四方，所附带的数字 ID 从此已包含其属性内涵，可以使其独立地在不同的金融场景和场所中成为交易工具与媒介。

不仅如此，原有的那些在金融市场场外被边缘化已久的非标准资产，比如上文中供应链金融领域内的仓单、合同，或者其他公司的潜在资产，例如，知识产权、专业知识能力、专业创新等，在可信的区块链存证平台之上，都可以倚靠其数据价值以焕发新的生命力，成为"正规"资产。正是因为数字资产的新金融模式模糊了证券属性，才使得新型数字化资产具有极高的流动性。此外，链上资产数据可被追溯，拥有高诚信的背书，还可赋能全流程的授权和交易验证，从而实现安全的可控式资产管理。

区块链银行票据

中国的年均票据交易量为 120 万亿元[①]，对比 2018 年的 GDP——90 万亿元，可见票据数量之多。票据作为一项传统金融业

---

① 任仲文，《区块链——领导干部读本》，北京：人民日报出版社，2018 年。

务，一直是企业支付与融资的重要工具。然而，其中的融资性票据却很少，即使存在，也很有可能因为是中小银行签发的，信用度相对较低，流动性较差，而不能作为有效凭证提高企业的信用额度。并且，传统的开票主体与收票主体之间各自独立，收票方很难获取开票相关的交易细节。因此存在收票方难以识别票据真假的情况，多报和虚报等欺诈情况非常普遍，导致金融机构对票据的真实性大大存疑。再加上大多数电子票据仍需要配合纸质凭证才能生效，且还需要经过复杂的验证环节，交易流程十分烦琐低效，这在一定程度上制约了市场的发展。

区块链自身多节点并立、弱中心化且防伪防篡改的特点，使得银行票据不仅能进行归一化存储和统一操作，还能通过将物理票据彻底数字化，构建一个透明可信、可追踪的系统，提升交易的安全性，进一步促进票据的链上交易。此外，数字化后的票据拥有独立的生命周期和自治维护的业务处理能力，通过智能合约编程业务规则，可一条龙式地处理融资过程中签发、解付、背书、退票、撤销、支付、流通等信息传递环节。在交易成本、交易效率和交易安全性的提升上，区块链技术在银行票据上的应用具有毋庸置疑的优势。

商业汇票作为银行票据中一个主要融资工具，已率先引起腾讯的重视。目前腾讯在城商行银行汇票领域已有了领先的进展（见图6-2），可以帮助金融机构以较低的成本解决信任难题与传递难题。区块链将汇票数字化之后，申请人无须再亲自到访银行柜面，只需在网银系统上填写申请表，这在提升效率的同时，也减少了报关纸质汇票过程中可能发生的丢失和损坏风险。交易的双方可以通过微信卡包或网银系统内生成的动态二维码及时传递区块链信息，身份验证的可靠性较高。由于区块链不可篡改的时间戳和全网数据的一致性，交易双方赖账和造假的可能性很低。并且，清算中心与银行汇票处理中心通过联盟链的方式建立信任模式，可以扩大原有银行汇票的适用范围和数量。同样重要的是，票据在数字化之后，可以实现便捷高效的资产存储、价值提取和转移。

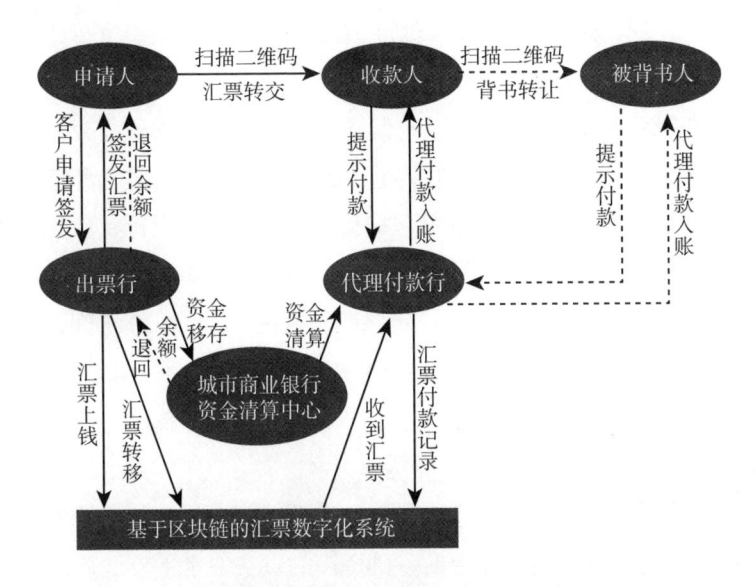

图 6-2 腾讯城商行银行汇票数字化系统业务流程

资产证券化拥抱区块链

第二次世界大战后，美国为了刺激经济，推行了一系列福利政策，恰逢中产阶级兴起，房地产市场迎来了春天。老百姓纷纷跑去银行申请房地产抵押贷款，银行端的资金流一下子出现了缺口。面对资本池内的一潭死水，资本家想出了一个转手债券的主意。如果把那些积压在银行资产负债表上的长期贷款打包，转手交易出去，就可以灵活利用新的现金流继续拿出去放贷赚钱。这种"你要的是现在，投资人要的是未来"的需求匹配与"把未来稳定的现金流变现"的资金周转逻辑相结合，衍生出了目前国际资本市场上最流行的一种项目融资方式——资产证券化，即 ABS。

ABS 是一种结构性融资方式。在那些缺乏流动性，但具有可预期收入的资产上附加严谨、有效的交易结构，使之具有证券资产的价值形态，再通过证券发行实现融资目标。这一过程参与主体多，操作环节多。从资产的转售交割、现金流打包、分割、重组、分配到证券的登记与流通都依赖中介机构的信用。

如今，中国市场上各公司也偏好 ABS 这一融资渠道。公众所熟知的蚂蚁花呗和京东白条本质就是 ABS 的产物：以稳定的利息现金流作为支撑，将用户的贷款打包成债券后，出售给银行、券商、债券基金等机构投资者，从而在市场上二次融资。国内的 ABS 市场起步较晚，与国外市场还存在一定差距。过去 25 年至 30 年间，ABS 产品在美国债券市场的占比达到 50% 左右。相比之下，中国的 ABS 产品在债券市场的占比仅为 3%，这与二级市场缺乏流动性有直接关系。[①]

在传统以对公资产为基础的 ABS 交易中，对资产的把控依赖对底层资产的尽职调查，但目前基础资产的真实性水平较低，定价缺失标准化的参考依据。在整个传统 ABS 过程中参与主体多，交易结构较为复杂，业务流程繁杂且数据传递的链条过长。现金流管理、划付、分配往往由不同机构、不同岗位的人操作，且多方主体有不同的业务流程和独立记账模式，账目很难统一，需要大量的多重协调和材料披露。又因为目前大部分的披露方式是点对点对接的，信息真实性的核查效率显得尤为低下。加上合规环节前后审批连续性差，ABS 的整体耗时长，耽误了很多融资需求方。特别是对中小企业来说，将完整可信的底层资产信息实时流通至多层级市场中的各

---

① 金融界，《新格局下的 ABS 市场路在何方？》，http://www.sohu.com/a/107413004_114984。

方主体是个不小的挑战。[①]ABS 的使命本在于打通直接融资市场与间接融资市场，提高实体经济与金融业的契合度，推动资金及时流通。然而，效率低下与信用隔绝问题让 ABS 的存在感近年来不断减弱，市场上不断有简化 ABS 流程的呼声。

区块链的出现让资产逐渐摆脱"证券化"的多重包装需求。通过搭载去中心化的联盟链，所有参与方在接入共识节点并被赋予数据权限之后，在标准化的链条上实时上传与分享账本上的底层资产信息，可以覆盖之前 ABS 六个阶段的全部数据：前期资产池数据、风险评级、证券产品设计发行准备期、发行阶段投资人的注册登记时段、到期后基础资产现金流的监控期。[②] 上链之后的数据库不可删改，可以保证资产保真。多方之间对底层资产数据的透明共享，对于投资人而言，数字化后的信息披露来源动态化且完整化，可以增强投资人的信心，减少沟通成本，实现自动审计。对于融资方而言，数字化带来的高流通性和高可信度拓展了其资金融通渠道。对于银行等中介机构而言，也可充分利用区块链的分布式和点对点传输的特点获取真实的基础资产数据，从而大大提高尽职调查的效率，在资产存续期实现对资产违约风险的实时掌控，减少其服务成本。对于税务局及其他监管层而言，穿透的资产信息可以便捷其对金融杠杆的动态监控，做到对系统性风险的提前防范。

区块链的智能合约技术将改变 ABS 的交易模式。在现金流管理上，智能合约为不同的资产设计了不同的支付频率、限制条件和触发机制，可以绕过支付清算系统，实现现金流自动划拨以及资产循环购买，缩减支付到账时间，降低交易成本，且降低人工处理信

---

① 园园 ABS 研究,《央行数字货币研究所所长姚前：ABS 区块链平台创新及应用》, https://mp.weixin.qq.com/s/ebxxDo_I1gP1XDcqnXocbw。

② 袁东阳,《GAC 深度解析 | 区块链在金融业务领域的应用》, https://www.sohu.com/a/284414364_120015249。

息的出错率。此外，智能合约可通过为附加资产增信条款，实现无须信任的担保。

2019年6月，京东数科推出的首个区块链ABS标准化解决方案，可以说是"区块链+ABS"的最佳实践之一。该项目连接资产方、计划管理人、律师事务所、评级机构、会计师事务所、托管行等ABS业务多方主体，利用自主研发的JD BaaS平台提供的组网方案，使得接入新的ABS业务节点所耗费的时间与原本技术方案相比减少了85%，每年单个业务节点运维成本减少上百万个，且各主体间的透明度和追责性均有效提升。[1] 但此案例并非京东数科在"ABS+区块链"上的首次尝试。早在2017年3月，京东数科就开始致力于提升ABS参与者的信任基础和风控水平，并于同年6月完成业界收单放款。2018年，京东数科又分别尝试与金融机构共建联盟链，通过智能合约监管底层资产。其中的一个典型部署当属京东金融与华泰资管19号京东白条应收账款债权ABS。在此单ABS中，京东白条应收账款作为底层资产，在区块链底层技术的应用下，实现数据保真、防篡改以及校验机制应用于自动化流程管理。中国人民银行披露的与某金融资产交易所联合并发的资产证券化信息披露平台则实现了另一种技术创新。其改进的分布式账本技术解决了原有技术方案中单一数据表达、数据类型、数据来源的困境，使得ABS区块链更好地与复杂的现实业务场景相结合。目前，在该平台的生产系统已发行了多笔债券融资计划，试行效果良好。

传统资产正在向数字资产转移，数字资产已成为金融市场的核心与未来数字经济发展的重要基础。资产数字化的未来发展部署需要突破其他合作技术所带来的关联局限性。在连接实物资产与区块

---

[1] 环球网，《京东数科ABS标准化解决方案获行业认可》，https://baijiahao.baidu.com/s?id=1654599052005302590&wfr=spider&for=pc。

链的过程中，物联网、生物统计等技术会参与进来。虽然区块链账本本身不可被篡改，但其他物体上的设备，比如传感器，还是有可能被人为干预与破坏的。这将增加一些风险预防成本与工作。

数字货币：打磨新型金融基石

第三个层次是数字货币。区块链就是在数字货币的探索中被创造出来的。很多人想当然地认为，数字货币是区块链金融最成熟、最现成的应用，其实并非如此。现代货币本身的经济学性质非常深奥，牵扯面太广，还有大量的问题存在争议。因此早期的所谓数字货币，比如比特币、莱特币、以太坊，普遍将重点放在"数字"上，而没有放在"货币"上。也就是说，它们并不试图回答经济学意义上合理的"货币"应该是什么样的，而是按照自己的构想设计出来，然后命名为"数字货币"。因此，经济学界普遍认为，这些早期的"数字货币"其实是"数字资产"，而真正的"数字货币"还是一个需要大量理论探索和实践经验的领域。

马克思认为，货币是具有价值尺度、贮藏、支付和世界货币功能的一般等价物。价值由社会共识产生，有了价值才有价值贮藏，而价值的平稳则是价值贮藏的必备前提。只有满足了这些前提，数字货币才拥有度量他物价值的能力，也才有流通、支付的可能性。

数字货币激活支付清结算端

一直以来，密码学家有个想法，既然邮件能够加密、签名发送出去，那么现金能否像邮件一样，加个数字信封，进行加密和签名以后发送到另一端。这就是最早的电子货币交易系统的启蒙点。然而，电子货币长期存在"双花"现象：由于电子货币的节点接收及存储需要时间，一笔交易很有可能被两次记录。①此外，电子交易识别真伪交易的难度也很大，"拜占庭将军"如何辨别叛徒的难题也是久久得不到根治。②这两个痛点在跨境转账中更加明显，传统的 SWIFT（环球同业银行金融电讯协会）体系在处理国际款项时需要烦琐地经过汇出行、中央银行、代理银行、收款行等多家银行机构，在记账、清算、对账的过程中耗费了不少时间以便对不同机构账务系统进行适应，以及归一整理不同的子账本。目前，银行的平均结算周期长达 3～5 天，而 B2B 中就有 60% 的支付业务需要人工介入。③而且，银行在各交易环节都要收取额外的费用，因为银行自身也在承担高昂的对账成本，包括支付成本、锁定在往来账户的流动性成本、司库操作成本、合规成本、外汇操作成本及网络管理成本等。但是，这种情景仍无法有效规避很多交易环节的转账失败风险。

区块链从零散场景诞生后，已逐渐刺激出各大交易场所和交易系统的诞生，逐渐向核心经济金融活动的支柱——支付清结算渗透，成为未来数字世界价值交换媒介中的"种子选手"。各时间节点对全网历史交易数据安全准确且完整的分布式存储，与区块链网络中设定的分布式共识与交叉验证机制相得益彰。比特币脱离了中心机构的管理，自行运行了 10 年，带动了数字货币的蓬勃发展：各种山寨币层出不穷，摩根、高盛等传统机构也开始布局自己的数字货币。在该趋势下，火币、Coinbase 等交易所陆续推广，以电子钱包等为

---

① 清华金融评论，《构建国家支持的数字货币体系》，http://www.thfr.com.cn/post.php?id=67799。

② 凤梨财经，《你该知道的区块链起源、原理及应用》，https://www.fengli.com/news/23323873.html。

③ 点滴科技资讯，《区块链颠覆银行的五个维度：支付、清算和结算、融资、证券、贷款和信用》，https://cloud.tencent.com/developer/article/1112301。

驱动的交易十分活跃。在银行体系中，区块链的去中心化使SWIFT网络和中心管理者不再是刚需，全世界的银行机构、企业或个人可以通过区块链系统实现点对点金融交易。如图6-3所示，以网络连接器为地基的系统流动性管理可以实现秒到账，交易信息可通过数字凭证的透明踪迹得以实时共享与追踪，提升了陌生人之间转账汇款的信任水平。在智能合约编程下，金融交易不仅可以直接自动执行，还可以让节点交易自动写入账本，实现清算和结算自动同时进行。与此同时，还可通过智能合规自动化检查，助力监管层鉴别违规操作，深度减少远程大额交易暗含的中转风险，在宏观上推动普惠金融向前发展。

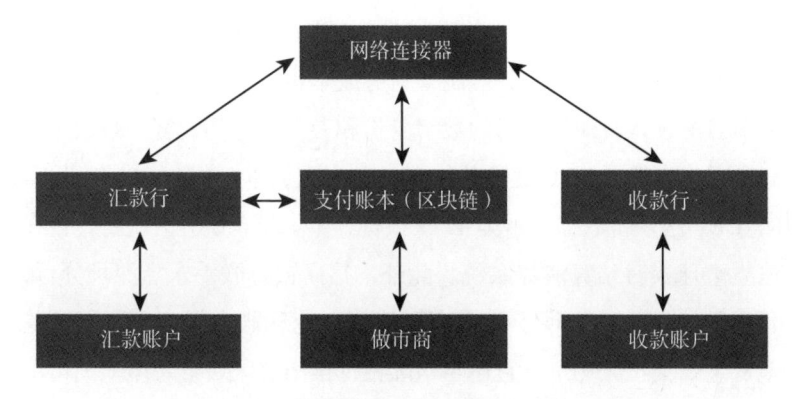

图 6-3　以网络连接器为地基的系统流动性管理

在现有的电子支付系统嵌入区块链技术之后，数字货币将与区块链支付系统相辅相成，实现清结算单位的多元化。目前，市面上有一些声音提出支付清结算机构有被边缘化的可能性。的确，数字货币的发行以及流通的全过程如果覆盖至区块链，使整个交易的转结由区块链网络协议直接完成，那么支付清算机构存在的必要性确实就不大了。然而，可别忘了现实生活中法币仍是主导者。支付清算机构可以在这种状况下充当桥梁的角色，通过代理发行带有标识的数字货币，实现其与现实中的法定货币相连接，以支持数字货币的转结清算，赋能对数字货币流通情况的通行，减轻其"高不成低不就"的窘态。银行机构可以通过向央行缴纳准备金，获得数字货币发行量，作为代理投放机构的负债，相当于在现有的银行账户体系当中设置一个数字货币账户，各清结算机构可以对发行机构最终使用者结算金额进行记录，由此构建各家银行数字货币支付转结的区块链网络。因此，传统银行仍能在数字货币与区块链清结算新系统里找到自己的一席之地。

目前，国际上尝试区块链应用的支付清结算系统主要有两类。[①]一是各国用于金融机构之间的大额实时支付系统，已渗透各大传统银行。据埃森哲咨询的统计，区块链技术在对清结算和对账流程的简化上，可节约50%的业务运营潜在成本；由于更加精简和优化的数据质量、透明度和内部控制，财务成本也可节约70%；同时，更多节点的加入，使得海量的数字身份和参与者之间的客户端数据充分交互，也使得KYC业务节约50%的潜在成本。[②] 自2016年以来，R3-CEV区块链联盟已召集42家银行、金融机构研究区块链，旨在建立全球实时结算清算系统。此外，招商银行联手永隆深圳分行，利用区块链技术实现了跨境直联清算、全球账户统一视图以及跨境资金归集三大场景。它还与永隆银行推出了区块链跨境人民币汇款，在该领域进行了传统金融机构的领先实践。

二是连接全球支付清算网络的跨境支付系统。2012年起家的Ripple如今已成为较为成熟的区块链跨境支付解决方案服务商，已经在六大洲的40个国家启动运行。Ripple为银行提供快速、双向的通信协议，摆脱了单方交易各方在审核交易内容后交易才能得到结

---

① 幕僚荟智库，《纪元张铭博士分享区块链从技术价值迭加到社会价值提升，将是新经济时代的必然》，http://www.sohu.com/a/366682210_120139700。
② 埃森哲，《银行区块链投资价值分析报告》，http://www.sohu.com/a/126323910_116235。

算的限制，理论上通过 Ripple 进行跨境支付仅需 3～6 秒。[①] 然而，Ripple 能否成为霸主仍有待时间检验。Ripple 首席密码学家坦言，跨境支付技术不适用于银行。银行间及企业的资金清算属于金融业核心业务，涉及国家金融安全，所以 Ripple 将面临严格的监管。值得注意的是，SWIFT 有 40 多年的历史，合作机构的数量远非 Ripple 所能企及，且 SWIFT 也在探索区块链技术。此外，市场还有关于 Ripple 高度中心化程度的质疑，指出 RPCA 协议牺牲非中心化换取效率，在 23 个验证节点中，Ripple 就控制了 9 个。[②] 总体来看，虽然银行等传统金融机构纷纷开始布局区块链，但是由于需要重构 IT 和业务流程，投入成本高，人们全面应用区块链技术的主观意愿还普遍较低。

数字货币社区大胆尝试

比特币与以太坊的热潮助长了一些伪区块链应用和炒币项目的野蛮生长，"空气币"层出不穷下的非法集资、价格操纵、圈钱跑路等问题曾一度严重影响比特币的口碑。数字货币安全隐患也日益突出。区块链产业生态中的数字货币交易所、矿池、网站等都遭受过 DDoS（分布式拒绝服务）攻击，钱包也面临被 DNS（域名系统）劫持的风险。由于交易所安全管理策略暂不完善，信息泄露、被钓鱼等可能性也很大。

16 世纪英国伊丽莎白铸币局局长格雷欣提出过"劣币驱逐良币"定律，他发现劣币其实才是有效的货币。只要众人相信并认可当选的货币，其实用高质量的商品来充当货币的必要性不大，将质

---

① 金融科技实战，《区块链在跨境支付中的 N 种姿势》，http://www.mpaypass.com.cn/news/201806/27090741.html。

② 通证通研究院，《Ripple：高效的跨境支付系统 | 通证通评级》，https://www.jianshu.com/p/a952680f55d9。

105

量较低的商品留在流通中，才符合大众所需。从这个意义上讲，货币本身附加成本高确实会阻碍其通行之路。数字货币要实现长期的社会共识以及大规模的商业价值，则需获得广为认可的可靠性与安全性，同时要有高效的进取之路，实现突破性的技术应用。危机四伏之下，一些"潜力股"正处于"渡关口"的攻坚阶段。虽然DCEP和Libra采用了完全不同的技术路线和治理模式，甚至连目标都不一样，但两者都基于各自的路径，向未来货币数字化的时代迈出了一步。

DCEP：中国的数字货币

我国在移动支付等金融科技领域具备先发优势，这为推动数字货币的发展提供了肥沃的土壤。目前，世界各国的央行均在积极探索和开展数字货币试验，但大多数尝试都停留在B端，即公司对公司的应用场景。如何通向C端，即面向社会公众的零售客户端，仍是各大央行面临的难题之一。中国人民银行在2014年就提出数字货币的想法。自2019年7~8月以来，中国人民银行关于数字货币DCEP的发声越来越多，它或将成为全球首个能将数字货币投入广泛实际应用的中央银行。

背靠中国人民银行，DCEP与其他公有链数字货币最大的区别在于，它具有国家信用背书。DCEP具有价值特征，可以实现与人民币的自由兑换，因而不会冲击现有的稳定货币体系。同时，央行侧重利用区块链的核心原理和流程，而非完全使用区块链的技术框架，在技术上可以实现对安全性与效率的兼顾。总的来说，DCEP可以被视为法币以加密数字化形态的延展，本身没有打破法币的发行体系。

显然，DCEP的内在价值与我国主权人民币互相捆绑，具有无限的法偿性，因而也有坚实的社会共识基础与相对稳定的内在价值和治理体系。目前国内M0增速逐年下降至5%以下，规模为7.3万亿元，因此作为 M0 的部分代替，DCEP 的投放量将在万亿元的规模，具体将取决于现金交易与电子支付的替代规模。[①] 在电子钱包、智能卡的存储模式与二维码、近场通信和智能 POS（销售终端）等创新支付技术的支撑下，DCEP 的流通可行性毋庸置疑。

在以支付宝和微信为代表的电子支付系统已能满足大多数公民便携支付的今天，DCEP 在境内推行的具体意义何在？这是大多数人在刚刚听闻 DCEP 后的疑问之一。首先，目前的电子交易均是通过商业银行存款货币进行结算的，并不是以央行货币进行直接结算，在资金的安全性和法律地位上并没有 DCEP 纯粹和简单。其次，DCEP 摆脱了电子货币所需要的银行账户绑定限制和网络环境。在缺乏网络信号的条件下，DCEP 的"双离线支付"可以直接跳过账户的绑定与网络直接实现转账，通过对应钱包的实体接触实现简单的快速流通。同样重要的是，国家对于公民隐私权高度重视，DCEP 在货币发放环节利用数字加密、身份认证和分布式账本技术，可实现公民合法使用货币的匿名性。

在金融领域，央行数字货币的落地与推动是否会重构国内金融体系，也是大部分人关心的。不可否认的是，由于 DCEP 具有与电子支付一样的便利度与更优化的流转速度，M0 端的支付比例定会有所提升。这并不意味着对金融机构的冲击，商业银行仍在央行与老百姓中间扮演无可替代的角色。一是因为 M1、M2 端的货币没有进入 DCEP 的射程，央行的数字货币仅仅是对现钞的数字化升级，所以金融银行原有的活期存款等服务需求并不会受影响。二是因为中国人民银行采取的是双层运营体系。金融机构所积累的 IT 架构与服务经验基础等在中间端可作为数字货币转账的系统工具高效运维，减少央行成本，避免金融脱媒，保证实体经济健康高速发展。

[①] 中信证券，《数字货币的猜想》，https://www.cls.cn/depth/396702。

因此，DCEP 原则上可以适应国际上各主权国家现有的货币体系。

DCEP 的推行具有高度的国家战略性意义，是国家顺应支付趋势改变下保障货币主权体系与金融稳定的工具之一。DCEP 将降低交易环节对账户的依赖，促进人民币的流通和国际化，有利于央行准确控制货币流量，对货币政策的制定和实施提供有益的参考。并且，除了进一步减少纸币发行、印制、回笼、贮藏等环节的成本之外，政府在反洗钱、反腐败和防逃税上的成本，也可以大幅减少。

Libra：加密支付时代的第一块砖

在前面的章节中，我们已经分析脸书推出 Libra 的愿景和路径。现今世界上最接近支付工具的数字货币，Libra 无疑是最强劲的候选者之一。倘若脸书携 Libra 成功落地，无疑将大大影响全球支付行业甚至整个金融行业的格局，推动行业在用户体验、费用成本、支付技术以及商业模式方面的革新。各行各业对之密切关注，因为它的潜在能量确实巨大，潜在挑战也确实不小。

首先，从 Libra 目前"普惠大同"的底层理念来看，它已赢得一部分人的心。Libra 中立的联合体治理机制，也助其赢得了更多的社会认可。Libra 虽然由脸书主导发行，但根据白皮书的描述，Libra 区块链和储备配备一个独立的监管实体——Libra 协会。这个协会由各领域的龙头企业，以及其他多边组织、学术机构、非营利性组织组合而成。Libra 协会渴望完成其使命，即建立一个更好的支付网络，扩大获得基本金融服务的渠道，并为数十亿最需要基本金融服务的人减轻负担。Libra 区块链的运营、Libra 各利益相关方在 Libra 整个推广和发展过程中的方向一致化、储备资产管理等问题，都将交由 Libra 协会协调。

其次，Libra 具有内在价值支撑，其背靠有锚定的资产储备，所以不会遭遇币值剧烈波动引发的价值信任危机。Libra 通过挂钩那些具有投资级信用评价的托管机构所持有的低风险资产，例如，银行存款和短期国债等，规避了单一货币资产带来的风险，进而稳定币值，避免波动，从而吸引普罗大众。虽然此价值体系具有开放的金融特征与更大的赢利空间，但对资产管理能力的要求也很高。Libra在白皮书中只提及会拿一篮子"货币的资产"做储备，但并不包括对主权货币的覆盖计划以及权重预计，目前所制定的机制也没有相关条例确保货币篮子内比重的恒定。因此，很多人说脸书在面临反垄断、隐私侵犯纠纷等问题时及时地拿到了一张可以与美国政府交换的牌。如果货币篮子内美元所占比例很高，Libra 将有可能成为美元全球发行和流通的新载体，成为美元巩固全球通货地位的新工具。所以就目前来看，未来 Libra 币值的稳定程度仍是一个未知数。

再有，虽然 Libra 的目标——每秒 1000 笔交易最多也只能用于对速度要求不高的国际汇款，但 Libra 从技术上已经更进一步地实现了支付的可行性。在白皮书中，Libra 被描述为"可扩展的区块链"，走的是"中心化的分布式处理架构和区块链技术相结合的分层混合技术路线"。这种混合型的技术架构是分层的，底层其实仍然是中心化的运行机制，只有到了最上面终结计算那一层，才使用区块链，而且将通过控制节点数量来保证交易速度过关。这本质上是为了规避区块链的技术短板，即完全去中心化导致的效率低等问题。并且，Libra采用了三大核心技术对系统性风险进行一定防范：Move 编程语言的使用减轻了关键交易代码的开发难度；BFT 共识机制除确保各分布式节点信息的一致性和不可逆性之外，可保障网络在 1/3 的节点发生故障时仍能正常运行；梅克尔树数据结构则确保了节点被篡改会带来校验失败的结果，保障大规模数据的完整性和可靠性。目前，Libra的区块链基础在安全性与稳定性上已处于世界领先地位，同时协会拥有强大的专家团队和财力，加上未来全球码农的热情与智力共同参与优化，Libra 区块链的系统支撑将会越来越牢固。

数字货币的规则建立在一个公开透明的数学算法之上，有潜力让世界各地的人跨区域互信。然而，没有主权政府信用背书，缺乏政府当局的担保与强大的信用支撑，其价值、价格将会出现较大波动，易造成经济动荡。数字货币的无国界化与匿名性是对非法交易的一种成全，也是对政府财政政策实施以及各领域监管的一种挑战。并且，Libra 的推行成本其实并不低。从 Libra 的白皮书中可见其对 C 端的重视程度。无论是短期内的跨境转账应用，还是长期要攻破的零售交易领域，如果采用了 Libra 作为交易媒介，都需要增加并日常更新 Libra 的价签，这带来了人力等标价成本负担。还有，Libra 的监管成本无法规避，国际上散布着对 Libra 被用来洗钱和为恐怖主义融资的担忧，传统银行的暂时缺位，也使得 Libra 目前无法满足监管的 KYC/AML 要求。这些势必会转换为 Libra 技术架构层面的监管成本。加上各个国家目前对于数字货币的态度、投入、技术水平迥然不同，Libra 统一标准化的落地之途注定是曲折的。

　　总体来看，如果从货币基本职能的角度出发，技术层面上 Libra 是可以成为支付媒介和世界货币的，其未来最大的应用场景也是备受关注的跨境支付或汇款。从价值尺度来看，Libra 还没有获得主权国家的认可，币值稳定性有待考量，目前仍无法实现对他物的度量。从贮藏功能来看，由于强势货币相对稳定，Libra 的受欢迎度在弱势货币国家中可能更高，造成弱势国家法币的贬值。当前，Libra 除受到各国监管的联合抵制之外，美国两党对 Libra 仍持相反意见：Libra 的推行正受特朗普代表的共和党的干扰，而美联储主席鲍威尔已经公开表示支持。中国人民银行数字货币研究所所长穆长春认为，未来如果 Libra 发行，有很大的可能是由协会来制定 Libra 和其他法币之间的汇率。而且为了规避弱势国家为兑换 Libra 币过度印钞造成的国际货币体系混乱，Libra 还是需要央行，抑或像国际货币基金组织一样的一个超主权的、有公信力的国际组织来治理或监管。[①]

不过，Libra 的潜力不容小觑，它此时的破土而出是有底气的。脸书旗下的用户已达 27 亿，具有强大的用户基础与社会动员能力。即使各国政府砌了一堵监管厚墙不让 Libra 进军本土，也不排除很多个体翻墙进入 Libra 的怀抱。[②] 即使脸书"退群"，Libra 依然可以继续。从表面来看，Libra 协会确实面临极为严峻的成员流失问题。但细细观察之下，现有的成员流失对于 Libra 项目的推进来说，可能非但不是坏事，反而会是好事。我们可以看到，目前"退群"的几个创始成员，多是从事支付业务的。这类企业受到的政策监管较多，对于监管的反应也比较敏感。考虑到目前各国监管压力的趋紧，它们的退出情有可原。从业务角度来看，它们退出带来的直接影响也并不大。在 Libra 协会发起之后，Libra 项目就不是由某个或几个企业推行的了。理论上说，只要这个协会存在，Libra 项目就会持续下去。

因此，Libra 先成为一个"潜"支付工具，并在不断流通中发展成无国界支付媒介并非无稽之谈。如果 Libra 和 DCEP 后续顺利落地，那么会快速推进加密时代的到来，因此产生的能量自然不可忽视，也将会使得数字社会的透明度得到进一步提升。

数字金融：全球普惠金融的未来

第四个层次是数字金融，这也是区块链与金融结合的终极愿景。在这个层次上，全世界主要的金融行为和金融业务都在区块链上发生。区块链所构造的全球化、无边界的可信计算平台，将金融赖以生存的"信任"无远弗届地传递到全球每一个角落，最大范围

[①] 穆长春，《科技金融前沿：Libra 与数字货币展望》，https://news.huoxing24.com/20190905122921969244.html。

[②] 同上。

地提高透明度，降低信息不对称和交易摩擦，改善全球流动性，挤压无风险套利空间，开放自由，人人可参与，为实体经济提供廉价、充沛、与风险相匹配的融资支持，最大限度地接近"普惠金融"的理想。这是高水平数字经济的核心。

高层次的数字金融将有以下三个突出特点。

第一，主要金融资产均已数字化，特别是货币数字化。这是数字金融得以发展的基础。特别是，各种金融衍生品应当直接在区块链上以数字化方式创建，创建过程和算法清晰可追溯。整个社会系统应普遍接受数字金融资产作为合法甚至唯一合法的资产权利证明。

第二，相关监管、司法体制与区块链体系对接，甚至直接上链运行。合理、高效、公正、灵活的金融监管是金融健康发展的前提。金融的数字化，相应地要求金融监管和司法体制也同样数字化。区块链领域一直以来就有所谓"代码即法律"的愿景。实事求是地说，在很多领域，"代码即法律"并不现实。但是在金融监管领域，由于相关的资产和逻辑都存在于链上，"代码即法律"可以在相当大的范围得以实现。我们可以设想，未来监管当局将新的监管法则翻译为代码，直接发布在区块链上，对一切链上的金融活动进行事前的把关和事后的核查处理，监管的效率、透明度和公正性将大大提升。

第三，金融业务逻辑运行在区块链等可信计算平台上。也就是说，不仅仅要将区块链当成可信的金融账本，将数据和关键文档存储区块链化，将资产和货币区块链化，还要将金融业务关键流程和逻辑数字化和区块链化。例如，一个基金的配置、申购、赎回，一种期权的定价逻辑、交易规则，等等。

具备以上三个特点的金融基础设施，具有信息透明、安全可靠、可由第三方验证的特点，因此其信用可以跨越各种边界在全球传播。这一点我们从目前初见端倪的去中心化金融（DeFi）中可以窥见一斑。

DeFi 也被称为开放式金融，它的作用是用自动化智能合约取代传统中间商，重建金融系统，实现借贷、衍生产品和交易所等功能。在这套金融体系中，作为交易媒介的稳定币，是去中心化金融的基础，与以价格波动而出名的比特币等加密货币不同，稳定币与法币挂钩保持稳定，大多数稳定币都与美元挂钩。稳定币分为三大类：中心化法币抵押、去中心化加密货币抵押和去中心化算法。其中，采用去中心化加密货币抵押的 Dai 是最亮眼的 DeFi 项目之一。基于稳定币，DeFi 可以实现去中心化放贷，许多 DeFi 平台用智能合约代替中间商，为借款人和贷款人搭建桥梁。再者，DeFi 可以实现去中心化交易，通过搭建去中心化交易所取代中心化加密货币交易所，防范中心化可能带来的问题，促进拥有不同加密货币的双方达成交易。同时，为了降低传统金融的抵押要求，去中心化的身份系统也是 DeFi 的一大特征。2018 年，DeFi 生态开始在以太坊上成形，各种各样的去中心化金融应用和 DApp 开始在以太坊上构建，DeFi 代码的开源、透明、可互操作性，让资产和价值自由流动，让这个金融生态释放出前所未有的活力。

当然，目前 DeFi 只是处于初级阶段，还有大量的问题。即使从长期来看，完全透明和算法化的金融服务也未必是主流。商业竞争的本质是通过创新和独有的知识打破市场均衡，实现一定时空内的竞争优势和超额利润。如果业务逻辑全部透明，并公之于众，则网络效应将成为唯一的竞争优势，这对于创新实际上是一种扼杀。如何在开放、透明、可信、创新、隐私、保密和商业竞争之间寻求一种平衡，是未来数字金融需要回答的问题。

总而言之，数字金融为金融行业的降费增效提供了新的工具。从更深的层面来说，数字金融的意义不仅在于行业效率的提升，更在于为当今金融产业开辟一条回归初心的救赎之路。从根本上讲,金融应当为实体经济服务。然而当今的金融行业存在明显的"脱实"的问题,即利用巨大的信息不对称和流动性差异,一方面为自己攫取了巨额的利益甚至垄断权利,另一方面也使得金融严重偏离了其本意。以华尔街为代表的垄断金融利益集团集利于一身,也集弊于一身。长此以往,不但实体经济和民众福祉会蒙受损害,而且最终将伤害金融行业自身,并且付出巨大的社会代价。

数字金融可能促进金融回归产业。其不仅是一种技术和基础设施,更是一种行业主张和意识形态。它所强调的全球化、透明高效、高流动性、开放性、低准入门槛,不仅是金融行业增效提质的需要,也符合金融服务实体、普惠金融的时代潮流。金融行业将在数字化的浪潮中重构自身,获得新的发展。

第七章　链动文娱

近年来，中国文娱产业经过快速发展与变革，各种商业模式创新不断涌现，文娱内容形式更加多样化。总体来看，人均可支配收入提升、消费结构升级、移动互联网快速发展、产业政策扶持力度加大等积极因素驱动着中国文娱产业迅速发展。从文化输出地来看，从前是海外娱乐产品唱主角，现在则是国产文娱产品成为主力。我国文化在自身地盘受到认可的同时，对海外地区持续输出，在网文出海、影视出海、游戏出海等领域都取得了巨大的成果。《2018中国文娱产业研究报告》显示，预计到2021年，中国文娱及媒体产业的规模将突破两万亿元。

虽然大众对区块链的认知还大多停留在金融、供应链等领域，但文娱产业也是一个条件优良的区块链"练兵场"。从可行性来看，文娱产业的产品生产和流通均可基于网络完成，相比其他产业来说，其数字化程度最高，因而也是最便于利用区块链改造和升级的产业。从必要性来看，区块链正在改变数字版权的交易与分配模式。区块链运用智能合约等手段可以有效解决文娱产业的诸多痛点，比如行业不透明现象严重、盗版现象猖獗、优质版权集中、内容流通遇阻等问题。在本章中，首先选取游戏这一数字资产大户来探索如何利用区块链转型升级文娱产业，然后详细阐述基于区块链的全新版权保护模式对于创作者维权确权的意义，最后从"用权"角度分析区块链在内容流通领域的价值。

区块链+游戏：破局求变，好玩是第一要义

最近20年，游戏行业随着技术的持续发展和游戏媒介的不断推陈出新经历了4个时代，分别是PC单机游戏、PC端游（2001—2013年）、页游（2009—2013年）、移动手游（2010年至今）。每一次迭代更新都带来了超过百亿量级的行业新增量，为游戏行业带来不竭的发展动力。然而，目前游戏行业处于手游时代中晚期，由于增量用户红利期已过，移动手游市场逐渐趋于饱和，全球游戏行业市场规模增速放缓。这直接导致游戏公司整体业绩下滑，如任天堂Switch销售不及预期，EA、暴雪等大厂的业绩也不被看好。对于中国游戏行业来说，趋紧的监管趋势是又一大难题，特别是监管机构对于游戏版号的限制使得新游戏的发行受阻，游戏厂商的生存压力增大，形势不容乐观。在此形势下，游戏厂商期望着寻找下一个时代入口，夺取新的流量增长点。

与此同时，游戏行业自身存在的不足也使这个行业期盼着新技术的加入。首先，是游戏中的透明度问题。游戏中的虚拟道具是激励玩家保持活跃度的重要因素，而在现有的游戏开发和运营体系中，虚拟道具的内容、数量及抽取概率等核心数值的算法通常都是不公开、不透明的，甚至是不公正的，这直接影响了游戏的可玩性和公平性。其次，是游戏虚拟财产安全问题。随着游戏的发展，虚拟交易中盗窃、黑客攻击案件频发，导致玩家自身利益受到极大损

失。再加上现有的制度导致游戏道具被锁定在单个游戏中，如果游戏因为某些原因停止运行，玩家将会失去游戏中道具的所有权。

转型压力加上现有行业的不足，共同呼唤游戏新纪元的到来。那么，未来的游戏到底是什么样的呢？

电影《头号玩家》里，在人口爆炸、资源枯竭的未来，人类为了逃避现实，选择沉溺于虚拟现实的超级网游"绿洲"。在这个世界里，玩家实现了真正的"为所欲为"，他们可以变成任意角色，可以在不同的空间中安逸生活、组队探险，甚至谈一场轰轰烈烈的恋爱。其实，"绿洲"不仅是虚拟现实游戏的终极幻想，也是一款很符合区块链特征的游戏。

首先，"绿洲"没有中心数据存储器，每个玩家的个人资料都在自己的小账本里。这相当于分布式账本，个人信息是私密的，权利是相等的，任何玩家消失都不会影响整个游戏生态的运行。其次，玩家可以通过充值、完成任务、消灭敌人、交易装备道具、博彩等方式获取游戏中通用的数字货币——"绿洲币"。能否获得这种货币就看玩家自己的实力了。这样一来，游戏技术高超或者熟悉游戏中各种细节的玩家更容易获得奖励。最后，玩家寻找彩蛋的过程和区块链挖矿很相似，当电影主人公获得第一把钥匙时，所有账号都会收到排行榜的通知。这种共识机制和比特币的工作量证明（Proof of Work，PoW）十分类似，你付出越多，获得的比特币就越多，按劳分配。

这样看来，在未来拥有无限想象空间的游戏领域，区块链必然有着举足轻重的地位。从游戏和其他产业的比较来看，游戏的数字属性意味着它与区块链有天然的结合潜力。由于从游戏的开发、设定、玩法到最核心的数值设计都是数字化的，所以游戏是数据化程度最高的产业之一。再加上游戏世界原本就存在用户社群、虚拟商品交易、代币结算等大量契约和交易关系，这与区块链的很多要素不谋而合。当两者相遇时，玩家的努力和汗水就可以通过区块链具象化，在下一代游戏中获取更高程度的自由。

蒹葭苍苍，白露为霜：区块链游戏发展现状

现在，区块链游戏的发展路径大致有两个：一是以试探为主的改良，在传统游戏的基础上以游戏资产上链等形式完成小部分的区块链化，并不影响原有游戏体验，玩家在游戏的过程中几乎不会注意到区块链的存在；二是大刀阔斧重塑，整体都基于区块链技术和通证经济的"纯区块链"游戏。

谈到"纯区块链"游戏，不得不说的就是 Crypto Kitties 这款游戏，中文翻译为加密猫/以太猫/迷恋猫，在 2017 年 12 月上线，成为第一个区块链游戏。它的玩法很简单，玩家可以用以太币购买、收藏、售卖、赠送加密猫，拥有一只猫相当于在区块链上对猫确权。两只猫交配会通过遗传到的 256 个包括外观、个性和特征的基因组，实现 40 多亿种可能，而基因的稀缺性决定了猫的价格。这款游戏创造了单日超过 14 000 个活跃地址的纪录，一度造成以太坊堵塞。截至 2018 年 4 月 30 日，这款游戏创造的总交易额为 43 067 以太币，约两亿元人民币。加密猫的里程碑意义在于，以太坊上不只有发行代币一个应用，而这也是第一个面向用户端爆红的应用。加密猫的爆红掀起全球"加密动物"旋风，几乎每天都有类似的游戏上线。

从本质上来说，这类游戏的金融属性强于游戏属性。可以说它们并不是游戏，而是一种金融标的，其背后的驱动力主要是投机而非游戏本身。游戏中虚拟道具的交易与游戏场景本身是割裂的，一旦投机热度下降，这些可玩性低的游戏就要面临用户留存低、日活流水大幅下滑等问题。更有甚者，许多团队在没有游戏产品设计的前提下，仅靠更换造型就发行"空气道具"，造成大量的投资损失，对萌芽中的区块链游戏产业带来了沉重的打击。

虽然处于野蛮生长状态的区块链游戏存在一定问题，但是随着区块链游戏通过游戏上链解决公平性、虚拟资产确权流通、通证经济激励等逻辑基本被认可，这一技术吸引了越来越多的国内外游戏厂商。国内互联网游戏头部公司腾讯和网易在区块链领域布局较早，分别推出了《一起来捉妖》《逆水寒》等加入了区块链技术的游戏，但这些游戏中的"区块链"元素往往并不影响游戏的核心玩法和体验，更多的是一种尝试和锦上添花。国外传统游戏开发商在区块链领域的动作更加多样，与国内公司侧重于应用的做法不同，国外游戏公司倾向于从研发难度更大的区块链平台出发，通过搭建底层平台为开发者建立完善的生态。在区块链游戏方向探索比较积极的多为来自美国和日本的游戏公司，法国的育碧、韩国的 Netmarble 也有发力。①

以日本为例，当前其区块链游戏主要围绕两个方面展开。一是将区块链作为游戏底层技术支撑，通过区块链技术保障游戏玩家资产的透明性和所属权。索尼在 PS4 上发行了一款区块链游戏——《瘟疫猎人》。这是一款回合制策略游戏，采用了游戏资产上链的模式，而其余大部分游戏内容仍置于链下。二是支持游戏内链上资产发行，不管是 ASOBIMO 发行的 ASOBI 支持多种数字内容的买卖，还是 EverSystem 在 Cryptoninja 发行的金币，都将代币的发行列入了重要环节，这主要源于日本政府对于区块链相对宽松的政策环境。

此外，传统游戏大厂的优秀开发者正在积极拥抱区块链，曾在暴雪负责过《使命召唤》《魔兽世界》等顶级大作的鲁迪·科

---

① 火币研究院，《火币区块链产业专题报告：游戏篇（二）》，https://research.huobi.cn/detail/284。

赫（Rudy Koch）成立了 Mythical Game，专注于区块链游戏的开发，现已获得 1600 万美元的融资，计划推出一款大型多人在线游戏 Blankos，目前已向百万主流游戏玩家播放了游戏预告片。

由此可见，区块链游戏已经开始了自己的探索。那么区块链技术是如何塑造游戏的呢？

所谓伊人，在水一方：区块链给游戏带来的变化

从之前的分析可以看出，游戏产业需要引入区块链技术的原因有两个：一是由于近年来游戏行业出现了瓶颈，各家游戏公司急于找到新的爆发点引领变革；二是区块链的可追溯、公平、透明以及更具可塑性等特性能帮助传统游戏打破现有格局，提供新的思路和玩法。接下来，本书从规则、道具、玩家、组织者这四个方面出发，看看区块链到底会如何改变游戏产业。

规则之变：核心玩法上链，玩法更加公平透明

在游戏中，玩家可以通过完成任务、抽奖等运营活动得到一些稀有道具，而这一过程往往带有随机性。对于玩家来说，某些稀有的道具是游戏重要价值的体现，也是玩家在游戏中奋战的动力。而在现有的游戏开发和运营体系中，若非监管部门强制要求公开，虚拟道具的内容、数量及抽取概率等核心数值的算法通常不会完全公开，游戏开发者暗中操作的空间变大。除此之外，有些时候会出现游戏到达一定关卡后，只有充值才能继续玩下去的情况。这些都对游戏的可玩性、公平性产生了影响。

在区块链游戏中，规则都是透明的，奖品总量、规则设定不会被随意篡改。这样一来，所有核心规则都发生在链上，改变了传统游戏规则、数值不透明，暗箱操作等一系列问题，让游戏变得更加公平可信。

道具之变：用户真实拥有游戏内的资产，并可借助智能合约完成流通

随着游戏市场的不断开发，游戏内的虚拟资产安全不断受到关注。首先，在虚拟交易中，盗窃、黑客攻击案件频发，玩家自身利益遭受极大损失。其次，由于现有的游戏道具被锁定在某个游戏中，如果游戏因为某些原因停止运营，玩家对游戏中的道具享有的财产权也会化为乌有。由此看来，玩家辛辛苦苦攒下的游戏资产并不能得到应有的保障。

不仅游戏内资产的安全性得不到保障，自由流通性也存在巨大阻碍。典型的游戏资产处于封闭的体系中，游戏呈现割裂局面，体系之间缺乏互动。像暴雪战网点数、Q 币等受众较广的虚拟资产尽管具备一定的通用性，但是也逃脱不了仅限于自家公司产品矩阵的命运，玩家之间的交易行为也相对受限。外部的游戏资产交易平台又存在不少问题，例如，如果玩家在 Steam 市场上交易游戏资产，需向平台交纳 15% 的高昂交易手续费，而用户在 Steam 市场上获得的钱，也只能存在 Steam 钱包里购买游戏或者道具，并不能提现。这种封闭的经济系统导致不时出现"卖家道具追溯"或"买家黑卡付款"等欺诈行为。安卓与 iOS 平台间用户身份与资产信息往往无法互通，形成了难以逾越的数据孤岛。而区块链从安全和流通两个方面进行革新，使玩家可以真正拥有游戏内的资产。

传统游戏中的积分、道具、武器等虚拟资产往往全部归开发商所有，因此中心化的开发商具有绝对的权力对这些资产进行大刀阔斧的改动。一旦游戏资产上链，这些积分、道具、武器、角色会完全归属到玩家的区块链地址下面。这种基于多中心化的存储，只要网络存在，这些道具就可以永远存在，不受中心化运营模式影响。对于玩家来说，这近乎一种绝对拥有。资产确权让游戏玩家认识到自己的资产是真实属于自己的，没有人能剥夺、增发、修改。

同时，玩家也能自由交易属于自己的资产。交易不再局限于一款游戏，只要彼此对交换物品的价值达成共识，玩家就可以拿游戏 A 中的一把屠龙刀去换取游戏 B 中的一颗神丹。交易也不一定局限于单个物品，将来甚至可以把账户打包，将一款游戏的所有资产打包成一个通证，一次性交易给另一个玩家。同时，由于区块链的通证体系是开放的，游戏的原生通证可以和其他主流通证进行兑换，实现游戏外的价值兑现。

获客之变：资产复用，游戏延展带来全新的获客方式和游戏体验

在传统游戏领域，一款手游产品的品质取决于游戏策划与开发，但是游戏上线后能否成功，很大程度上取决于渠道。游戏繁荣的背后离不开流量的支持，高昂的用户获取成本是游戏遇到的最大障碍之一。

区块链则可以打破现在的困境。区块链的跨应用账本特性，使游戏的 IP 资产可以被复用。对于游戏开发者来说，这样可以轻松调用其他游戏的资产进行二次利用。比如 Crypto Cuddles 是一款基于 Crypto Kitties 开发的猫咪战斗游戏，玩家用自己的以太坊地址登录，游戏就会自动获取该地址下所有的加密猫咪，游戏角色来自《加密猫》，只有战斗逻辑来自 Crypto Cuddles。这样一来，所有《加密猫》的用户都是潜在可以直接转换过来的游戏玩家，只要是在《加密猫》拥有猫咪的用户，就可以直接在这个游戏中获取一定的奖励，如角色、宝箱、道具等，只需要用地址登录读取一下链上数据即可验证。这样一来，一款新游戏上线完全可以借用现有爆款游戏实现用户引流。

对于同一个生态或 IP 下的游戏来说，资产复用是最容易的。游戏厂商可以让玩家导入之前拥有的角色，举例来说，玩家在 FIFA 3 里已经拥有一个 C 罗，那到了 FIFA 4 里就可以直接将其转移过来。而

在跨 IP 游戏类型的场景下，资产复用需要开发商之间的合作设计。在未来，我们可能会发现第三方公司将《守护遗迹》(DOTA) 和《英雄联盟》(LOL) 里面不同的英雄集合到一起进行大乱战，甚至发现《王者荣耀》的角色出现在《模拟城市》里。这将给游戏设计带来无限的想象空间，游戏间的交互性和玩法会大大增加，从而带给玩家更大的惊喜。

社区之变：社区去中心化 + 激励机制，给予玩家更多的话语权

在电子游戏出现以前，我们原始的游戏都是去中心化的，规则由玩家协商确定，有人破坏规则就可以直接离开，不会有任何损失。扑克牌是很经典的游戏，但没人知道它的发明者是谁，而这留下了无限可能性，让不同的人创造不同的玩法。在如今的电子游戏中，开发者、玩家、运营方等多方形成了一套传统的生产关系。游戏开发者做什么，玩家就玩什么，游戏革新全部依赖开发者，而玩家对于社区、游戏设计的影响微乎其微。这很容易导致游戏开发方不了解玩家的实际需求，而玩家的一些真正有价值的创意也没有渠道反馈到游戏中，这大大阻碍了游戏的进步。

在区块链游戏中，这些传统关系都会被弱化。基于区块链技术，在游戏开发初期，玩家就可以参与游戏开发过程，贡献自己的想法。这时候，玩家也变成了发行方之一，为游戏带来了初期流量的同时，玩家自身也可以获得这个游戏繁荣以后的经济收益。在游戏运行阶段，开发者可以基于区块链设计一套投票方法，让玩家对游戏运营产生影响，或者通过编辑器创造新的副本。为激励玩家参与，不论是为游戏做直播、撰写测评、攻略，还是利用游戏的底层工具设计个性化道具、人物、装备等，玩家都可以从中得到回报。比如宠物收集类游戏，用户是否可以设计宠物？在炉石类卡牌游戏中，是否可以由节点发行一部分卡牌？

区块链游戏开发综合解决方案商 Cocos 将这一社区设想称为

"铁匠铺"。"铁匠铺"是一个由游戏运营方、游戏玩家代表共同成立的治理委员会，关键规则在治理委员会讨论投票通过后，所有关键道具只能通过"铁匠铺"来生成。未经委员会讨论通过，游戏运营方是无法单方面生成各种道具装备的。"铁匠铺"具有以下4个特点：(1) "铁匠铺"是具有道具、装备制作权限的账号和一组合约；(2) "铁匠铺"是独立于游戏的道具产出点；(3) "铁匠铺"的道具具有限量性或唯一性；(4) "铁匠铺"由游戏厂商、玩家、玩家公会等构成的治理委员会管理。[①]

在这种设计之下，游戏的运营和收入方式会有很大改动，游戏厂商的关注点不再只是付费点设计和运营活动，而是专注于有趣好玩的游戏内容生产，回归游戏的本质。

一起来捉妖

以腾讯发行的区块链游戏《一起来捉妖》为例，我们可以一窥中国游戏大厂现阶段运用区块链为游戏创造价值的尝试。

《一起来捉妖》是由腾讯游戏创新工作室与腾讯区块链联合开发的一款以AR（增强现实）技术抓宠玩法为核心体验，且使用区块链技术储存游戏中的数字宠物的休闲类手机游戏，于2018年4月开始公测，2019年4月正式发行。在游戏中，玩家在真实世界中化身封妖师，探索妖精世界，使用AR功能发现并收集身边丰富多样、千奇百怪的妖精，获取基础的生存和成长资源，并使用这些资源对妖精进行培养，以完成游戏中对战、展示、收藏、交易等功能。

同时，玩家可以对基于腾讯区块链技术生成和储存的有限数量的专属猫进行搜集、收藏，也可以在以区块链为基础的市场中进行

[①] Cocosbcx,《去中心化应用与数字资产的生产、管理和流通平台技术白皮书》, https://www.cocosbcx.io/static/Whitepaper_zh.pdf。

交易。区块链元素在专属猫系统中主要体现在以下三个方面。第一，游戏中的专属猫储存在区块链网络上，由基因进行区分，保证每一只猫都独一无二，绝对不存在基因完全一致的两只猫。第二，游戏里用区块链流水信息记录了一只猫的前世今生，玩家能查询到每只猫的出生、交易和繁殖信息。第三，由于区块链特性让所有上链的猫都完成了资产确权过程，而且可证明其唯一性，这使得在游戏内开放玩家和玩家之间自由交易的平台成为可能，道具流通成为现实。除此之外，不同于市面上的加密狗、玩客猴等只能用于投机的产品，专属猫在游戏进程中会起到推动游戏进程的作用。当玩家在游戏中带上某只专属猫进入战斗时，全员会增加某部分属性，从而可能更容易赢得战斗。更为重要的是，专属猫不是游戏方能随意增发的"空气道具"。游戏中的专属猫总量为3亿只，其中约2‰为系统投放的0代猫。专属猫的数量由腾讯区块链提供的区块链技术确保不可篡改，并且在区块链浏览器中公开透明地展示，接受大众监督。

腾讯将游戏区块链定位于保存游戏玩家的特定游戏数字藏品（专属猫），以及数字藏品的所有交易记录（专属猫一生的档案），并且充分发挥区块链技术的不可篡改性，保证数据一旦上链就会被安全存储。即使游戏不再继续运营，区块链上的数据依然可查、可用。游戏中的数字藏品的属性，包括但不限于ID、名称、基因特征串等，会全部存储在区块链上，并且与特定的公钥地址对应，只有得到了相应私钥的签名授权，才能通过交易来变更。为了保证用户体验流畅，不给游戏玩家带来困扰，目前用户私钥委托在游戏运营平台系统中。未来在合法合规的前提下，将会为用户提供独立于游戏的数字钱包，允许用户自我保存私钥，以方便用户随时查看已经保存在区块链上的藏品内容，实现个人权利的完全自主控制和风险的完全独立承担。

总的来说，《一起来捉妖》这款游戏着力于区块链在道具和规则上对传统游戏的革新，处于较为初级的游戏资产上链阶段，是一款"链无感"游戏，即区块链技术仅支持游戏中的非核心部分玩法，玩家在游戏过程中几乎无使用门槛，也基本感受不到区块链的存在，区块链技术对游戏的整体体验影响较小。这是传统游戏大厂对区块链技术较为典型的初步尝试，更多的是一种锦上添花的补充，但利用其强大的玩家号召力，对区块链技术的普及做出了较大的贡献。

溯洄从之，道阻且长：区块链游戏发展路径及阻碍

"区块链+游戏"产业链分成五大板块，分别是基础设施及开发者工具、区块链游戏、跨游戏虚拟资产交易市场、基于区块链的游戏分发平台及社区、周边工具与服务。我们认为，"区块链+游戏"的红利，将从基础设施及开发者工具开始，让更多的游戏及资产上链，并以爆款区块链游戏的大量出现为标志达到高潮。随着区块链游戏以及相应虚拟资产的不断增多，跨游戏虚拟资产交易市场，以及基于区块链的游戏分发平台和社区也会逐步兴起，成为流量汇集的中心。周边工具、服务会随着"区块链+游戏"行业的发展具备明确和稳定的发展潜力。

从发展阶段来看，我们认为区块链游戏非常可能从改良出发，实现逐步迁移，遵循从游戏资产上链，到核心游戏逻辑上链（智能合约运行游戏），再到游戏整体上链，最终完成去中心化这样一个转变过程。但放眼全局，从现存的区块链游戏来看，还处于良莠不齐的原始阶段。绝大多数游戏流水很小，用户数严重不足，游戏生命周期很短。从前期的雏形落地到真正掀起波澜，区块链游戏还面临什么障碍呢？

首先，是游戏设计问题。回归本质，游戏对应的应该是娱乐和体验。好的区块链游戏，首先必须是一款好玩的游戏，其次才是利用区块链的某些技术特性加持这款游戏。毕竟对于众多游戏玩家而言，无论采用什么技术，游戏本身好玩、方便操作是最重要的。现有的区块链游戏同质化现象很严重，很多游戏只是借用区块链这一噱头，游戏设计不到位，可玩性不高，吸引力自然就不强。

再者，技术不成熟也造成了很大的影响。区块链游戏的核心规则都发生在链上，但是由于公链性能比较差，价格还特别昂贵，跑一个智能合约要花很多钱，所以在体验方面还不及传统的中心化游戏。加上现阶段 TPS、智能合约计算与存储等技术无法满足高并发、高计算量、高存储量的性能需求，这些技术问题成为区块链大范围应用的阻碍。

难以忽视的还有数值经济问题。数值策划是传统游戏中保证游戏平衡性、增加游戏黏性的关键，在区块链加入游戏后，数值策划的难度就更高了。但现在很多区块链团队里的激励模型、通证模型和以往的游戏数值策划相比都是皮毛。游戏中的经济体系不仅要考虑游戏内的封闭生态，还要考虑不同参与者和游戏外的生态。

不过，长远来看，区块链技术在游戏行业的应用将带来前所未有的突破和改变，必将打破现有游戏行业的桎梏和限制，创造全新的世界。随着越来越多致力于打造优质内容的优秀开发者的加入，我们可以期待区块链游戏的真正爆发。

游戏从来都是黑科技的土壤。加密猫的创始人江家俊（Benny Giang）曾表示，自己创作加密猫的意图在于使更多的人看到技术的价值，他说："人类学习的最好方式就是玩耍和试验。我们从小就这么做，当我们成为成年人后还是这样。"正如当年社交网站还是新生事物时，由社交游戏公司 Zynga 开发的 Farmville 游戏，给脸书带来超过 50% 的流量，吸引国际上的用户注册脸书并创建个人资料。游戏可能是普罗大众直接接触区块链的最有效契机，通过游戏，世界上更多的人可以感受到区块链的生机。

区块链＋版权保护：省时省力，线上跑通确权维权

在互联网时代，信息传播趋向零成本，这在为内容流通带来便利的同时，也为不法分子带来可乘之机。数字文化内容产业是伴随互联网发展而兴盛的典型产业，相对于传统文化载体，基于数字形式的网络文化内容剽窃成本更低，数量更多，也更难维权。在当前数字内容产业发展的过程中，聚合盗链、网盘分享和盗版小网站等侵权盗版行为十分猖獗，中国版权协会版权监测中心的统计数据显示，2017—2018 年，PC 网站、移动 App（应用程序）等超过 12 000 个新媒体平台的网络内容中，出现的盗版侵权链接总量达到 2500 万条。盗版现象在很大程度上侵犯了产业贡献者的应得利益，打击了内容创作者的创作热情，阻碍了整个数字文化产业的良性发展。在业界，区块链技术被奉为数字文化内容版权的"保护神"。它究竟是如何做到的呢？

保护知识产权主要涉及确权和维权。其中，确权是指对版权进行申请、登记、复议和认证等工作，而维权主要是和侵权调查、预警、诉讼等与法律相关的服务息息相关。现阶段，除版权局外，其他机构无法提供法律认可的版权证明，因此去中心化不是我们追求的重点。在版权领域，我们将重点放在协助创作者提供自己对内容所有权的可信证明。

确权：大大降低成本，激发创作者的版权意识

知识产权的确权作为知识产权后续用权、维权的第一步，流程复杂且成本高昂。从流程来看，如果创作者想要为自己的作品登记，需要经过以下流程[①]：（1）申请人提交登记材料；（2）登记机构核查接收材料；（3）申请人缴纳登记费用；（4）登记机构受理、审

[①] 中国版权保护中心，《作品登记指南》，http://www.ccopyright.com.cn/mobile/index.php?optionid=1351。

查申请材料;(5)相关机构制作发放登记证书;(6)进行网络公告。通常,版权申请登记机构在受理登记申请后30个工作日办理完成。如果发现需要补充材料,申请人需在接到补正通知书后60日内完成补正,登记机构会在收到符合要求的补正材料后30个工作日内办理完成。这样下来,完成一个小小的版权登记需要花费6周至半年不等,申请人需要多次准备材料,多次来往政府机关,耗时费心。而大部分网络内容具有热点性、时效性,根本不能等待这么长的确权时间。

从费用来看[①](见表7-1),根据作品形式,确权收费标准不同,但是最低也要100元,这超出了内容创作者们的心理预期。

表7-1 确权收费标准

作品形式	费用
文字、口述	100字以下100元,101~5000字150元,5001~10 000字200元,1万字以上300元
音乐	词+曲300元,曲200元
摄影	300元
视频	小于1分钟200元,1~5分钟300元,5~10分钟400元,10~25分钟800元,25~45分钟1000元,超过45分钟2000元

可见,现阶段网络内容版权申请的流程时间及资金成本与当前大部分内容生产者的心理预期差距较大,这导致现在只有极少数内容创作者会进行版权登记。区块链技术,能够推动这一环节向前迈出一大步。利用可信时间戳对知识产权进行存证,能够对每个知识产权生成独一无二且不可篡改的存在性证明。另外,知识产权区块链通过连接司法机关,让司法机关成为知识产权区块链节点,能够

---

① 中国版权保护中心,《中国版权保护中心著作权自愿登记收费标准》,http://www.ccopyright.com.cn/mobile/index.php?optionid=1444。

为链上存证提供强大的公信力，为后续用权、维权打下坚实可信的基础。从流程来看，运用区块链技术确权的过程只需要随着上链存储便可以完成，不需要额外等待核查时间。从费用来看，以图片为例，不少平台的确权价格已经降至0.5元一张，甚至可能实现全网免费存证。这样省时省钱的确权手段，打消了创作者的顾虑，大大激发了他们的版权意识。

维权：产权清晰溯源，让侵权行为无所遁形

在确定版权的所有权之后，接下来创作者需要思考的，是如果遇到了版权被侵犯的情况，如何能够有效维护自己的权利。维权作为知识产权的另一个重要环节，随着数字时代的发展，侵权行为界定模糊、产权溯源困难、维权效率低下成为目前的严重问题。

首先，侵权范围界定需要逐级查阅授权说明，因为在某个领域往往有多个主体对单一作品拥有权利主张。以音乐版权为例，词曲作者及演唱者拥有著作权，音乐发行公司拥有发行权，以及其他主体拥有复制权、播放权等。这些权利分割情况严重，并且出现交叉现象，给侵权界定和产权溯源带来了很大的困难。

其次，鉴于我国法律具有"谁主张谁举证"的性质，被侵权人需要自己收集证据来对侵权行为进行举证，包括调查作品被侵权的程度，以及使用情况、销售数量等，以此测算产权人遭受的经济损失，并且这些证据还需要满足法庭对证据严谨性的要求。内容创作者往往以个人为主，如果遇到侵权一方是实力雄厚的公司，会在证据搜集、律师实力等方面显得势单力薄，加上打官司将会花费非常大的时间精力及不菲的费用，最终结果不一定能达到理想目标，只能眼睁睁看着自己的作品被盗用，难以向法律求助。

在区块链技术加入后，由于前面确权阶段完成了版权上链，这时链上安全保存了该版权的完整信息，配合无法篡改的时间戳，能够真实反映版权的历史存在证明，追溯版权所有者，从而快速明确知识产权的权利界定。配合相关区块链平台推出的侵权取证固证功能，只要系统捕捉到侵权行为，就会将其自动记录在链上，使侵权行为一旦发生，就无法抵赖，从而让侵权者无所遁形。这样一来，可以大大节省在收集证据阶段所花费的人力和物力，并且提升证据的可信度。

这一技术现已得到产权中心、司法机关等政府机构的支持，这大大提升了链上数据的公信力，使存储的固证能够更好地满足司法机关对证据的要求，从而能够依据链上证据对侵权案件进行快速审判，这极大地简化了法院审判流程，提升了维权效率。

至信链：从确权到维权，多方打通版权保护全流程

腾讯公司推出的至信链在对数字内容的版权保护这一领域做出了自己的探索与实践。2019年7月，腾讯与中国电子科技集团网络信息安全有限公司（中国网安）、北明软件股份有限公司（北明软件）在北京召开至信链发布会，希望充分利用互联网新兴技术的创新，打造至信链生态联盟，用区块链技术重点解决电子数据司法存证问题，"破局"数字内容版权保护难题。

至信链的应用场景是标准的多方协作场景，涉及多方主体。它可以通过电子证据的流转管理，组织司法生态多方协同，提供知识产权确权、版权登记、维权监测、一键诉讼等全流程创新解决方案，从而实现原创个人、企业的作品数据确权，司法辅助机构的协同出证，司法机构的快速裁决。

如图7-1所示，通过至信链，腾讯企鹅号等内容服务平台可以进行数字内容版权确权，一旦监测到侵权行为发生，可将侵权证据实时上链。此时，用户可以向法院提起诉讼，并提交完整的电子证据链条，法院基于至信链对电子证据进行证据可信校验，在证据链条完整的情况下实现快速裁决。

至信链通过将版权链上的各方利益相协调,成为版权保护领域的信任基石。针对政府机构,至信链构建数字生态信任基础,可在链上实现价值数据(电子证据)全生命周期可信流转,帮助提高政府治理效率,降低成本。面向企业端,针对知识产权、金融纠纷等场景,至信链可帮助解决电子数据易篡改、难确权的问题,通过数

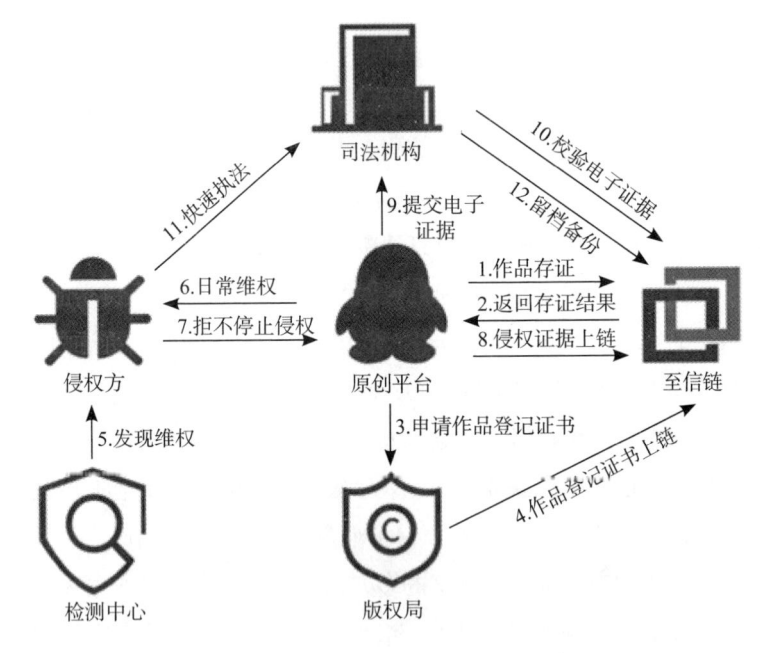

图 7-1　数字文化内容产业保护解决方案流程

据可信流转,实现行业协同互信。在服务原创方面,至信链可提供创作即上链、一键维权和直通司法的特色服务,极大地降低诉讼成本,提高知识产权保护效率,在切实保护原创作者权益的同时,为数字文化内容生态的综合治理提供经验。

截至目前,至信链已在腾讯数字文化内容生态中获得实践,颇具代表性的企鹅号、原创馆等数据均已经在至信链存储上链。其

中，企鹅号日均 6 万多条，原创馆预计年均存证量超过 20 万条，有力地保护了创作者的知识产权和切身权益。

区块链 + 内容产业：价值流转，优质内容分得更大红利

根据马斯洛的需求层次理论，人的需求从低到高依次分为生理需求、安全需求、社交需求、尊重需求和自我实现需求。如果将这一理论延展至内容产业，从上节可以看到，区块链技术从确权维权角度帮助创作者保障了自己作品的安全性。在此基础上，他们希望能进一步满足更高层次的需求——运用其所有权获取更多的权益。这就来到"用权"阶段，这一环节主要涉及版权授权、收费和交易等业务，是内容价值实现和流通的通道。对于监管机构来说，如何在这一过程中把握内容质量，是保障内容产业健康流通的前提。

丰富内容，拓宽渠道，提升体系运转效率

实现内容价值的流转往往涉及多个相关方，内容生产各环节参与者对内容价值各有诉求，同时也渴望有更加高效、丰富的内容传播渠道。但在现有环境下，存在内容生产者难以与需求者连接、授权过程烦琐等一系列问题，内容生产者往往只是一个个单打独斗的点，难以将自己的优质内容传播出去，更别说用内容来获取应得价值，这导致整个行业的商业化程度较低。

区块链技术要做的，就是把这一个个内容生产者的点连接成线，再将渠道方、需求方加入其中，共同编织一张大网，实现全部节点的有效联通。

在内容和渠道方面，区块链这张网能连接丰富的内容信源，拓展内容发布渠道。就平台媒体而言，在移动互联网技术发展的背景下，媒体内容成指数级增长，在海量的信息环境中，仅仅依靠单家媒体中心的自制内容难以支撑持续经营。因此，平台需在具备内容

自制能力的基础上，践行"媒体+"的发展理念，串联更多的内容信息，整合各渠道的内容资源。通过不同参与方的内容上链，使更多的内容加入进来，有效拓展内容资源入口，实现对用户的持续吸引，扩大媒体的传播力、影响力和服务力。在渠道方面，依托区块链协作共享与信息防篡改机制，媒体可以实现渠道能力共享，在有效降低现代智能传播体系在媒体落地难度的同时，有效提升传播渠道的价值。

在内容得到丰富，渠道得到扩展后，区块链+内容的这张"网"的规模会变得更大。这张网不能因为变大了而变得缓慢臃肿，而是要灵活联通每个节点，实现"网"够快。

在内容价值流转方面，区块链的智能合约能力使得供需双方快速匹配，大大提升了价值流转效率。目前的内容购买、交易多为中间人交易模式，内容共享和交易成本大，流通性不高，中间环节交易不透明，无法保证个人原创作者的利益。而通过区块链实现链上智能交易，所有交易信息都可以被追踪和查询，避免了多重授权、定价混乱、欺诈等现象。首先，智能合约能够让供需双方实现快速匹配。从上一节可以看到，知识产权通过确权环节已经实现数字化和上链，通过区块链上的信息可以快速明确产权主体。清晰的产权主体能够为知识产权的变现提供助力，需求人可以通过链上信息快速找到产权主体，实现供需双方的快速连接。结合大数据和人工智能技术，对知识产权实现高效、精准的供需匹配，一定程度上可以提升知识产权的变现率。其次，智能合约大大提升了版权的变现效率。通过提前设定相应的智能合约，创作者将自己的版权诉求记下，并通过私钥完成签名。只要需求方满足创作者提前设定的要求，智能合约便会自动完成授权交易。这样一来，可以让原创内容和版权进行自主交易，内容创作者将最大限度地享受原创作品的多次、多维版权收益。

这一技术已被应用于游戏发行商的版税结算。在美国，微软与安永会计师事务所推出了版权区块链工具,以智能合约为中心,使用方可以及时查证版权归属,简化跟踪和收集版权支付的过程。这一方案的优势在它与 Xbox 游戏平台的合作中得以体现。[①]Xbox 财务团队于 2018 年使用微软的 Azure 区块链服务构建其解决方案,力求提升其对游戏发行商版权费用的支付效率。基于区块链的解决方案重新梳理了复杂的版税协议逻辑,交易双方可以通过智能合约的方式让交易自动执行。Xbox 首席财务官蒂姆·斯图尔特表示,这种方式在很大程度上消除了 Xbox 游戏平台与各个游戏发行商对于条款和付款的争议,提高了各参与方的信任度。区块链技术的引入彻底改变了游戏行业的版税处理方式,将本来长达 45 天的特许权使用费传统对账流程缩短至现在的几分钟,游戏发行商几乎可以实时访问当前销售数据并得到收益,在数据中获得最新发现,从而做出更明智的市场决策。

总而言之,由区块链赋能的内容产业在极大丰富内容、渠道的基础上,在价值流转上得到效率提升,使内容创作者的权益得到保障。

内容发表前中后三阶段层层把关,审核监管不再费时费力

互联网已经覆盖全球大部分人口,内容的生产消费量随着使用人口激增呈井喷状态,但这海量信息是良莠不齐的。在相关法律法规的指导下,各平台有责任有义务将混杂其中的违规内容剔除,无论对大平台还是对小公司而言,这都形成了巨大的管理难度和技术挑战。

首先,内容在媒体平台上发行前,需要经过媒体中心的认证

[①] Microsoft, "Xbox game publishers access royalties statements even faster now that Microsoft uses Azure Blockchain Service", https://customers.microsoft.com/en-us/story/microsoft-financial-operations-professional-services-azure.

和审核。目前，内容上线前的监测监管过程有两个问题：第一，如果同一素材被多方收录，多方会各自审核一遍，造成重复审核的问题，严重影响审核效率，浪费资源；第二，若一方审核发现新的违规问题，其他方不能及时获知，审核经验也难以及时有效共享，导致审核标准难以把握、审核效率低等现象。其次，一些规模较小的媒体机构能力有限，无法配置足够多的岗位进行内容审核工作，无论从成本还是操作性来看，都存在较大问题，因此有必要优化内容审核流程。

利用区块链去中心化、信息公开透明、信息不可篡改等特性，并结合人工智能技术，对审核结果入链，对审核经验素材入链，实现各级媒体分布式协同审核，可解决信息共享问题，优化审核流程，提升效率，降低成本，达到不重复审核、审核标准有量化参考的目的。

然而，庞大的内容量使得事前审核有时候并不能做到百分之百可靠，当有问题的内容发出后，下一个监督主体就是内容消费者，即广大公众。若是能将广大公众引入这一体系，起到的监督作用自然十分可观。以消除谣言为例，媒体平台可以运用区块链的共识机制，让网络中的社会大众参与内容信息传播的核实与监督。一旦发现造谣行为，其源头会被清晰记录，谣言内容会被追踪。在这种情况下，谣言发布者将会慎重考虑造谣传谣成本，而公众通过辟谣平台综合评估也将不会轻易相信谣言。信息传播将通过区块链保持原貌，谣言自净机制将发挥作用，舆论环境将趋于透明，用户通过网络获取真实信息的成本也将不断降低。这样一来，可以改变互联网媒体的弱监管现状，可信任的新闻生产不再是传统新闻机构唱独角戏，以区块链为基础的网络新闻生产、编辑让内容生产更加兼具普惠性，释放了内容生产的创造力和生产力。此外，对于政府管理者来说，利用区块链进行社会舆情监测也使得监管成本大大降低，而效率大大提高。

此外，若在监管过程中遇到需要紧急撤回的内容，如何快速应对这类突发事件也是重要的一环。对于各媒体单位来说，内容的发布和扩散追踪是重要工作之一，但是目前在媒体行业中存在着内容发布后无法得知共享转移路径及记录的情况，一旦内容存在问题，很难追溯内容共享转移路径，这对应急处置来说是一个难题。

区块链账本的不可篡改和可追溯的特性，为内容发布溯源提供了一种新的解决思路。内容创作者在生产、发布、共享内容时，操作记录作为区块链上的信息被保存。记录主要包含账户信息、时间、发布地址以及内容摘要等。对于发布的内容，创作者将建立身份指纹信息上链保存。系统的功能实现主要基于对原有的发布和转载系统新增区块链应用接口以及部分业务逻辑改造，在内容发布或转载时，通过接口和智能合约把操作记录数据写入区块链账本。在应急处置工作中，可根据内容的身份指纹形成溯源路径，帮助相关单位获取所有曾经发布或者转发的操作记录，从而对内容的撤销和修改等应急处理提供有效的数据支撑。通过对内容从传播源头到分发路径的记录、对转发和扩散的授权验证、对内容身份的可靠识别等，使内容的传播扩散可记录、可追溯，为应急处置提供有力、直观的数据依据，减少漏查漏办现象，提高对于突发应急事件的应对能力。

总而言之，在区块链技术的赋能之下，内容监管可以做到发布前审核、过程中舆情监督、发布后快速追溯，三个环节紧紧相扣，共同助力内容行业健康发展。

建立全新的价值评估体系，长尾内容迎来春天

当今的内容交易市场存在由于中介现象严重导致的收益分配不透明、不合理等问题。由于现在的数字内容对渠道的依赖性较大，版权变现的价值往往被大渠道掌控，单打独斗的内容创作者的议价空间很小，只能被迫接受平台的不公平利益分配协议。比如在现有的直播平台当中，虽然大多已建立起主播与各用户、各广告主之间的联系，但主播与用户、广告主之间的交易始终要基于直播平台来完成。简单来说，所有的利益结算数据、分成比例都由平台说了算。同样，这一现象在音乐版权行业也十分严重。据 MIDiA 研究报告数据显示，每张专辑流向歌手的价值仅占全部变现价值的 14.3%，流向作曲者的收益仅为 9.5%[①]，其余大部分价值被发行平台赚取。在目前的生态链上，传统渠道的话语权过大，中间人过多，只有经纪公司和中介平台赚得盆满钵满，真正的创作者、消费者都处于食物链底端，生存环境恶劣。在这种形势下，内容创作者没有获得应有的价值分配和发展空间，创作热情受到打击。造成这种现象的原因之一，是对内容这类无形资产进行价值评估十分困难。

区块链在对内容价值的评估方面有着新的思考方式。结合区块链资产化和通证化优势，可以打通各个分发渠道的壁垒，对媒体或个人生产的无形资产，如新闻作品、文学作品、摄影作品、创意设计作品进行确权和价值评估。基于链上的可信数据统计，可以精确地获取用户针对内容的浏览、互动评论、转发、引用等数据，从而形成基于内容本身质量的统一价值评价体系，并在此价值评价体系之上进行统一标准的一系列价值评估活动。

基于此价值评估建立的智能合约，收益自动分配，并且数据公开透明、可追踪，真正做到"贡献即交易，交易即清算，清算即权益"。通过智能合约管理知识产权，能够在很大程度上解放产权人和需求人，消除传统版权变现中的代理人环节，自动化管理知识产

---

① 火币研究院，《区块链助力知识产权步入新纪元——火币区块链产业应用系列报告之一》，https://research.huobi.cn/detail/305。

权的流转和变现，极大提升知识产权的流转效率。任何用户都可以参与内容制作、分发、观看、评价等一系列过程，对于内容创作者来说，他们可以根据用户、专业人士的评价反馈进行调整，创作出更为优质的内容。对于内容消费者来说，参与感会在这一过程中大大提升。

对于个人创作者来说，这套系统的应用保障了内容价值流转的公平，独特评价体系使得内容创作者能够将重心更多地放在创作优质内容上。对于机构创作者来说，这套系统提供了高效的考核体系，内容生产各环节的参与者可以通过区块链智能合约技术平台直接明确自己工作的价值，从而确保考核的公平、公正、公开，激发员工的工作热情。除此之外，对内容本身进行考核，可以从数据汇总、统计、分析等角度展开，舆情分析师可以根据数据的数值、发生时间、修改时间、交易流程、出处证明等细节的记录，分析数据背后隐藏的信息。这样能让舆情分析更加精准，实时为内容选题提供准确依据，及时调整内容生产方向，从而提升内容活力和市场契合度。

现阶段，中国已建立的区块链知识产权落地项目，大多以实现知识产权的一键授权为主要内容，对于内容经济变现、流转的探索仍较为初级，针对不同人群、不同类型知识产权对授权、流转、变现的不同要求，暂时还不能实现个性化定制，智能合约的巨大潜力还有待挖掘，去中心化尚处于设想状态。巧用区块链技术来激活内容经济还任重道远。

文娱未来畅想

随着区块链技术的进一步成熟，区块链技术融入文娱产业是大势所趋，并将对这一产业带来不小的冲击。以游戏行业为代表，区块链可以改变目前行业不透明、价值流通不畅的现状。在版权保护方面，区块链的应用可以大大降低从确权到维权所需的时间和精力成本。从内容产业来看，区块链技术提升了内容价值，加速内容的价值流通，保障创作者的用权收益。从整体来看，随着区块链在文化娱乐领域方方面面的渗透，会促使一个全新的文化产业价值网络逐渐形成。在这一去中心化的网络中，"透明""公平"将会成为关键词，中介对生态利润的盘剥将会大大减少，生态里的参与者可以根据自己的贡献而获益，消费者的话语权得到增加。这样一来，文化产业环境会变得更加健康，内容创作者在其权益和收益都得到保障的前提下，将重心放在锤炼作品本身，更多优质作品将会冲出重围，并获得市场认可。

第八章　链上可信城市

　　新型智慧城市已经是全球经济社会发展的重要组成部分。智慧城市，是以智能化方式深度融合人、信息和环境等关键因素的创新手段，始终依托互联网、大数据和云计算等高新技术发展。随着智慧城市进入精细化建设阶段，信息系统的类型、功能和数据采集设备呈现多样化发展，也为智慧城市带来诸多痛点。一是安全问题。在智慧城市建设过程中，需要涉及大量数据的采集和分析工作，大量智能终端设备暴露在公共区域，导致其遭受网络攻击的风险提高，数据的系统性和保真性受损。二是信息孤岛问题。各地智慧城市建设往往缺乏系统规划，热衷于单个项目的建设，导致项目之间缺乏有机联系，缺乏统一的接口标准，进而大大提高了运维成本。同时，数据流通情况复杂多变，分析处理的效率低下。三是数据采集模式以被动采集为主，而城市的主体——市民并未被充分调动起来。公众在公共部门的参与度较低，无法做到真正以人为本。

　　可信，成为智慧城市发展的更高要求，通过新一代信任机器——区块链，与其他高新技术结合，帮助城市重建信任关系，优化城市发展结构，创新可信商业形态，高效调度城市资源，并重塑人和技术、人和服务以及人和环境之间的信任关系。

正如2019年，习近平总书记在中共中央政治局第十八次集体学习时的重要讲话中提到的，区块链技术可以应用到智慧城市领域，推动区块链底层技术服务和新型智慧城市建设相结合，并探索区块链在信息基础设施、智慧交通、能源电力等领域的推广应用，从而提升城市管理的智能化、精准化水平。可以说，区块链技术因其天然的不可篡改、公开透明、可追溯和智能执行等特点，重塑了现代社会的信任机制，受到多国政府的高度重视，被认为是打造新型智慧城市的绝佳利器。

目前，基于区块链打造的新型智慧城市应用试点已经在世界各地展开。以实现更加宜居和可持续发展为目标，区块链正在逐步融入智慧城市的运营环境。

区块链+城市：千城抢滩，打造未来的信任之都

在诸多"区块链+智慧城市"的实施计划中，国内外政府大多优先关注区块链在政府事务方面的应用，探索可信政务，包括公共事务投票、数字身份以及政务文件管理等。其次是区块链在细分产业中的应用，比如环保、交通、金融和公益等。国际方面，尽管加密货币对各国政府的监管造成一定的冲击，但随着区块链技术的逐步发展，加之Libra项目计划的推出，区块链在数据增信和经济激励等领域的应用潜力愈加受到政府和业内专家的认可，各国对待区块链技术的态度也愈加清晰明朗，大多在积极探索区块链于城市发展方面的应用。

例如，日本将应用区块链视为助力日本经济再次繁荣的有利机会，不仅政策上坚定表达对区块链技术的支持，积极涉足区块链在

支付、供应链金融、身份认证和银行间清算等领域的应用，还支持数字货币交易并采取合法的征税和监管措施。近年来，美国将区块链技术确立为国家战略性技术，肯定区块链在经济社会各领域的发展潜力，利用区块链实现医疗数据共享、跨境商品溯源、公共事务投票以及数字版权保护等，在链上可信城市建设方面也动作不断。对区块链持相对开放态度的英国，重点关注区块链在金融科技中的应用，凭借在技术、市场和法规等方面的优势，世界金融中心之一的伦敦不断释放对区块链人才的吸引力，大力推动区块链在伦敦城市发展中的应用。在推动区块链发展方面，还有一些国家或地区展现了地方特色及发展优势。有着"石油王国"之称的沙特阿拉伯，也是热衷区块链技术的国家之一，将区块链技术应用在检验石油产品的质量和追溯石油产品全流程供应链上，不仅大大提升了石油产品的可信度，还通过区块链成功建立了跨境合作伙伴关系。

在支持区块链技术发展的众多政府中，决心和力度相对较大的无疑是爱沙尼亚、迪拜和首尔。被评为"世界上最先进数字社会"的爱沙尼亚，几乎所有的服务都在线上提供，政府数据全部存储在区块链系统 e-Estonia 中。不仅如此，e-Estonia 涵盖了教育、医疗、商业金融和移动服务等领域。在这个系统中，每个公民都有一个安全可信的数字身份，能轻松获取相关服务，查看并控制服务数据。比如，爱沙尼亚公民可以登录 Healthcare Registry 系统，查看哪个医疗专业人员在何时访问了自己的医疗记录。如果有人（包括政府官员）在没有正当理由的情况下偷看了该记录，将可能被起诉。更令人惊讶的是，爱沙尼亚是第一个提供电子居留权（E-Residency）的国家，所颁发的跨国数字身份——E-Residency 正为全球公民创建一个无国界的数字社会。目前，来自 165 个国家和地区的 5.7 万人已经申请电子居住。可以发现，区块链几乎被爱沙尼亚用在数字服务的方方面面。

早在 2016 年，被誉为"未来之城"的迪拜的智能迪拜办公室（Smart Dubai Office，SDO）就宣布推出 SDO 区块链挑战赛来发掘能够引领迪拜区块链战略的初创企业，旨在于 2020 年之前成为首个以区块链为动力的城市，并在 2021 年之前将区块链技术应用于一半的政府业务，比如签证申请、账单支付以及文件管理等。迪拜侧重于区块链在政府效率、产业创新以及国际领导者意识的体现。近年来，迪拜积极与各国企业展开合作，邀请其落户区块链应用研发基地，一些区块链初创企业也将迪拜视为重要的发展阵地。2018 年 2 月，迪拜道路与交通管理局（RTA）宣布于 2020 年前部署基于区块链技术的交通系统，以追踪车辆的生命周期。3 月，迪拜旅游局宣布，迪拜正在利用区块链技术构建一个虚拟的 B2B 旅游平台，计划在未来两年为酒店增加额外的分销渠道，为游客提供透明的实时定价和更多的迪拜旅游胜地路线。9 月，Smart Dubai 与迪拜财政局联合开发基于区块链的支付对账与结算系统。目前，Smart Dubai 已与相关部门试点了 20 余个应用案例，并计划在未来几年逐步落地。

不甘落后的韩国首尔在迪拜发布计划的　年后，即 2018 年 10 月，也宣布了区块链产业发展的五年计划，于 2018—2022 年斥资 1233 亿韩元（约 1.08 亿美元）打造一个由区块链驱动的智慧城市"区块链首尔城"，涵盖 5 个领域的 14 项公共服务，包括投票系统、积分管理、慈善管理和身份证等，不仅计划建立综合商业中心，孵化 200 多家区块链企业，还将成立培训中心，培养 800 多名区块链行业专家。[①] 首尔还将引入区块链积分系统，系统内流通的城市币 S-coin 由政府确定使用场景、时间和数量等规则，用于奖励人们使

---

① 互链脉搏，《全球 6 座"区块链智慧城市"已现雏形：中国占 2，谁将代表未来方向》，https://www.8btc.com/media/486757。

用公共服务或履行公民义务（如纳税和参与民意调查等），之后可用 S-coin 兑换相应奖励，而且这个系统还和首尔政府建立的网络支付系统 ZeroPay 打通，方便人们消费结算。

显然，爱沙尼亚、迪拜和首尔等都在努力朝着区块链领跑者的方向发展，希望借此机会最大化利用好区块链技术在诸多领域的革新潜力，从智慧政务出发一步步解决城市发展问题，重塑人与城市的信任关系，提高产业升级效率，进而推进整个链上可信城市的建设。

尽管中国的区块链产业起步较美国相对晚了一些，但自 2016 年 12 月我国将区块链作为战略性前沿技术纳入《"十三五"国家信息化规划》后，中国的区块链产业开始进入高速发展阶段，聚焦于和金融产业的创新融合，赋能实体经济，脱虚向实发展链上可信城市。尤其是在"10·24 中共中央政治局区块链学习"后，全国各省市开始加紧布局基于区块链的智慧城市建设。目前，全国已有 20 多个省份陆续布局区块链产业，建设相关产业园近 30 个，从技术、资金、人才、基础设施、场景应用等方面给予政策上的支持。从扶持力度来看，北上广深杭的力度最大。信息通信技术基础最为扎实的北京，凭借雄厚的政策和资金支持、丰富的发展机遇和资源以及广阔的应用市场和前景，成立多家国家级区块链研究机构，吸引了一大批卓越的区块链人才，在探索落地创新的过程中诞生了一个个优秀的标杆示范项目。上海涉足较早，在资金、创业、研发、应用和产业等方面一步步推出积极的发展政策，比如成立 50 亿元的区块链产业引导基金、创立区块链孵化基地和打造区块链城市落地项目等其他推进区块链一体化战略发展的举措。起步较晚但势头强劲的广州，借助粤港澳大湾区的优势在区块链产业化建设方面已取得不俗的成绩，不仅拥有全国数量最多的区块链产业园，还将区块链运用于智慧城市的多个业务场景，包括"税链""政策公信链"和公共资源交易区块链平台等，增强业务方之间的信任，促进多方高效协作。作为中国特色社会主义先行示范区，深圳能成为开展数字货币研究与移动支付等创新应用的试点城市，不仅因为其强大的创新基因，也因为深圳拥有完备的区块链产业体系，囊括硬件制造、平台开发、解决方案和应用开发等产业链，在区块链领域的布局居全国领先地位，区块链创业活跃度排名全国前三，而且拥有成熟的矿机产销体系。

诚然，区块链在中国发展势头强劲，各地政府纷纷运用区块链技术赋能智慧城市的发展，其中表现最为亮眼的当属杭州和雄安新区。在实力背景上，第一个将区块链写入政府工作报告的杭州，成立了全国第一个区块链产业园和全国首个百亿人民币规模的区块链创新基金，拥有多家区块链研究中心，更拥有较为丰富的区块链人才储备和相对完整的区块链产业链，在上下游市场都游刃有余，且2019年上半年区块链项目融资金额达7亿元，远超北上广深。[①] 力争成为中国"区块链之都"的杭州，积极利用区块链技术推进链上可信城市的建设，不仅在《杭州市全面推进"三化融合"打造全国数字经济第一城行动计划（2018—2022年）》中提倡大力发展区块链，并支持区块链在硬件开发、平台建设和城市应用方面的创新，还倾力建设坐落在杭州萧山、以区块链为技术驱动的万向创新聚能城。万向创新聚能城以云计算、大数据和物联网等技术为依托，旨在创建一个容纳9万人工作、生活的智慧城市，核心关注区块链等技术赋能人与人之间的利益协调和产业之间的数据连接，涵盖城市中智能交通、智能建筑、智能商业、分布式城市智能以及数字经济等，比如利用区块链微型代币经济

---

① 零壹财经，《半年报|区块链融资额：美国反超中国，香港称雄大中华区，杭州力压北上广》，https://www.01caijing.com/article/42163.htm。

来平衡城市参与各方的贡献和收益,通过区块链的分布式数据库解决智能制造中的数据孤岛问题以及确保智能交通中数据的安全可信。[①] 不可否认,"起了大早并赶上了早集"的杭州,依靠着天时、地利、人和,抓住了这次技术革新的机会,有望发展成为全国甚至全球著名的"区块链之城"。

成立于2017年初的雄安新区,被视为测试区块链城市建设能力的最佳地点,在区块链领域嗅觉敏锐,布局超前。这样一个年轻的城市,从一开始就引入区块链、大数据等技术打好城市信息设施的可信基础,自上而下地确立城市发展架构,进而建立起坚实完善且互联互通的可信智慧体系,更好地推动城市的网络化、数字化和智能化建设,这充分体现了国家指导建设新区的效用。自2017年底以来,雄安新区已有十多个区块链项目落地,聚焦于政务、环保、交通、金融和房地产等领域,例如,2018年雄安新区上线区块链资金管理平台,并在该平台上完成植树造林资金的全流程安全管控,工程款和劳务工资的发放都在链上完成,真正实现专款专用。同年,雄安新区上线国内首例政府主导的区块链租房平台,创新性解决虚假房源泛滥、黑中介横行和信任缺乏等问题。同年5月,雄安新区推出数十台基于区块链技术的智慧垃圾收集器样机,提高垃圾分类效率的同时用积分激发市民的环保热情。可见,区块链早已融入雄安新区的发展血脉,每一间链上租售的房子,链上记录的每一次垃圾分类,资金链上完成的每一笔交易,都在一步步靠近政府想打造的"链上雄安"之梦。

作为链上可信城市基础设施的核心驱动力之一,区块链在数据存储、共享、溯源和确权等方面有较大的优势,能大大提升城市

[①] 王允臻,《区块链创新:"从一个生态系统到一个伟大的城市"》,https://www.tuoluocaijing.cn/article/detail-71902.html。

运营效率、降低运营成本和保障数据安全等，故而各国政府纷纷聚焦区块链技术，积极抢占区块链发展高地，借助区块链技术实现由"信息互联网"向"价值互联网"的转变，创新产业升级，助力智慧城市的可信治理，打造未来的信任之都。

三大引擎，链上城池潜力无限

从区块链的本质出发，区块链对城市的赋能主要从三个维度展开：一是提升城市基础设施的可信度与安全性，二是提高城市数据治理的效率和可信度，三是提升城市中民生应用的服务水平。

区块链有助于提升城市信息基础设施的可信度与安全水平，包括社区基础设施、交通基础设施和能源基础设施等。伴随着物联网技术的迅猛发展，城市的终端设备数量呈爆炸性增长，区块链与物联网的结合能构建一个可信的分布式物联网络，增加设备相关数据的可信度，将人、物和环境有机连接，以便更好地支持智慧应用。不论是一个个可信智慧社区，还是一条条可信智慧道路，都需要扎实的"云、管、端"一体化协同发展的可信信息基础设施，来支撑百亿级传感终端间的互联、互通、协作。[①]

区块链有助于提高城市数据治理的效率和可信度，包括数据的采集、共享、分析和管控等。数据，作为链上可信城市发展的核心资源，伴随着移动互联网和物联网等技术的快速发展，已呈几何倍数暴涨，形成的数据孤岛和数据隐私安全等问题成为链上可信城市发展的阻碍。而区块链的分布式结构和共识机制能为数据的有效确权、安全流通以及使用管理等提供互信基础，其智能合约也能帮助提高执行过程中的安全性和高效性。因此，在提高信息协调效率方

---

① 中国信息通信研究院，《区块链赋能新型智慧城市白皮书（2019年）》，http://www.secwk.com/2019/11/12/13927/。

面，区块链不仅能在保护数据隐私的前提下实现数据共享，还能保证上链数据的真实可信。

区块链有助于提升链上可信城市中民生应用的服务水平，并利用通证经济变革利益分配机制，充分调动多方的积极性，构建可信应用价值生态。目前，区块链结合物联网、云计算和大数据等新兴技术，能加强数据的可信互联互通，优化多方协作体验以及构建可信价值传递网络，在我国医疗、教育等民生领域有巨大的应用潜力，我们将在下个章节展开分析。

不难发现，在链上可信城市建设向前推进的过程中，区块链能给予多重助力：作为安全引擎，区块链能强化数据安全；作为效率引擎，区块链能优化流程，提高城市效率；作为激励引擎，区块链能传递实体和金融价值，激励经济生态。尽管链上可信城市的发展在全球范围内仍处于探索期，但区块链和其他高新技术在城市建设过程中的潜力也在一点点被挖掘。

链上可信城市的点线面

城市包罗万象，应从哪些领域切入链上可信城市的建设？

对于任何一个城市而言，社区就像是人体的一个个细胞，是城市发展的重要组成部分。作为链上可信城市发展的基本点，可信智慧社区以社区居民为服务核心，利用基础能源和区块链等高新技术为居民提供安全舒适、高效便捷的可信居住环境，满足其基本的生活和发展需求，提高居民对社区物业、商家和政府的信任。可信智慧社区是链上可信城市政策落实的前沿阵地，以每个可信智慧家庭为最小单元，围绕其停车、照明、供暖和消防等基本需求发展可信智慧社区物业，进而围绕家居、家政、教育、医疗和零售等民生服务发展可信智慧产业，增强产业的可信度，实现服务信息化、数字化和智能化。

交通，如同人的血管，是城市的重要基础设施。因此，可信智慧交通的良好发展，是推动链上可信城市落地的先决条件。可信智慧交通以城内交通和城际交通为发展核心，充分运用物联网、区块链、云计算和大数据等新一代信息通信技术，全面升级底层交通系统，打通系统间数据的可信互联互通，提升其感知、分析、控制和预测等能力，大幅提高交通运输、公共出行和交通管理等方面的营运水平，在提升数据可信度的基础上高效安全地维护链上可信城市的有序运转。

城市管理，是以城市为对象，以城市基本信息流为基础，运用预测、组织和决策等机制围绕城市的运行和发展展开，涉及城市的方方面面。作为发展的基本面，链上可信城市管理以城市为核心，全面增强城市数据流的可信连接，利用数据之网对城市进行全局实时分析，动态检测城市发展问题，有效调度城市的公共资源，实现智慧城市的科学管理和智慧决策。

因此，在推进链上可信城市建设的过程中：以社区为点，打造一个个涵盖社区内部和周边各项服务的高科技社区，为居民提供安稳便捷的可信生活环境；以交通为线，打造一条条四通八达实现城市内外互联互通的可信智慧通道，让人、车、路和环境等要素安全协调运行；以城市管理为面，打造一座座设施互联、数据互通、资源共享的新型链上可信城市，实现人、数据和环境的绿色共处。

可信智慧社区

社区，作为城市的基本组成部分，是城市居民生活发展的基本载体，其智慧化程度集中体现了城市的智慧化发展水平。可信智慧社区的建设，是以社区居民的安全感和幸福感为出发点，充分利用物联网、云计算和区块链等新一代信息通信技术，提高居民对家庭、社区和城市的信任感，为居民提供一个安全、舒适和便捷的智慧化生活环境，包括家居、楼宇、物业、安防和民生等，全方位满足居民日益增长的生活需求。

区块链+社区：精耕细作，挖掘社区深藏价值

作为城市服务"最后一公里"的终点，社区所承载的不仅仅是居民的安居乐业，也是物业的高效管理。发展可信智慧社区的前提之一，是发展好可信智慧物业。物业公司在过去一直面临着管理低效、盈利微薄和缺乏业主信任等问题，难以形成核心竞争力，并且在营运上存在诸多压力。

为了提高物业管理水平和业主的信任感及满意度，腾讯利用区块链等前沿技术建立统一的区块链智能物业管理平台（见图8-1），结合区块链、大数据、云计算和人工智能等技术链接居民、物业、社区服务提供方以及政府，针对社区近20个常用场景，上线近百款应用，覆盖全国近40个城市，触达5000多个小区，力图打造可信智慧社区的健康生态。通过社区联盟链形式协调多方信任合作，加

图8-1 腾讯海纳平台生态

速提升物业的管理质量和效率,促进业主和物业之间有效沟通,提高业主对社区治理的参与度、认可度和满意度,进而推动社区商圈的发展和城市的转型升级。

在现有的社区生态中,居民、物业、政府和商业这4个利益相关方各自面临一些普遍的痛点:居民服务不便捷,物业管理效能低,政务信息传递难,商业触达成本高。尤其作为社区的主人,居民在法律上被赋予了诸多权利,可参与社区公共事务,但在实际运行中,由于过程低效且缺乏足够的信任,居民并未真正参与整个决策过程并成为社区真正意义上的主人。

为了有效解决物管方面的问题,腾讯海纳引入微众银行联合金链盟开源工作组共同研发并开源的联盟链底层技术平台——FISCO BCOS,推出了区块链社区物管解决方案(见图8-2),方便业主参与公共事务决策和公共资金管理等事务,增强居民和社区间的信任。

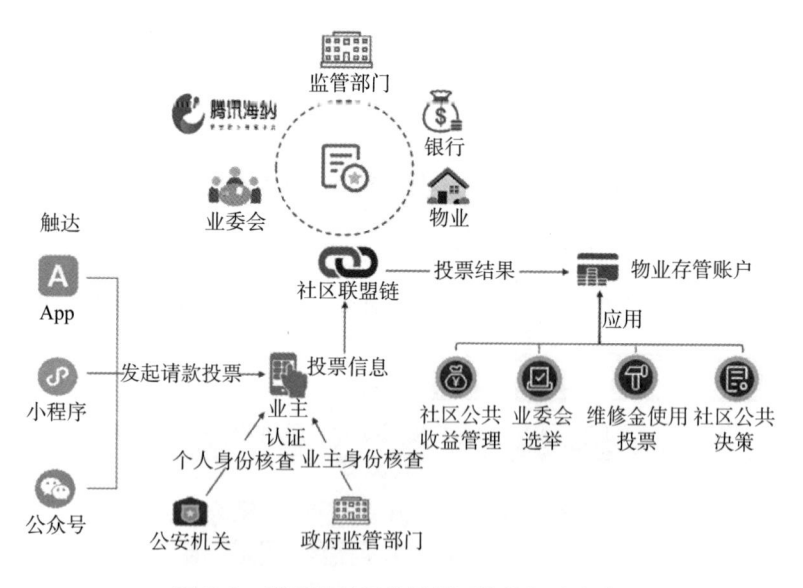

图 8-2 腾讯海纳区块链社区物管解决方案

那么，区块链是如何和其他技术一起解决这些物业管理问题的呢？

首先，系统可以嵌入物业公司的App、小程序和公众号，在提高服务触达率和覆盖率的同时，建立人脸识别、政府数据核对、安全证书、密码四重安全体系，采用实名投票，让结果安全可信。

其次，针对公共事务决策这个问题，物业、业委会、政府监管部门、仲裁机构和腾讯等第三方机构共同建立社区联盟链。当发起某项公共事务决策投票时，业主通过App、小程序和公众号等形式参与投票，投票信息将直接上传至区块链上，并同步到各节点中。整个过程无须人工干涉，任何一方也无法通过篡改投票数据影响投票结果。当发生纠纷等情况时，业委会还可以直接在链上申请仲裁介入系统。

再次，当涉及社区公共资金管理时，会将物业公司的银行账户加入社区联盟链，并引入银行作为监督方，每次物业动用资金时，均需要经过业主代表的投票表决，整个流程包括请款、业主表决和资金使用等，都记录在区块链上，业主可通过手机随时查询，整个系统不依赖任何一方的记录。

最后，在用户数据隐私保护和系统安全上，采用"一个社区一条链"的方式，进行数据的物理隔离，保证物业和社区居民的信息安全。当社区数量不断增多时，可能会存在一个机构同时接入多条链的情况，可用FISCO BCOS平台的一键安装部署功能，快速对多链进行配置。

这样的一站式社区服务解决方案，不仅能加快社区物业管理的规范化和标准化，提高整体管理水平，还有利于业主和物业之间的关系改善，增强双方之间的信任感，提升业主参与社区公共事务的积极性。

作为一个高黏性和高流量的消费点，社区商业的智能化和可信化也是可信智慧社区发展的重要趋势。一改以往割裂分散且信息化水平较低的发展模式，社区商业需要借助更多的技术增强居民的全流程消费服务体验，提高居民对其产品或服务的信任感，进而满足居民在物质和精神文化等方面的需求。在这个过程中，将进一步演化出以区块链分布式架构为基础，具有多方协同、分工专业、规则透明和价值传递等特征的新一代分布式商业模式，为居民提供更多场景化、数字化和智能化的产品或服务。例如，区块链租房平台通过联盟链的形式将房源、租客和房东等信息上链，智能合约自动执行租房合同条款，在完成可信交易的基础上简化租房流程；在居民重点关注的食品和药品安全领域，区块链结合物联网等技术可全流程追溯商品的生产、运输和销售过程，提高商品的安全可信度。

未来，可信智慧社区可进一步为居民提供丰富便捷的智慧家居、智慧物业、智慧养老和智慧安防等服务，以社区为基本单位推进网络化、数字化和智能化建设，让社区治理变得更加安全、精准和高效，进而以点带面地有效铺开整座城市的智慧化发展，加快电子政务信息和政策的有效传递，提高政府的办事效率，推动交通、医疗、教育、娱乐和零售等产业的智慧触达，进而增强居民的安全感、舒适感和幸福感。

区块链 + 智慧交通：多方协同，链上链下四通八达

交通，作为城市的重要纽带，是城市发展的生命线。一个智能、安全和稳定的城市交通系统能够强有力地支撑这个城市的政治、经济、文化和民生等方面综合发展。搭建可信智慧交通体系，是链上可信城市发展的必由之路。可信智慧交通的建设，是以城市居民出行安全高效为出发点，将传统交通运输业和区块链、物联网以及大数据等新兴技术结合，搭建互联互通的城市交通信息基础设施，构建交通综合大数据中心，对实时交通数据进行智慧采集、分

析、预测和控制等，从而缓解交通拥堵，降低运维成本，加强数据安全以及促进交通对经济发展的贡献。

现有的智慧交通体系核心分为4个层面，分别是感知层、通信层、平台层和应用层。作为物联网技术的核心底层，感知层是交通信息采集的关键渠道，也是构建可信智慧交通系统的重要基础之一，主要利用RFID、超声波检测、红外传感、地磁感应以及摄像头等技术实时测量和捕捉人、车辆、道路和环境等要素的相关数据，为交通控制系统提供决策依据。通信层则通过基站、卫星、Ethernet、5G和GSM（全球移动通信系统）等技术实现数据间的通信传输。而作为智慧交通系统架构的信息交换枢纽，平台层是集合区块链、大数据和云计算等技术，用于数据计算、分析和管控的综合平台，做好交通局、城管局和公安局等部门间数据的打通和管理，进而为上层的交通应用提供集中的平台支持。应用层是整个交通系统的顶层，也是最接近用户的环节，能基于海量的交通数据进行综合分析和挖掘，为城市居民的出行和货物的运输提供智能一体化出行运输服务，包括交通信息、道路导航、智慧停车、安全警示和共享出行等，也为各城市管理局完善交通管理、交通决策和运输管理等系统，以方便居民出行、货物运输和城市综合管理。[①]

那么，在智慧交通领域，区块链有哪些应用潜力呢？

首先，在传统中心化的交通数据中心，所记录的海量交通数据在传输过程中并不完全可信，存在数据同步不一致等问题，影响管理部门间的协同效率，给业务对接增加不少麻烦。而区块链可以很好地保证交通信息交互的安全性，结合其分布式架构和共识机制等特点能大大增加破坏数据的难度和成本，提升车联网、智慧交通监

[①] 亿欧智库，《道阻且长，行则将至——2019年中国智慧城市发展研究报告》，https://www.iyiou.com/intelligence/insight100847.html。

控系统和车路协同系统等系统数据的安全性，让交通治理更加高效可信，也能提高交通事前管控的成功率。在数据增信的基础上，区块链还能有效打通数据间的交互，实现跨地域、跨部门和跨层级间数据的互联互通，便于管理者做出科学精准的管理决策。

其次，在过去，交通管理通常少有市民参与，一些市民所需且可公开的交通数据也未能合理公开出来，导致市民或其他有关部门的参与度较低，难以充分发挥市民在城市交通管理过程中的作用，比如交通违法问题的举报和关键交通证据的提供等。对此，区块链的技术特性可提供多种类型的区块链协同交通信息管理平台，根据不同类别的参与方采取相应的管理模式，通过多链协同的方式协调各方的需求和利益。

基于区块链的通证经济还有助于升级共享租车等平台的商业模式。目前，共享租车的赢利模式主要来自用户交纳的租金，平台方和用户的关系基本上只是简单的租用关系，但区块链可以拓展关系边界，实现更人性化"共享"。平台方可以借助区块链搭建基于车辆租用的通证生态，在这个前提下，用户不仅是服务付费方，同时也可以是服务收益方，用户可通过提醒/修理损坏车辆、帮助挪车和主动积极宣传等方式参与平台建设，带动平台活跃度并获得相应的通证奖励。对于平台方而言，用户的积极参与减少了平台的一些运维支出，也能培养用户的忠诚度，加深合作关系。随着越来越多的用户使用租车平台，当平台的综合能力不断提高，也被越来越多的人看好时，通证价值的增加会带来多方共赢。

多式联运单证区块链解决方案

多式联运是一种常见的运输方式，在城市物流中能发挥很大的作用，提高整体运输的效率。尽管目前已经实现纸质运单向电子运单的升级，但在效率和安全方面仍有一些限制，主要体现在数据保障机制不完善、多方运输配合效率不高以及多种运输方式标准不统一等问题。

为了解决上述问题,腾讯云在腾讯云区块链服务平台(TBaaS)上推出了"一单到底"的多式联运单证区块链解决方案(见图8-3),以三大联运系统为重点,推进"一单制"便捷运输,制定以多式联运提单为牵引的规则规范,围绕标准化构建多式联运配套系统,并通过单证物权化手段降低贸易风险。

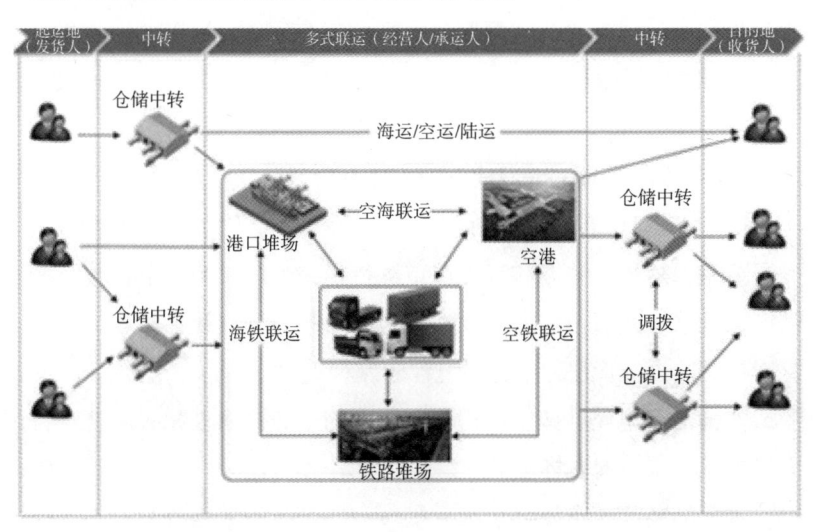

图 8-3　腾讯云多式联运单证区块链解决方案

作为一种分布式可信账本技术,区块链能为涉及多种交通运输方式的参与方提供可信、平等协作的平台,降低组织间数据共享、信用协作的风险和成本,打通各方之间的交易关系,通过运单业务流程实现端到端的信用传递。同时,多式联运单证的电子化、数字化、标准化,让数据流转更容易、流转过程更清晰。通过智能合约控制流程自动化执行,可减少人为交互,提升多方协作效率,通过植入结算规则,实现自动对账与计算,还能减少执行误差。该平台也支持单证数字资产化,便于后续相关金融业务的展开。因此，不难发现，区块链在交通运输方面有着不俗的应用潜力。

目前，可信智慧交通已经从初步探索慢慢进入实际研发和应用阶段，聚焦于提高营运效率、优化服务体验以及拓展商业模式等，城市交通基础设施和车载装备的智慧化水平有了大幅提升。将区块链引入智慧交通建设，不仅有利于城市居民的交通出行、货物的高效运输和交管部门的安全管控，也有利于以线带面地促进智慧城市改善生产和生活方式，进而综合提高城市在政务、城管、物流和旅游等领域的发展水平。

区块链 + 城市管理：助力城市可信中台

城市管理是指以城市中的人为核心，以财、物和信息等资源为发展要素，规划、协调和管控城市运行系统。广义的城市管理涵盖甚广，几乎涉及城市的方方面面，包括市政管理、社会治理、经济管理、公共设施管理和生态环境管理等。

社会治理也属于链上可信城市管理的范畴，而且和区块链有着天然的融合点，本书将在下一章进一步阐述。

本章涉及的城市管理是指采集城市所产生的数据资源，并进行全局分析、预测和管理。为了打造"城市中台"的核心，不同技术在这个过程中发挥着不同的作用。物联网等技术实现数据的采集，大数据和人工智能等技术解决数据的分析，区块链解决数据的增信、确权和流通，技术间的高效配合，实现数据的全流程管理，通过"云、管、端"一体化架构的传播，方便生态中的管理者、服务者和市民的日常工作与生活。

如今，不仅水、电、煤和燃气等能源支撑着整座城市的运转，数据也成为链上可信城市发展的关键燃料。能源和数据之间的高效对接，是发展链上可信城市管理的重要基础。在城市管理发展的过程中，区块链结合其他技术可发挥的空间更多地集中在加强数据安全、提高多方协同效率以及提升公众参与城市管理建设的积极性等问题上。链上可信城市管理的建设是一项系统性工程，区块链对其赋能也主要体现在基础设施的建设、数据资源的管理以及可信智慧应用的落地。这一点在区块链城市电网平台上得到充分体现。

区块链城市电网平台

能源对于每个城市来说都至关重要，关系着城市经济发展和人民生产生活的各个方面。信息化、数字化和智能化是城市电网平台发展的必然趋势，然而，能源平台在转型升级过程中，仍然面临新的风险和挑战。

目前，国内电网平台通常采用网省两级部署（见图8-4），即省级业务将数据生成后，先上传到网级主数据管理平台，再备份到数据中心。在少数情况下，省级系统之间需要共享部分数据，将数据上传到网级系统处理。这便带来了数据不同步、内网数据保护不够以及数据治理不完善等问题。数据同步的精确度、完整性和时效性不足，给高质量数据资产的形成带来挑战；加之系统的隐私保护不到位，难以保证数据不被业务相关方恶意篡改；同时存在隐私泄露的风险。

针对上述问题，区块链可以从关键数据保护、系统间多方可信协同、信用管理以及电力交易等维度切入，从而大幅提升城市电网平台的可信度、业务效率和管理水平，降低数据校验和能源交易成本。首先，在关键数据保护方面，网级和省级的数据容易在同步过程中出现不一致，而目前的电网系统安全性主要依赖内网的安全配置（如防火墙等），对关键数据的保护力度不够。故而，区块链可以通过分布式架构和加密技术等有效保证关键数据的一致性、可靠性和安全性，并且提高平台数据查询、授权数据修改和数据恢复等

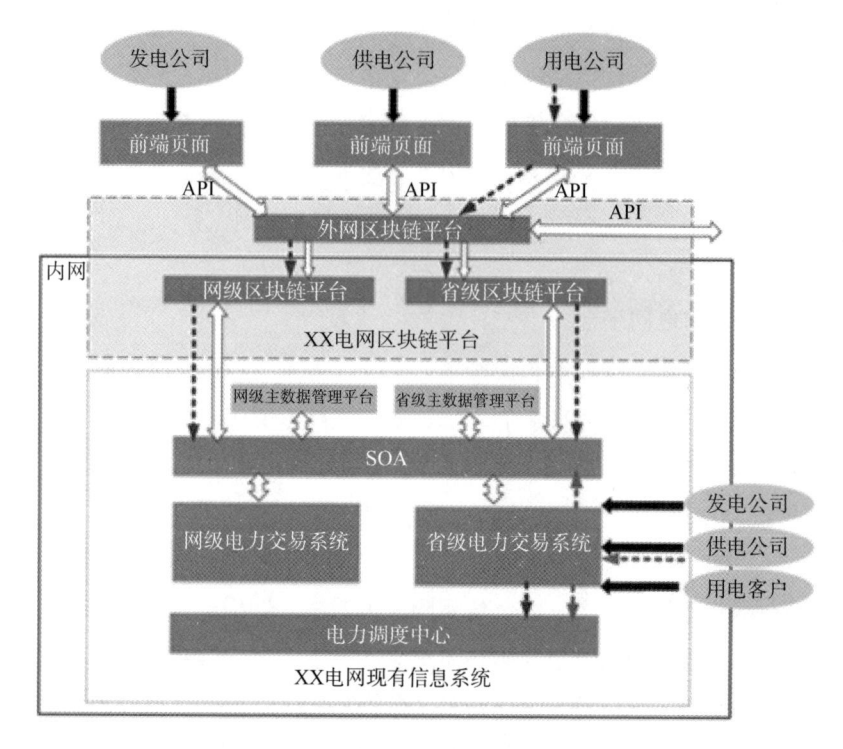

图 8-4　区块链城市电网交易平台

操作的效率。在系统间多方可信协同方面，由于很多业务数据不一致，电网平台下各部门间的协作容易出现问题，一旦业务数据被修改，将直接影响协同办公的效率和质量，而区块链可以依靠不可篡改和合约自动执行等技术特性，在保证数据一致可靠的基础上，提高多方协同效率。在信用管理方面，现有的信用管理系统中有超级管理员这一角色，信用数据存在被修改和丢失的风险，进而会影响信用评价的准确性和可信性。区块链的可靠数据存储机制可以保证信用管理中核心数据不被篡改、数据隐私防泄露、可审计，确保信用管理的准确性。不论是数据的采集，还是信用的评估和决策，都需要区块链保驾护航。

在电力交易方面，传统集中化的电力交易系统越来越难以实现在交易方众多、业务量大的情况下的可靠服务，加之网络攻击和数据泄露等事件的存在，严重威胁交易数据、交易合同和结算数据的完整性、准确性和一致性，而区块链的技术特性天然具备构建安全可靠的电力交易系统的优势，因为其分布式数据管理模式和冷热数据分别处理的思想，可以解决数据膨胀、并发量大及可扩展性问题，此外，区块链的可靠数据存储机制可以确保交易合同管理、结算、用户信息管理等电力交易过程中核心数据不被篡改、数据隐私防泄露和可审计等。

升级后的区块链城市电网交易平台，既可保留传统的电力业务形式，也能满足未来电力交易市场化后业务的新需求，所有关于电力交易的关键数据都将在网/省级区块链平台融合，实现安全可靠存储，支持数据审计等功能。基于该平台可以实现的功能包括成员注册管理、交易合同管理和交易结算等。比如，在用户需要进行交易结算时，首先调用身份管理服务验证结算者身份的合法性，然后通过数据查询服务查询相关交易作为交易结算的依据，为保证查询结果的准确性，需要调用数据校验服务检查数据的准确性及有效性，若有必要，还需要调用数据恢复服务对数据进行恢复。在收集完所有有效的交易数据之后对交易进行结算，得出相应的结果，并通过数据上链服务将计算结果及操作员的信息进行上链保存，最后返回相应的结算结果及凭据（见图8-5）。

在整个流程中，主要调用了区块链平台的身份管理、数据上链、数据查询和数据校验四大基本服务。其中，身份管理服务能够实现可靠的身份认证和用户权限管理；数据上链、查询及校验服务完成包括各个操作信息在内的关键数据在区块链平台上的留存、备份、查询及校验，能够保证交易结算的准确性，支持对交易结算的安全审计，保证交易结算的公正性。

产业区块链

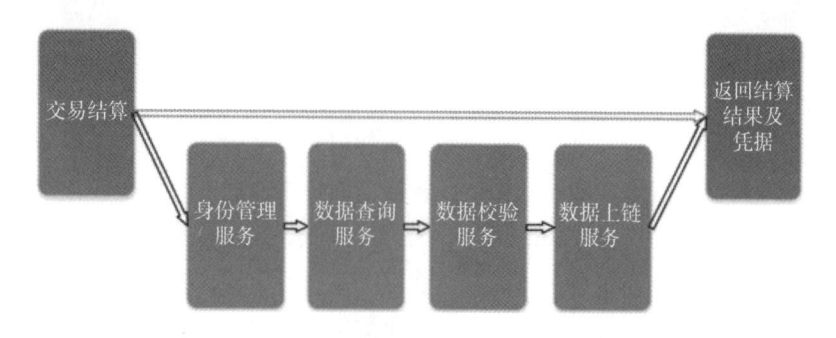

图 8-5　区块链城市电网交易平台的交易结算流程

对于平台的用户而言，全流程方便高效且安全可靠。对于平台方来说，每一个步骤涉及的数据信息一致，大大促进了系统内多部门间的可信协作，不仅保护了数据的安全，还带来了数据资产化的无限可能。但目前，区块链城市电网平台仍然处于概念验证阶段，还面临系统拓展性和能源上链效率等问题。

区块链公证摇号平台

如何科学、高效且公正地管理社会资源（如车牌、房源和车位等）是城市管理者常常面临的问题。解决这个问题的前提在于得到市民的信任，目前，这主要依赖国家公证机构的公信力。同样具有增信效力的公证机构和区块链，有着天然的结合潜力。公证处是由国家法律背书的信任机构，而区块链则建立了一套"技术背书"的信任机制。若公证与区块链结合，前者确保数据源头的可信，后者保证数据流转过程的可信，进而产生"1+1>2"的效果，在提高公信力的同时，也能提高整个城市乃至国家的管理效率。

在整个公证摇号平台上，主要有三个参与方，分别是公证机构、摇号主办方和摇号参与人。在过去，传统的公证平台存在三个核心痛点：第一，公证速度较慢、流程复杂且很多记录依靠手工录入完成，因此难以保障数据的高效同步和隐私保护，且公证效率较低，影响三方的参与体验。第二，公证成本较高，故而收费偏高。对于摇号主办方和摇号参与人而言，烦琐的公证流程和颇高的公证费用在一定程度上影响了其参与的积极性和体验。第三，公证的证据链存储方式不够稳妥，一旦统一存证的纸质材料或电子设备损坏，很多资料将难以恢复，因此存在安全隐患。

为了有效解决现有公证业务中存在的问题，杭州互联网公证处联合趣链科技共同推出区块链公证摇号平台（见图8-6），以趣链科技的区块链底层平台 Hyperchain 与 BaaS 平台飞洛为依托，结合统一身份认证系统提供的可信数字身份，确保公证摇号的高效安全和透明可信，实现技术和法律的双信任背书。同时，在保障公证业务公信力的前提下，帮助互联网公证处拓展商铺摇号、车位摇号和线上抽奖等业务场景，合作10余家中大型公司机构，覆盖两亿用户，公证效率提升了50%，公证成本降低至原来的1/3。

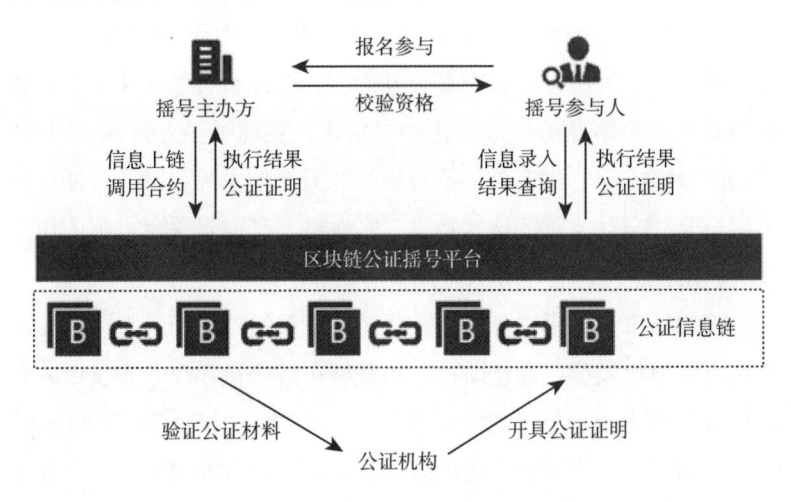

图 8-6　杭州互联网公证处区块链摇号平台

整个平台通过终端连接公证机构、摇号主办方和摇号参与人，利用可信数字身份认证、安全智能合约执行以及可信记录存证三个核心功能，实现"摇号人身份真实，摇号过程公开透明，摇号结果准确可信"三大摇号目标。第一，基于区块链搭建统一身份认证，为公证业务的相关方提供数字身份，用于线上身份信息的确认、识别与追溯，可有效降低人为因素的干扰和利用匿名系统暗箱操作的可能。第二，将公证中的一些既定规则的程序（例如公证摇号算法）写入智能合约，所有参与人可对程序进行审查。此外，不需要人为操作，只要满足合约条件，自动执行摇号，实现公开透明的自动化流程，杜绝"造假内定"。第三，所有公证信息将被真实完整地记录在区块链上，保障数据传输安全与不可篡改。每一个公证步骤产生的数据都公开透明，易于查询。

从公众角度来看，公证数据可信度的强化和公证流程的简化带来了公证效率的提升和公证费用的降低，大大优化了市民的摇号体验。相比传统的公示通知，市民可以根据权限自行查询与验证摇号结果，摇号项目的公证公信力也会大幅提升。对于公证机构而言，每一个公证步骤产生的数据都公开透明，公证员可以便捷地进行查询与对比。公证业务的电子化和可信化，实现了多方共赢。因此，借助区块链安全、可追溯、不可篡改的天然技术优势以及智能合约透明公开、自动执行的技术特点，区块链公证摇号平台可被应用于各大城市社会资源管理和大型抽奖活动等场景。

智慧城市是关乎国计民生的可持续发展策略，而链上可信城市是城市智慧化发展的高级阶段，也是城市高质量和高效率发展的必然选择。链上可信城市管理，本质上是一种新型的城市管理模式，通过高新技术实现城市数据的互联互通、管理者的决策高效以及多方之间的信任协作，关注社会全体参与城市管理的自主性和创新性，重视以人为本的管理创新，重塑多方协同、价值传递以及数据管理模式。

链上可信城市的发展路径思考

　　链上可信城市是智慧城市发展的方向，需要区块链等技术的高效配合，从社区、交通和城市管理等角度出发，为城市构建可信智慧网络，助力各行各业建立可信发展环境，增强城市公信力，提高城市发展效率，提升城市系统的安全和智能水平，实现跨部门、跨地域和跨层级间数据的可信互联互通，为市民提供可信、安全、舒适和幸福的生活环境。

　　当然，不同城市的基本情况不同，相应的发展战略也有所不同。链上可信城市的规划，通常需要从城市发展的需求和目标出发，自上而下进行设计规划，需要考虑城市当前的发展问题、已有的发展资源以及未来的受益对象。通过拆解、调研和分析，依据现在和未来可能获得的资源设计相应的发展路径。在规划实施的过程中需要自下而上落实，由点及面，逐步展开，并根据变化的环境和迭代的技术不断进行调整，最终实现链上可信城市的总体目标。

　　链上可信城市的发展离不开政府的规划、企业的响应和居民的支持。从建设的主体来看，大致可以分为三类发展模式。第一，以政府为主导建立底层基础平台，比如雄安新区、杭州和娄底等。政府能高效地统筹协调各方资源，加快项目落地进度，但也要求政府具备战略思维、全局眼光、统筹意识和强大的执行力。第二，可将智慧城市项目建设交由市场推动，以企业为主，且多方参与，而政府主要扮演协调角色，并适当将主导权下放，比如万向聚能城。但在这个关乎民生的项目中，政府如何在保护居民数据隐私的基础上合理地将数据共享给企业使用，也需要慎重考虑。第三，直接加入城市间区块链联盟，比如 BSN 网络，它是由国家信息中心进行顶层规划，中国移动和中国银联等 6 家单位设计和建设的跨公网、跨地域、跨机构的全国性区块链服务基础设施平台。这种方案有利于快速建立统一的全国性城市发展网络,城市间数据的共享和保护可以得到更好的平衡。①

现阶段,我国链上可信城市的建设核心有两条发展路径。一是优先搭建完善的信息基础设施,再推进城市应用的全面布局,比如上海、厦门和重庆等。先利用区块链、云计算、物联网和大数据等技术实现包括社区、交通和能源等信息基础设施的网络化、数字化、可信化和智能化,包括铺设5G基站、搭建区块链平台和部署物联网网络等。再进一步推进三网融合的建设,完成"云、管、端"的基础设施一体化发展。最后,基于可信互联互通的城市信息基础设施,全面、安全和高效地铺开上层跨地区、跨行业和跨部门覆盖城市各产业的应用。

二是先以社会服务与管理的应用为突破口,优先建设链上可信城市应用示范工程,再用示范工程代表的城市需求推动城市信息基础设施的建设,比如北京、武汉和宁波等。先在城市交通、物流供应、社区物业和政府事务等领域打造一批标杆示范项目,逐渐以点带面地展开整个城市的智慧建设,再一步步带动城市信息基础设施的更新。

这两条发展路径各有优劣,也需要结合城市自身的特点。基础设施先行的模式无疑能为链上可信城市建设的规模化奠定坚实的发展基础,逐渐迎来城市项目"百花齐放"的可信智慧时代。但这种模式前期耗时较长,需要有足够的耐心和信心,也存在难以兼容新兴技术的风险,适合现有信息基础设施薄弱的城市或者刚成立不久的城市,如雄安新区。应用先行的模式能在相对较短的时间内看到不错的研究和建设成果,也能及时调整发展策略和方向,但大多是

---

① 互链脉搏,《雄安、杭州政府自建区块链底层平台 自建、外包、加入三种模式谁是未来》,https://www.chainnews.com/articles/421800864891.htm。

示范性项目,不太容易规模化推广,也更适合本身信息基础设施较为扎实的城市,比如北京和武汉等。

因此,链上可信城市的建设需要鼓励因地制宜,通过局部试点不断探索更优质的智慧城市建设方案,整合技术研究应用标准,进而加快整体建设进程。

第九章　链透政务治理

区块链 + 社会治理

　　社会治理是智慧城市的一个重要环节。智慧城市里的城市管理与社会治理相比，从范围来看，社会治理不局限于城市的界限，具有更广的适用区域；从实质来看，城市管理是以政府为主体的综合管理的实施，社会治理需要多方共同参与，协调各方利益，确保社会能够长期有序、可持续地得到管理。两者内容有所重叠，但若想研究好社会治理，需要更加关注每一个具体的社会场景，分析解决多方参与者的痛点和动机，从而更好地服务于整体的管理。

　　区块链是一种理想的治理技术。社会治理强调过程和治理主体间的互动关系，从这个角度来看，区块链技术具有见证规则、加入互动的特点，并且是一种理想的记录信息的方式，甚至能够在记录之后进行验证。加之存储在区块链上的信息是分布式的，这就意味着要想破坏这些信息会很难，但访问信息很容易。

无论是发达国家，还是发展中国家，政府部门共同面临的一个问题都是政府和公众之间缺乏良性互动。面对组织机构的科层制度和相对落后的治理手段，政府部门可以利用区块链技术塑造一个更高效的行政系统，推动政府治理和公共模式创新。对于政府来说，区块链技术不仅仅意味着无纸化办公、效率成本优化，还意味着从数据管理流程的优化到治理思维的一系列转变。如果能恰当地利用区块链技术并将其用于解决隐私、安全、身份和信息联通等问题，将为社会治理带来以下提升。

- 文本电子化：区块链可以承载所有的政府法律档案，无论是所有权，还是知识产权都能被登记和追踪。
- 降低成本：降低数据收集的复杂性和成本。
- 数据管理：改善数据管理流程，方便不同部门之间的数据整合。
- 提高效率：简化多方参与交易的流程，减少中介部门。
- 提高安全性：防止单点被攻击造成的巨大损失。
- 可追踪：掌握资产流向，防止腐败。
- 提供证据：如果区块链的不可伪造性能得到法院认可，那提供证据将成为天然场景。
- 开放数据：提高政府的透明度，增加公众的信心；开放数据，赋权公民。

从目前来看，政府在推动区块链社会治理发展方面有着极重要的作用。多国政府对区块链都采取了明确的拥抱态度，陆续开展区块链政府建设的探索，于多个场景下尝试区块链在社会治理中的应用。以英国、美国、德国为首的西方传统大国纷纷对区块链在社会治理中的应用持积极态度。英国政府早在2016年初就发布了关于区块链的研究报告——《区块链：分布式账本技术》，第一次从国家层面对区块链技术的未来发展应用进行了全面分析，并给出了研究建议，特别指出区块链在政府公共事务中所起的重要作用。随后，英国政府又首创"监管沙盒"模式，保证区块链技术创新在政府可控范围内的发展。在美国，虽然各州对区块链的态度不同，但主流还是相当积极地探索其在社会治理各个方面的应用：科罗拉多州推出了两党法案，旨在促进区块链用于保存政府记录；西弗吉尼亚州将区块链应用于选民投票；伊利诺伊州鼓励开发政府可使用的区块链应用原型，希望利用分布式账本技术重新定义政府和公民之间的关系；特拉华州政府测试了在区块链上进行公司注册、股票跟踪和股东通信的可行性。德国在拥抱区块链上也不甘落后，2019年9月，德国能源部与财政部发布了国家区块链战略决策，重视区块链技术的产业应用，尤其注重其在数字身份、信用体系构建等政府公共治理事务上的应用，注重进一步改善经商环境。而韩国首尔、迪拜、瑞士楚格等一系列城市，通过被列为试点地区的形式，大胆开展区块链落地应用试验，检验区块链技术在政府事务方面的用处。迪拜早在2016年就宣布5年后实现"首个基于区块链技术的政府"，建立一个新的无纸化数字层，充分提高政府运营效率。首尔市市长2018年宣布，在5年内，花费约一亿美元的政府预算总额，将区块链技术应用于涵盖5个领域的14项社会治理服务，现已落地的项目包括电子资格证明、鼓励市民参与政务和税收的积分系统等。孕育了以太坊、被誉为"加密谷"的瑞士楚格市不仅是加密货币的天堂，也是社会治理应用的最佳试验地。早在2016年，楚格就宣布允许市民使用虚拟货币支付政府服务，成为全世界首例。随后，楚格推出基于以太坊的应用程序"uPort"。区块链技术的应用使当地居民身份信息实现了数字化。楚格还推出基于区块链的投票试点计划，探索"区块链+社会治理"的无限可能性。

视线转回我国，近年来走出泡沫的区块链逐渐得到政府的信任，越来越多的地区将区块链技术赋能于社会治理领域。作为"中国区块链创新城市四强"之一，杭州拥有6个正式投入运营的区块链产业园，在数量上与广州共同居于各城市之首，在区块链技术的研究和应用上走在全国城市的前列。特别是在社会治理应用落地方面，其屡创国内首例：在司法领域，杭州互联网法院在侵权案件中直接采信区块链存证的电子证据，成为全国首例；在公共管理方面，全国首个区块链公证摇号系统于2019年5月在杭州正式上线，现已累计服务超两亿人次。借助粤港澳大湾区的优势，东南双雄广州和深圳在政务区块链建设方面表现亮眼。"仲裁链""税链""政策公信链"等一系列助力社会治理的联盟链落地羊城，推动场景潜能释放，为全国地区的"区块链+社会治理"模式积累实战经验。随着对区块链在税务领域应用的研究逐步深入，深圳成为区块链电子发票的全面试点城市，在金融保险、零售商超、停车服务、物业服务和交通出行等多行业得到广泛应用，实现全场景落地覆盖。截至2019年11月，深圳税务局开出了超过1000万张基于区块链的发票。海南作为新晋改革开放试验区，其"大胆试、大胆闯、自主改"的改革精神激发了人们对区块链的热情，以"链六条"为代表的宽松政策和高达10亿元的产业基金巨额补贴吸引一大批区块链企业"上岛"。区块链技术在政务方面的应用也随之丰富，被运用到住房公积金证明系统、消费积分系统等领域，推动社会信用体系日益完善。近期，海南还与迪拜携手，共同发布"链上海南，链上迪拜"战略合作，助力迪拜实现2020年政务50%上链的区块链战略的同时，打造"链上海南"全球共享链上生态的首个国际实践。与多数城市的区块链改造不同，雄安新区从城市建设之初便将区块链视为重要的基础设施，自上而下地建立起相对完善、有体系的区块链布局，政府事务的各个环节都有区块链技术介入，更被媒体称为"种树都要用到区块链"。自2017年底以来，雄安新区围绕政务领域共推出9项区块链应用，主要的区块链应用类型是监管追溯，以雄安新区区块链资金管理平台为代表,雄安新区政府依托这一平台实现了多个建设项目在融资、资金管控、工资发放上的透明管理,助力阳光政府建设。

显然,各地政府正争先恐后地探索区块链在社会治理方面的应用。但是,快速入局并不意味着盲目进入,在形形色色的社会服务中,应该从哪些领域切入、怎么切入成为政府深刻考虑的问题。本章选取信用体系、司法、税务和营商环境4个备受瞩目的社会治理领域,结合中国市场的现状,探讨区块链在社会治理方面的无限潜力。

区块链+信用体系:数据共享,助力社会信用体系建立

中共中央总书记习近平在中共中央政治局就区块链技术发展现状和趋势进行第十八次集体学习时强调,要探索利用区块链数据共享模式,实现政务数据跨部门、跨区域共同维护和利用,促进业务协同办理,深化"最多跑一次"改革,为人民群众带来更好的政务服务体验。[①]可见,数据共享是实现政务上链的重要前提之一,以此为基础建立起的公民数字身份系统大大促进了社会信用体系的建立和完善。

各部门协同建立身份认证

在当今社会中,若想顺利地开通银行账户、找工作、出行等种种社会活动,我们必须证明自己的身份。这个身份往往还伴随着个人的一连串有关信誉、资产的历史记录,以此来回答"我是谁""我做了什么""我拥有什么"这些关键问题。维护个人、组织的身份数据和关键信息是政府的重要职责之一,不只是公安部门所签发的身

[①] 新华网,《习近平在中央政治局第十八次集体学习时强调 把区块链作为核心技术自主创新重要突破口 加快推动区块链技术和产业创新发展》,http://www.xinhuanet.com/politics/leaders/2019-10/25/c_1125153665.htm。

份证信息，户口本、名下房产、工作情况、征信记录等都是用户身份的组成部分，涉及包括房管、社保、教育、公安、房产、计生、民政等至少15个政府部门。现在用户在政务系统、商业机构办理业务时，总是要提供很多资料。由于每个公民的信息被记录在不同部门的不同系统中，即使大多数部门实现了信息化，其分散式的数据储存管理方式也存在很多问题，这在实际生活中给人们带来了不少麻烦。如何证明"我是我""我妈是我妈"这种看似天经地义的事在一些情况下则变得十分复杂。

造成这个现象的原因主要是信息不对称，各个部门只掌握着自己手上的那部分信息，而无法获得全部信息。老百姓到不同部门办事需要重复获得信息授权，这会对公共资源和时间造成巨大浪费。其实这一问题存在已久，在前一轮政府改革中，各地纷纷响应中央号召，建立了不少身份数据政务平台，但利用率不如预期高，并不能真正实现便民利民的效果。其原因可归结为现有的数据管理系统仍存在三个"不通"：一是上下不通，底层的数据太过杂乱，难以整合到系统里；二是区域不通，各地区只是建立了自己独立的数据系统，要跨地区办理事务难度并未减小；三是条线不通，由于缺乏相关的制度，且责任划分不清，政府各部门之间对数据的归属权和安全性仍存在一定争议。这三个"不通"导致了即使建立起数据平台，也难以将现有数据有机整合起来。如何在政府各部门、各层级之间建立信任，在保留各自数据治理权和确保数据安全的情况下实现合作和数据共享，区块链技术给了我们一些思路。

与现有数据平台不同，基于区块链建立的平台首先统一了接入数据的标准，可延展性强，助力解决上下不通和区域不通的问题。最重要的是，针对条线不通的问题，基于联盟链的平台并不要求每个部门都将自己的数据全部公开，而更像是一个联盟，每个节点有自己的职责和权限，当一个部门提出对某人进行身份审核时，其他部门只需反映这个人的数据结果。这样一来,个人身份信息从单一所有者拥有的信息转变为在整个记录周期中可以共享,并在加密保护的分布式平台上安全运行。区块链数字身份虽然带有去中心化的特性,但这并不意味着完全替代原有的中心化机构,而是可以促进各行各业中心化机构之间达成共识,同时还可以解决用户隐私的保密性问题,有助于达成公民之间、公民与政府之间良好的合作秩序,极大地节省各方的时间和成本,推动政府治理和公共模式创新。

切实保护个人信息安全

乘着互联网发展的快车,在人们的生活变得越来越便利的同时,个人信息泄露问题也在不停敲响警钟。不管是点个外卖,还是收取快递,很多拿到信息的第三方企业并不能做到对数据的有效保护,个人信息极有可能就在这些生活小事里被泄露出去。中国互联网络信息中心的报告显示,信息泄露问题已成为中国网民在网络安全方面遭遇的最严重的问题。如果信息落进了不怀好意的人手里,轻则电话骚扰、违规营销,重则被冒用身份、诈骗钱财。特别是当自己的身份证等重要证件丢失时,保护信息更是难上加难,一旦身份被他人盗用,又要开始证明"那个我不是我"这样的问题,让人头疼无比。当传统手段跟不上新兴变化时,如何才能保护好自己的身份信息,成为让每个现代人苦恼的问题。

一些人寄望于政府通过监督采集信息的企业来消除这个隐患,但是天下企业鱼龙混杂,数据价值带来的灰色交易又难以控制,这一想法实在落地不易。因此,在数字社会中,人们对一套电子化、可实时验证、确保安全的身份系统的需求越来越迫切。基于区块链的数字身份,可以从源头上对用户身份信息进行加密,并在身份验证、数据流转中起到"信息可用不可见"的效果,从而直接跨过第三方企业,对个人信息做到有效可靠的保护。

Weldentity：安全高效的身份验证助力澳门智慧城市建设

作为首批在国家网信办备案的区块链项目之一，微众银行 Weldentity 通过自己的尝试在身份验证这一领域积累了一定的实践经验。Weldentity 是一套分布式多中心的实体身份标识及可信数据交换解决方案，不仅使分布式多中心的身份注册、标识和管理成为可能，机构也可以通过用户授权合法合规地完成可信数据的交换。在 Weldentity 上，第一，每个实体（人或物）在区块链上生成符合国际规范（DID——去中心化身份）的全球唯一 ID，证明了"我"的唯一性；第二，将物理世界中的纸质证明文件电子化，并利用区块链不可篡改的特性，将原始数据的散列上链，并附上权威机构的签名，确保数据不被伪造；第三，通过用户授权，相关机构可以合法合规地完成可信数据的交换。

这一方案已在澳门正式落地，成为澳门建设智慧城市的重要举措之一。2016 年，澳门特别行政区政府发布《澳门特别行政区五年发展规划（2016—2020 年）》，明确提出"加快智慧城市建设，推动产业与互联网融合"的要求。一方面，特区政府希望通过建设政府专有云计算中心及应用大数据等项目，打通政府部门间数据及提供跨部门应用。另一方面，特区政府也希望把智慧城市工作延伸到非政府机构，倡导公私合作的模式，让所有相关者能够共享城市智慧化转型所带来的多重机遇，推动企业创新及转型。同时，澳门《个人资料保护法》被誉为"亚太地区最严格的个人资料保护法"，对个人信息处理、互联、转移等都建立了明确的法律机制。如何在严格的法律框架下完成安全高效的跨机构身份认证和数据合作，提升澳门居民的服务体验？Weldentity 给出了答案。

凭借区块链的去中心化、公开透明、不可篡改、不可抵赖等特质，Weldentity 打通澳门多机构间的信息壁垒，实现安全高效的跨机构身份标识和数据合作，帮助澳门居民对文凭、学历证书等进行电子化数码管理。通过项目方案，澳门居民可通过 App 管理自己的证书（学历证明、培训证书等）；证书发行方（高校、培训机构等）将电子证书的凭证加密后上传到区块链上，保证证书的真实性；证书验证方（招聘场景中的用人单位等）可通过操作平台快速获取并在区块链上验证证书的真实性和有效性。

未来，项目将进一步探讨跨粤港澳地区的可行性，面对在大湾区生活工作的人群提供个人证明服务，个人只需持有证照的电子文本和数码指纹比对，即可辨别真伪，免除个人资料通过政府交换的烦琐流程。

未来展望

对于政府来说，区块链数字身份将是全新的底层基础设施，有助于打通机构内部以及机构之间的信息壁垒，实现互通共享、实时同步，减少协同中的摩擦，完成从数据管理流程的优化到治理思维的一系列转变，推动社会信用体系的建设。如今的金融信用体系已基本形成，各银行之间通过对个人、组织过往数据的共享已实现信用记录的全覆盖，能够做到如果一个人在这家银行由于逾期还款等行为留下不良信用记录，那么这个人就算换家银行也会受到贷款的限制。我们的社会同样需要这么一个信用系统，对拥有良好记录的公民开放更多的服务，对存在失信行为的公民采取一定的限制，从而建设更为和谐的社会。

区块链+司法：事实为王，破解数据信任难题

电子数据为何难以得到信任

2019 年 3 月，第十三届全国人民代表大会第二次会议在人民大会堂举行第三次全体会议，最高人民法院院长周强在做最高人民

法院工作报告时明确表示要"推进司法改革与现代科技深度融合"。在数字化浪潮席卷各行各业的背景下,科技对于司法的影响也在不断加大,将先进科技进一步融入司法领域已是势在必行。

随着互联网对人们生活的不断渗透,电子证据在世界各国的司法活动中的作用日益凸显,我国也十分重视这一重要趋势。2012年,在对民诉法和刑诉法进行修改后,电子证据被法律正式确定为独立的证据类型。当前,电子证据的具体表现形式日益多样化,例如,电子邮件、网上电子交易信息、微信和QQ等社交媒体的网上聊天记录、合同的电子签约等,更有大量的知识产权纠纷在网上发生,由电子数据构成的电子证据已逐步成为主流证据类型之一。据一项针对2018年的两万多件民事案件的分析研究,有73%的案件涉及电子数据或者电子证据。[①]在这短短的几年里,电子证据的比例竟然已经占到所有证据的七成以上,而随着互联网进一步改变人们的生活方式,这个比例在接下来的几年里还会更高。

然而,电子证据在实践中的作用却与其巨大的数量并不成正比。在一些律政剧里,我们时不时会看到这样的一幕,在关键的法庭判决里,当主角陷入困境时,一份关键的录像或语音证据会成为绝地反击的重要武器,再配上一段慷慨陈词,法官当庭宣判正义获得胜利。其实,现实司法情况比电视剧复杂得多。真实情况是,这种电子证据由于本身涉嫌偷拍等不合法行为,最终被判定为无效证据的可能性很大,或是证据本身的真实性有待检验,需要经过权威机构鉴定才能被当作证据。电子证据在实际案件审判中的要求是非常严格的。比如,对电子数据的完整取证手段包含扣押封存原始存储介质、现场提取电子数据、网络在线提取电子数据、冻结电子数

---

① 可信区块链推进计划,《区块链司法存证应用白皮书(1.0版)》,http://www.caict.ac.cn/kxyj/qwfb/bps/201906/P020190614499397999292.pdf。

据、调取电子数据、书式固定、拍照摄像、拷贝复制、委托分析等至少9个步骤。并且，上述取证手段应当由公证机构进行，而进行公证是一个非常耗时耗力的环节，当事人往往为了证实一份电子证据疲于奔命，带来了较大的负担。此外，由于电子证据容易被篡改。当事人在公证机构进行公证时，侵权方可能已经修改了相关内容。最终在庭审举证时，原、被告双方证据出入较大。如果原告不能证实被告修改了证据，则最后可能败诉。

总而言之，在传统的司法实践中，由于电子证据的真实性的判定方法成本高、效率低、采信困难，直接影响电子证据在诉讼中的采信比例。一项统计分析显示，在对2012年到现在所有出现电子证据或电子数据关键词的文书进行检索后发现，只有7.2%的电子证据被司法明确认定。[①] 这一对比悬殊的数据，凸显出当前电子证据的尴尬处境，如何打通从电子数据到电子证据的渠道，建立数据信任成为当下司法机关重点关注的问题。

区块链如何解题

面对这一问题，相比于成本高、效率低、真实性难以保证的传统存证，运用区块链技术的电子存证以其特性完美契合了司法对电子证据的要求。在司法中运用电子数据的4个环节存在各自的问题，而这些问题正是极低采信率的导火索（见表9-1）。因为区块链技术全流程节点上链，因此可以防止人为篡改，有效固证，并且可追根溯源，接受随时校验；通过共识机制，链上的各个公信力机构达成共识，并且直通法院，大大节约了验证证据所用的时间，提升了数据的法律效力和司法裁判效率。

---

① 刘品新，《印证与概率：电子证据的客观化采信》，环球法律评论，2017年。

表 9-1 区块链对电子数据现有问题的价值

	现阶段存在的问题	区块链的价值
存证环节	中心化的存证方式，一旦中心遭受攻击，容易造成存证数据丢失或被篡改，存储成本较高	在证据生成时就可将关键信息固定下来，通过区块链特性保证其原始性、完整性 规范数据存证格式，保证数据存储安全，保证数据流转可追溯
取证环节	证据原件与设备不可分 原件可以被单方面修改	基于区块链的电子数据存证系统里的数据都经由参与节点达成共识，并且独立存储、互为备份，符合要求的数据均可通过技术手段认定为原件
示证环节	部分电子数据的内容无法通过纸质方式展示和固定，如电子签名和时间信息 对电子数据原件进行截图、录像、纸质打印的过程给了当事人篡改数据的空间	可以采用智能合约自动取证示证和区块链浏览器证证的方法，采用自动化、标准化的流程进行电子证据示证 可以通过将区块链存证、司法鉴定和公证电子证据出函流程打通，由多方参与示证
举证环节	在双方提交的证据有出入的情况下，证据的真实性认定非常困难	因为优化了取证和示证环节，也消除了举证环节的争议问题

这样看来，具有高效率、低成本核心优势的区块链存证在司法领域的价值非常大。杭州互联网法院的数据显示，由于司法区块链平台事实认定更加清晰、简单，知识产权纠纷类案件的调解撤诉率超过 90%。

然而，法律习惯于对社会新技术的发展做出相对滞后的回应，但在区块链这个领域，法律界是否会做出一些前瞻性的布局呢？在理论界、产业界还在对区块链的用处存在巨大争议的时候，司法机关已经向这个方向发出积极信号。

2018 年 9 月 7 日，最高人民法院公布《最高人民法院关于互联网法院审理案件若干问题的规定》，对运用区块链等技术搜集证据的法律效力予以确认。这是我国首次以司法解释的形式对区块链技术电子存证进行法律确认。

同年 9 月 9 日，北京互联网法院挂牌成立，受理的第一起信息网络传播权纠纷案便采用区块链技术取证。

10 天后，杭州互联网法院宣布司法区块链正式上线运行，并成为全国首家应用区块链技术定分止争的法院。

2019 年 6 月，中国信息通信研究院与上海市高级人民法院牵头，最高人民法院信息中心进行指导的《区块链司法存证应用白皮书（1.0 版）》正式发布。白皮书中提到，吉林、山东、北京、杭州等 7 地的法院都已上线了自己的区块链电子证据平台。

同年 8 月，最高人民法院积极探索搭建人民法院区块链统一平台。

不难看出，目前"区块链 + 司法"应用已覆盖从高院到地方中院、互联网法院乃至仲裁委的整个司法系统，司法界对这项新技术的热情不言而喻。

"区块链 + 司法"的落地路径思考

从前面来看，司法界对区块链的态度是相对积极的。我国人民法院对新科技革命采取了积极包容的态度，信息化建设走在世界前列。裁判文书网、执行信息公开网、诉讼服务网的点击量不断攀升，随着杭州、北京、广州互联网法院的成立，互联网诉讼规则初见成效。那是不是可以说，离司法区块链技术的春天不远了呢？

嗅觉敏锐的区块链行业前沿企业已经意识到司法区块链应用的光明前景，国家互联网信息办公室发布的境内区块链信息服务备案清单显示，在第一批 197 个区块链信息服务备案中，法律科技备案项目所占的比例超过 16%，超过金融科技成为排名第一的行业，在司法这个大环境中有着丰富的应用场景。

第一，区块链可被应用于司法纠纷的定分止争。区块链可以解决电子证据固定难、采信难等问题基本得到了各方的认可，在解决知识产权、民商事等领域的问题方面将大有可为。随着区块链系统证据认可度的提升，处理诉讼纠纷的效率会大大提升，有效保障民事合法权益。

第二，区块链可被司法机关用于记录刑事案件。目前，我国法院裁判文书公开制度已经解决法院卷宗即时更新问题，然而，在多方参与的案件里，司法机关、公安机关、检察机关、人民法院等在案件侦查、起诉和审理过程中还是使用各自的平台，彼此之间缺乏互联共通共享机制，无法实现部门之间信息的查看。通过构建司法机关联盟链，减少各种交接程序，以区块链形式记录的档案可以进行完整验证，为诉讼、执法等提供有力的技术支持。

第三，区块链可被应用于行政执法监督。与执法部门共建联盟链，实现链上自动监督，推动执法主体身份、工作等信息在相应区块链节点共享，实现执法人员和执法对象的身份互信。全面公开执法行为、执法依据等信息，将群众举报、执法对象举证、管理部门等信息上链，推动形成全民参与的执法监督格局。

第四，区块链还可被应用于对特殊人群的服务管理。对监狱罪犯、戒毒人员、社矫人员等特殊人群，用区块链技术实时记录管理对象的行为，强化内外协同管理教育。推动与政法机关等部门建立区块链联盟，共享身份信息、行动轨迹、日常生活等数据，为监管、矫正、帮扶特殊人群提供精准支持，特别是对罪犯计分考核、行政奖励、刑罚变更等信息进行存证，以此构建执法追溯系统，促进严格执法、规范执法。

随着司法的完善和科技的发展，区块链技术还会在更多的司法领域呈现广阔的应用前景。

未来展望

总的来说，区块链可以满足司法对公正和效率的需求。从整个行业来看，区块链在司法领域的引入会极大地提升效率并降低成本，让确权变得更简单，让维权变得更容易。就像修路一样，区块链技术把司法这条道路修得更宽。一段时间内，在这条路上跑的车确实更多了，但我们关注的不是跑的车是否多了，而是道路是否堵塞。像堵车一样，案子的数量也会有一个波峰。一开始，可能利用区域链技术打这种官司的成本不高，因而得到人们的关注并被认可，于是相关官司的数量将直线上升。但当这些案子被高效处理之后，人们会明确认识法律的预期，潜在违法者会受到震慑，违法事件会减少，从而打造更加和谐健康的社会。

区块链 + 税务：大道至简，提升各方报销效率

在我国"以票控税"的环境下，票据成为企业和个人买卖行为的重要凭证。尽管如此，在很多情况下，买卖行为并不能取得合规的发票，市场上虚开发票、购买发票冲抵成本的现象并不少见，税务机关在管理和稽查这类行为时需要费不少工夫。

利剑出鞘：速解传统电子发票难题

2015年，国家税务总局发布的《"互联网+税务"行动计划》(以下简称"行动计划")明确提出，"探索推进发票无纸化试点，降低发票使用和管理成本，逐步实现纸质发票到电子发票的变革"。[①] 行

---

① 国家税务总局，《关于印发〈"互联网+税务"行动计划〉的通知》，http://www.chinatax.gov.cn/n810341/n810755/c1843071/content.html。

动计划为电子发票奠定了良好的法律基础，实现发票电子化已是大势所趋。2019年8月，税务总局和财政部发布通知，要求在2019年底前建成全国统一的电子发票公共服务平台，提供免费的增值税电子普通发票开具服务，加快研究推进增值税专用发票电子化工作。[①]

与纸质票据相比，尽管电子票据已经有了长足发展，在便利度上得到了一定提升，但其基本性质并未发生变化，存在的核心问题并未得到解决。随着互联网环境变得越来越复杂，对于C端用户而言，普通电子票据被存储于电子邮箱、手机短信以及各种App，还是无法全面、高效地进行管理，并且还存在大部分公司报销需要将电子发票打印出来的"伪电子化"问题。对B端来说，报销企业需要购买税控盘，一些IT能力不足的企业还需购买税控服务，税务费用较高，且在核查发票真伪的过程中，存在一票多报、虚报虚抵、真假难验等难题。对于开票企业来说，它们需要频繁地去税务局领有限制额度的发票，这一过程费时费力。对于税务局来说，现有税务体系也存在种种问题。由于企业与税务部门的信息不对称，税务局难以掌控多方流转的发票，监管成本居高不下。总的来说，如何建立多方信任，如何实现流转全记录，是发票领域的核心难题。

区块链的特质与发票的逻辑吻合，为现有电子发票提供了可优化方案。区块链电子发票有别于传统电子发票与简单的电子发票上链，将"资金流、发票流"合二为一，将发票开具与线上支付相结合，打通了发票全流程。具体来看，如图9-1所示，区块链电子发票业务涉及税务机关、开票企业、纳税人和报销企业4个主体，流

[①] 国务院办公厅，《国务院办公厅关于促进平台经济规范健康发展的指导意见》，http://www.gov.cn/zhengce/content/2019-08/08/content_5419761.htm。

程包括领票、开票、流转、和验收入账 4 个步骤。首先，税务机关在税务链上写入开票规则，将开票限制性条件上链，实时核准开票，实现全流程管控。其次，开票企业在链上申领发票，并写入交易订单信息和链上身份标识。再次，完成消费后的纳税人在链上认领发票，并更新链上纳税人身份标识。最后，收票企业验收链上发票，锁定发票状态，审核入账并更新链上发票状态，支付报销款。区块链电子发票将连接每一个发票干系人，可以追溯发票的来源、流转等信息，有效规避假发票，让发票信息全场景流通成为现实，让涉费信息更加安全。

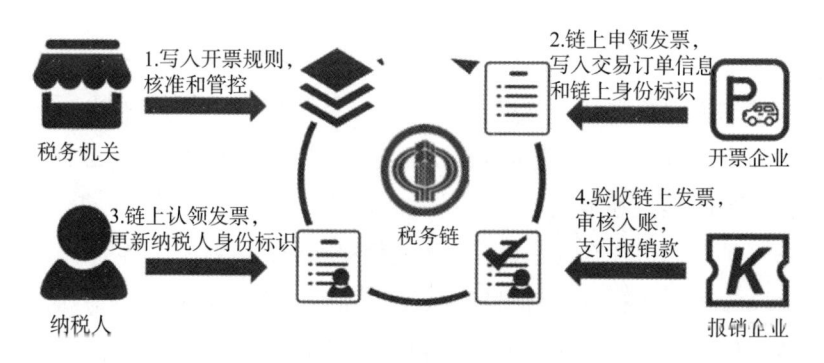

图 9-1 区块链电子发票业务流程

区块链为电子发票领域带来了许多改变。第一，解决了信息孤岛问题。通过将发票流转信息上链，解决了发票流转过程中的信息孤岛问题，实现了发票状态全流程可查可追溯。第二，真正实现了无纸化报销。因为发票全流程的信息都在链上，报销时只要链上更新发票状态即可，无须再打印为纸制的文件存档。第三，解决了一票多报、虚抵虚报的问题。利用区块链技术，可以确保发票的唯一性和信息记录的不可篡改性。第四，由于发票全流程的信息都在链上，可帮助税务局等监管方实现实时性全流程监管。

可以说，区块链技术是为税务管理打造的一把利器，区块链与电子发票的结合，为突破凭证电子化的瓶颈提供了新的路径，为社会信用体系的建立和完善所做的贡献难以估量。

深圳样本：全场景应用先行者

为全面贯彻落实《中共中央国务院关于支持深圳建设中国特色社会主义先行示范区的意见》，推进"数字政府"转型，深圳市税务局早在两年前就通过"制度+技术"革新，打造发票全流程电子化的区块链发票体系，助力"数字政府"转型，推进税收治理现代化建设。从2018年起，深圳在这一领域动作频频，集中力量深入推行区块链电子发票。

- 2018年5月24日，深圳市税务局和腾讯公司共同成立"智税创新实验室"，并宣布将推出全国首个基于区块链的电子发票解决方案。
- 2018年7月2日，国家税务总局对深圳市税务局递交的区块链电子发票试点申请做出批复，同意深圳市税务局从未纳入增值税税控开票的部分纳税主体入手，开展基于区块链技术的电子发票应用试点工作。
- 2018年8月10日，在国家税务总局的指导下，在国家税务总局和深圳市领导以及新华社等多家媒体的见证下，国贸旋转餐厅开出了全国首张区块链电子发票，标志着全国首张区块链电子发票在深圳落地，宣告深圳成为全国区块链电子发票试点城市，也意味着纳税服务正式开启区块链时代。

区块链电子发票试点稳步向前，逐步扩大试点行业和企业范围，在金融保险、零售商超、酒店餐饮、停车服务、互联网服务、物业服务和交通出行等行业得到广泛应用，先后接入招商银行、沃尔玛、百果园、深圳北站、微信支付商户平台、微众银行、万科物业和深圳地铁等企业及场景。区块链电子发票上线以来，试点企业和消费者反应良好，成功带动了社会公众对新型开票方式的认知和接受。据深圳市税务局的数据，截至2019年11月1日，深圳市税务局开出了超过1000万张基于区块链的发票，价税合计超过70亿元，共有来自110个行业的7000余家注册企业参与其中，其中3800家为开票企业，日均开票量达到4.5万张。

普通消费者：从点滴贴近你我的生活

随着"交易即开票，开票即报销"区块链电子发票时代的到来，深圳市民的衣食住行都在悄然发生改变。1000万张发票背后，是生活点滴的变化，下面的4个故事以最普通的一线服务人员的视角讲述了区块链电子发票如何全面进入每个深圳人的生活。

80后"的哥"：我不懂区块链，但我会"安利"乘客

陈师傅自称老陈，是一位驾龄超过10年的80后"的哥"。每次乘客结束行程索要发票，伴随着机打发票"嗒嗒嗒"的声音，还有一些让老陈烦恼的事。

"师傅，发票可以打快点儿吗？我赶时间，上班要迟到了。"

"喂，这里不能停车，快开走！"

其实，不仅乘客着急，老陈自己也糟心，有时还会被办公楼下的保安驱赶，心里总有点不是滋味。在深圳，"时间就是金钱，效率就是生命"。每次到达目的地前，老陈都会主动向乘客介绍：扫码支付后，在微信出租车助手小程序里就能开发票，下车后也可以操作，省时省事。

如今，深圳全市已有两万多辆出租车上线区块链电子发票功能。老陈说自己不太懂什么是区块链，但会向更多乘客"安利"区块链电子发票："您随时随地都可以开发票，保存在手机里，还不

容易丢,是吧?"

90后物业保安:业主对我更好,工作起来更舒心

2019年4月,万科物业接入区块链电子发票。负责对出入停车场的车辆进行登记和收费的保安小刘,第一个感受到了变化。之前小刘需要核对每辆车的交费信息,然后为车主准备相应金额的发票。有时遇上忘带月卡的车主,很容易造成出口堵塞。赶着上班的业主们心急火燎,常常能听到此起彼伏的车喇叭"交响曲"。

自从区块链电子发票上线后,停车场岗亭窗口都贴上了付款二维码,车主只需拿出手机扫码交费,就能轻松出场,之后还能在微信上查看交费记录并开发票。现在,停车场出口很少出现排队现象,小刘甚至感觉业主们对他更好了。

30年酒楼服务人员:好的服务,就是为顾客节省时间

"虽然是几十年的老店,但我们也很乐意接受新技术。"在"食为先"工作了30年,周爱文仍活跃在酒店第一线。自称处女座的她,严控每一个服务细节,希望让顾客更满意,例如开发票这件事。像这样的传统老店,有不少熟客会光顾。周爱文注意到,许多顾客在开发票时需要专门打电话询问公司的税号信息,开好发票后还要反复核对确认。一前一后,时间就被耽误了。

2019年"食为先"接入区块链电子发票,顾客结账后,扫一下二维码就能随时随地开具发票,再也不用在收银台排队等候了。周爱文没想到陌生遥远的区块链技术,原来离自己这么近。对顾客是小小一步开票的便捷,但对商家却意义重大——收银效率和翻台率也随之提高。

"以前我们总是担心开发票这一步会让顾客等太久。现在,在

他们临走时我都会提醒,'记得扫码开区块链电子发票啊'。"

地铁值班站长:一年报销的钱可以买几支口红

"我刚从深圳北站过来,能帮我开张发票吗?"

"还得去客服中心?怎么走?"

区块链电子发票上线前,深圳地铁竹子林站的值班站长袁婷几乎每天都能接到这样的询问。为了赶时间、减少麻烦,部分乘客会放弃开发票。

"每天坐地铁的话,积少成多,一年下来也够买几支口红了,不报销又觉得很亏。"袁婷也很理解乘客的矛盾心理。

"乘车码"接入区块链电子发票功能之后,乘客再也不用穿过茫茫人海去寻找服务窗口了。只需使用"乘车码"小程序搭乘地铁,出站后微信便会自动推送开发票入口,随时都能在线上开发票。

"乘客不必再为了开发票在地铁站跑来跑去,也缓解了高峰期地铁站的压力。"袁婷说,"我真切感受到,区块链技术提高了每个人的生活质量。"

就这样,看似高大上的区块链悄悄渗入每个深圳人生活的方方面面,带来了更为贴心的服务和体验。

企业纳税人:成本和效率一个也不能少

在区块链发票落地后,企业纳税者切实体验到了区块链电子发票带来的便捷与高效。

首先,区块链电子发票降低了企业的运营成本。传统开票方式中,企业需要购买税控盘,一些IT能力不足的企业还需购买税控服务,并且开票企业需要频繁地去税务局领有限制额度的发票,时间、费用成本居高不下。在区块链加入税务系统后,通过智能合约技术,企业开票无须采购税控专用设备,无须管理人员,且无须定期清理税控设备存储,财务人员可以减少跑税务机关的次数,让开发票管理流程得到极大优化。

其次,区块链电子发票提高了企业的办公效率。报销是企业财务管理的重要环节,财务人员可以基于区块链电子发票,一键完成发票的验真、验重工作,在线上快速完成报销的审核工作。

对于中小微企业来说,区块链电子发票的应用更是利好消息。区块链电子发票为企业提供了个性化的开票服务,大型企业可自主接入税务局区块链电子发票接口系统进行开票,中小企业则可通过微信商户平台开通微信回执开票功能,无须进行抄税报税流程,也不需再为购票往返税务局,使用手机或连接互联网的计算机即可开票。除此之外,真实可信的电子发票记录还成为一项重要的数字资产。负责宝安体育中心停车场管理运营的盛世基业公司董事长郭京莉说,宝安体育中心的多个停车场每个月大约需要10万张发票,财务人员要人工清点、分发、记账,工作量巨大,还容易出错。现在,工作量大大减少,降低了人力成本。她说:"更重要的是,区块链电子发票让我们的经营数据整合上链,成为数字资产。当我们洽谈运营合作时,电子发票记录就是经营实力的证明。"

税务局:税务乱象终结者

对于监管方而言,发票是税务机关控制税源、征收税款的重要依据。长期以来,税务机关为了防控发票风险,建立了严密且烦琐的发票管理体系,但还是由于企业与税务部门的信息不对称问题,难以掌控多方流转的全局。在区块链技术应用于发票场景后,实现了发票的开具、流转、报销和申报的全流程上链,确保发票全周期在链上可查、可验和可追溯,解决了发票流转过程中一票多报、虚报虚抵、真假难验等难题。最重要的是,税务局可以完全掌握发票的全生命周期。一张发票从开票企业开出,个人消费者就拥有了此发票的归属地址;在报销时,此发票从个人地址转到企业地址,这笔资产转入报税企业的资产；然后，报税企业财务系统由于和税务局已实现联通，不再需要通过打印来存档，只要把这一发票地址归还给税务局，就完成了这一完整闭环。

在促进税收一侧，通过"一键开具发票＋节点数据同步"功能，降低消费者开具发票的门槛，真实记录企业的销售情况，避免其通过拒开发票来逃税。在控制成本一侧，则通过区块链的时间戳等功能，为电子发票增添"报销状态"指标，避免一票多开，避免企业在销项税与进项税上偷税、漏税。这样一来，发票管理流程得到简化，做到在降低税务机关发票管理成本的同时，大大增强税务机关获取涉税信息的能力。

在新技术创新应用上，深圳显示了其先行示范区的优势与魄力，为全国的"区块链+税务"提供了宝贵的经验。

除了发票，区块链还为税务带来了什么

深圳在将区块链融入税务系统时，不仅在发票领域，在各部门协作共同打击税务犯罪上也取得了突出成效。

2019年11月21日，深圳市税务局、深圳市公安局、深圳海关、中国人民银行深圳市中心支行联合上线"深圳四部门信息情报交换平台"，运用区块链技术，构建四部门互联互通的信息情报交换高速网络，助力提升部门联合办案的打击能力和效率。

此次应用区块链技术开发四部门信息情报交换平台，是"智慧税务"实验室孵化的新成果，将成为"区块链+部门协作"领域的样板工程，成为四部门在新形势、新要求下打虚打骗的重要依托和支撑，也将为实现区块链技术与经济社会融合发展探索新路子，积累新经验。

"深圳四部门信息情报交换平台"聚焦完善工作保障、信息共享、联合办案、线索移交等协作机制，明确了"共同部署组织、共同研判侦办、共同考核保障"的打虚打骗协作模式，瞄准虚开骗税新形势新动向，将打击合力最大化。此前，税务与公安联合开发了"警税通"平台，税务与海关、税务与人民银行之间也建立了常态化的票面比对、银行账户、资金流等信息数据查询机制。

该平台运用区块链技术建立了查询的数据列表，信息情报数据在链上交互，实现自动查询、自动比对、自动处理，形成共识机制，厘清数据产权，确保数据安全可信，推进部门间数据的共同维护和利用，联合开展监控分析和预警应对，增强监管的实时性、精准性，将有力提升四部门联合打击涉税违法犯罪的能力和水平。[①]

未来展望

税务体系的完善对社会信用体系的建立也会起到推动作用。在区块链技术全面推广之后，纳税人所有的交易都在网上进行，区块链保存着不可篡改的交易信息，从根本上消除纳税人做假账的空间，交易的真实性无法隐瞒，该缴多少税一清二楚地摆在眼前。如果纳税人没有做到按时缴税，信用记录上的污点会马上传递给每一个交易客户，真正做到让失信者寸步难行。

区块链＋营商环境：提升服务效率，带动经济活力

营商环境是指市场主体在准入、生产经营、退出等过程中涉及的政务环境、市场环境、法治环境、人文环境等有关外部因素和条件的总和。在世界银行最新发布的《2020年营商环境报告》里，纵观全球190个国家和地区，中国的营商环境总排名继2018年提升了32位后，2019年又跃升15位，升至全球第31位。此报告称，由于在推进改革方面的努力，中国连续两年跻身全球营商环境提升幅

---

① 新华网，《深圳：四部门运用区块链技术搭建信息情报交换平台》，http://www.xinhuanet.com/2019-11/21/c_1125259984.htm。

度最大的十大经济体。[1] 营商环境评价显著提升固然可喜可贺，但与排名更靠前的发达国家的差距仍然是摆在我们面前的问题。

针对持续提升营商环境的目标，2019年10月22日，国务院公布《优化营商环境条例》，并宣布于2020年1月1日开始执行，这是我国首次专门针对营商环境制定行政法规。该条例通过总则、市场主体保护、市场环境、政务服务、监督执法、法治保障6个部分阐述政府未来如何进一步改善营商环境。[2] 作为重要的新技术驱动力，区块链在其中扮演着不可或缺的角色。

市场环境：市场准入门槛降低，电子证照助力精简审批

对于一家即将成立的企业来说，市场准入门槛是面临的第一个问题。在过去，管理严格、手续烦琐的企业申请成立过程使得多少踌躇满志的创业者在与政府机关打交道方面疲于奔命。近年来，我国进一步放宽市场准入，降低准入门槛，越来越多地开放了原本严格管辖的领域，从而使得经营范围有了突破。为了进一步激发市场活力，鼓励市场经济体积极参与，政府在精简审批手续方面也下了不少功夫。

其中，电子证照对于行政流程优化起到了重要作用。《优化营商环境条例》明确指出：国家建立电子证照共享服务系统，实现电子证照跨地区、跨部门共享和全国范围内互信互认，各地区、各部门应当加强电子证照的推广应用。基于区块链的电子证照平台克服了原有证照平台各政府部门数据系统难以打通的核心问题，借助区

---

[1] World Bank, "Doing Business2020", http://documents.worldbank.org/curated/en/688761571934946384/pdf/Doing-Business-2020-Comparing-Business-Regulation-in-190-Economies.pdf.

[2] 国务院，《优化营商环境条例》，http://www.gov.cn/zhengce/content/2019-10/23/content_5443963.htm，2019年。

块链的多中心化同步记账、身份认证、数据加密和数据不可篡改等特征，确保电子证照信息可信任且可追溯，增强电子证照的安全性与可信度，提高办事效率，真正做到精简审批。

近日，深圳市统一政务服务App"i深圳"正式上线区块链电子证照应用平台。此平台将市电子证照平台与区块链技术相结合，拓展了电子证照的应用场景，推进了政务服务的便利化。目前，此平台已实现居民身份证、居民户口簿等24类常用电子证照上链。支持在线用证、线下用证、授权他人用证等形式，线下办事授权用证支持无犯罪记录证明、生育登记等100余项高频政务服务事项。

今后市民和企业在办事时，可以通过直接授权、扫码授权等形式，授权他人在特定时间、特定场合、特定业务调取电子证照，系统即可实现对办事中的电子证照进行自动化调用录入，并通过区块链的可追溯性使得电子证照使用的每一步记录都被留存，确保一切操作都有迹可循。区块链电子证照的运用，实现信息"一处登记，处处使用"，大大减少了企业携带纸质证明办事的不便，更避免忘带实体证件多跑腿的尴尬，同时也能最大限度地保护企业的安全隐私。

下一步，"i深圳"还将启动系统架构升级调整，打造区块链政务应用开放平台，面向"i深圳"各进驻单位，提供统一的数据接入、数据管理、数据应用、数据授权等全链路服务平台，使用者可根据统一标准规范自主接入、开发、测试并发布区块链证照、服务及应用。通过区块链政务应用开放平台，"i深圳"将汇聚各单位的办事数据、服务数据和社会公众数据，为市民和企业提供更加完善和全面的服务，推动深圳数字政府建设和营商环境建设更上一层楼。①

---

① 深圳市发展和改革委员会，《24类常用电子证照上链"i深圳"App区块链电子证照应用平台上线》，http://fgw.sz.gov.cn/zwgk/qt/gzdt/201912/t20191213_18932298.htm。

政务服务：政务流程公开透明，达成基于信任的经商环境

不管是发达国家，还是发展中国家，政府部门共同面临一个问题，即政府和公众之间缺乏良性互动。公众不知道政府的决策背后有什么流程，政府也很难得到每一个民众、每一个企业真实的想法。基于此，政务公开机制成为搭建政府与公众之间沟通的关键桥梁。

根据政务公开的相关要求，目前在许多政务信息化建设中已为企业和市民提供了便利的政务公示查询环境，但从技术上仍存在内部管理权限泄露或被擅自使用，从而对数据记录进行违规更改的问题。对公示过的信息进行更改，对公示过的政策不予执行或未予公示擅自执行，这些行为都会留下隐患。除了公示信息安全，招标项目的透明度也是企业关心的重点问题。在政府项目的招标中，常常存在"近亲者得"的现象，一个项目由谁实施在很大程度上取决于投标企业与政府关系的好坏。企业投标之后只能被动等待结果，如果投标失败，很多时候都不知道自己为何落选。这些问题的存在，影响了政府的公信力，不利于基于信任的良好经商环境的形成。

通过实现政府服务工作的流程数据与区块链网络的实时同步，能够对政务工作流程形成有效的规范与监督。一方面，区块链技术通过多方数据散列同步的形式，能够留下不可篡改且发生时间明确的政务数据记录。基于此记录，内部审查人员能够清楚地进行穿透式监管。另一方面，企业也可通过参与区块链网络的可信节点对数据记录的真实性进行验证，从而使得政务公开真正走向阳光、透明、可信。政府部门通过区块链的应用也可将职能公信力与技术公信力叠加，从而更好地实现阳光型、服务型政府定位。

监督执法：从事后追责变为实时预防，提升内部监管能力

党的十八大以来，反腐倡廉成为政治生活的主旋律之一。在中央强有力的号召下，建立一个有完善监督体系的政府是增强政府公信力的基础。现在的监督行为大多数采取事后追责的形式，在出事之后才对责任人进行处罚。这虽然能对相关人员起到一定的威慑作用，但后果已经酿成，其损失无法避免。由于区块链技术具有对数据实时监测和共享的特点，若将其引入政府监督体系，可以帮助政府将监督重点从事后追责转为实时预防，提升政府内部的监管能力，真正做到"防患于未然"。

在政府主持的建设项目中，资金监管是防范腐败的重中之重。资金要落到实处，就是政府的资金要专款专用，资金的来龙去脉要理清楚。雄安新区在建设过程中十分注重资金监管，引入区块链技术建立了基于区块链的资金管理平台，这一平台在工程项目资金管理中发挥了重要作用。在传统工程中，如果资金管理混乱，会导致违约转包、责权不明等情况。如果资金被非法挪用，则会导致工期延误、工程质量不达标、工人被欠薪等问题，为社会安全埋下巨大隐患。这些都是区块链资金管理平台要解决的重点问题。

据雄安集团相关负责人介绍，在项目启动前，该工程资金管理平台结合了建筑信息模型和城市信息模型，为建筑产业链上的各法人主体（开发商、施工方、监理方、运营方）和个人提供数字化身份，为上链做好前期准备。待工程启动后，该项目的各个主体在进行每一步资金流转时，均需持私钥对资金流通进行签名确认并链上广播。因此，工程款项到了哪个环节、经过了谁的手、什么时候发放、具体数字等详细信息都在链上一目了然，且安全储存，无法篡改，让贪污腐败没了生存空间，真正做到实时预防。自2019年8月投入运行以来，该平台已接入多项工程，管理企业1000多家，管理资金约20亿元，累计为4万人次建设者发放了超两亿元资金。

总的来说，区块链技术可以在市场准入、政务管理和实时监督方面帮助政府进一步打造良好的营商环境，从而吸引更多的资金进入市场，带动市场经济的活力。

实施挑战

有效的治理和监管是"区块链＋社会治理"成功实施的关键。目前，国家法律对区块链自治世界的规范还是一个真空地带，监管不明确可能会限制区块链的应用，使其停留于概念。随着区块链在更大范围应用，政府和公共管理部门需要考虑以下4个挑战。

第一，相关法律法规体系不完善，需要更加关注对未知风险的预防。区块链技术会给那些过去受到高度监管的行业带来巨大改变。基于区块链技术的系统肯定需要具有区块链技术背景的第三方进行搭建，法律对于系统搭建者的法律地位和责任界定是否足够清晰，在系统运行过程中出现难以解决的纠纷问题时相关的法律责任如何区分，这些问题都是在平台搭建初期就应该充分考虑的。政府需要在前期参与区块链政策和规则制定，做好区块链自治规则和现行法律框架之间的双向对接，采取引入监管控制节点的形式，无论是技术上的代码，还是法律上的规则，都要确保其精确性，确保相关机密数据信息的安全，避免无法预知的风险。

第二，政务项目涉及面广，权责利难协调。要想让"区块链＋社会治理"真正运行起来，打通各个协同部门是必不可少的环节。以数据共享为例，现阶段，区块链在技术层面基本已经可以实现，但由于政府机构的体制机制，现阶段如果要求各部门将自己的数据完全开放并进行协同治理，各部门面临权限、责任、利益划分不清的问题，相关合作需要花费很大的时间、精力进行疏通才能够落地。例如，在政务链与广州市南沙区政府合作的项目中，从立项到落地持续了9个月左右，其中前三个月都在进行调研。该项目关联南沙区 19 个政务部门,涵盖 2000 多个事务项,需要花费很大的精力通过调研将事务项梳理清楚,确定哪些环节需要用区块链,以及如何适配相关方案。①从整体看,区块链技术的加入在政务降本增效上作用突出,但落到各个单位,责任主体绕不开这些实际的执行者。数据共享带来的风险一旦与收益不对等,愿意身先士卒的负责人就会变少。

第三,政府部门可能面临组织架构、人员职责的转变。当引入区块链技术后,一些属于原有程序的岗位可能消失,一些新的职责会出现。例如,在司法领域,电子存证的普及会代替一部分原始核查证据的工作。相应地,为了保证上链数据的真实性,需要权威机构在线下进行认证,基于其认证结果,将该信息进行上链,这样新的职责则需要新的人员来负责。这种职责转变需要政府机关提前规划,做好衔接,为区块链技术的真正落地打好基础。

第四,相关评价标准不明晰,区块链项目质量难以评判。尽管现在有不少应用案例落地,但相对于深入平常点点滴滴生活的政务而言,仍是小规模的尝试。并且,由于区块链技术多体现为底层操作系统,个人用户难以真切感知。在这些声称"区块链+"的政务项目中,真正落地的有多少,落地效果如何,是否真正解决了问题,都难以考证。从政府层面来看,我们必须警惕依靠区块链概念搞政绩的行为。在我国将发展区块链技术上升至国家战略高度后,各级政府对于区块链的热情高涨,其中不免有部分官员将其视为缓解政绩压力的救命稻草。除此之外,应用区块链也要考虑成本与收益,政府部门应当确保新系统能为纳税人带来效益,而不是系统参与者的利润再分配。总之,区块链的运用需要有效解决实际问题,

---

① 锌链接,《政务上链,还是政绩上链?》,https://mp.weixin.qq.com/s/MMmzdIMCcXb9IhlbRBs7IA。

不要让政务上链变成"政绩上链"。

虽然区块链在社会治理方面的运用面临种种挑战，但监管机构本身也能从区块链技术中获益，区块链能够帮助监管机构将技术手段纳入监管体系，彰显法律规则，提高运作效率。监管将从政府的单向行为变为嵌入行业、产品的模块。一旦区块链成熟且开始全面应用，整个市场对监管的需求会大幅下降，用于监管的成本会迅速降低，信息和数据的公开会更彻底。社会治理不是一套条例规章，也不是一次行动，而应该是一个长期的过程。在未来社会治理向智能化、精细化、法制化方向转型的过程中，区块链将发挥越来越重要的推动作用。

第十章　链牵民生服务

除了由政府主导的区块链政务和智慧城市的项目之外，区块链技术也被广泛应用于辅助基础设施建设或提供生活服务支持。过去20年，网络惠民，一直在路上：在线教育蓬勃兴起，远程医疗跨越时空，网上订票省事省心。从互联网到区块链，民生服务领域的诸多痛点又有了新的解决思路。理论上，所有需要信任、价值、协作的民生服务都可以用区块链提供完善的方案。比如，在医疗领域，过去行业的一大痛点就是无法全面准确掌握投保人的真实健康状况。如果能够建立一个广泛的区块链，实现各保险公司和医院在保障数据隐私性和安全性的基础上进行数据共享，无疑将极大地促进医疗保险行业的发展。在教育领域，区块链被用来保护学术版权和防止学历造假等。区块链可以自动执行提前确定的合约，提高多方协作流程的运转效率，因此也被用于自动化保险理赔，简化学历认证流程和食品安全追溯等。区块链还能将资产通证化，激励生态体系中不同的参与角色，变革资产分配和生产关系，在教育领域被用来发行学习积分以激励学习社区的活跃度。区块链的精神是共享，是普惠，用于民生服务的升级是民心所向。目前，区块链在我国民生领域的应用越来越广，融合大数据、云计算、物联网和人工智能等技术触达教育、医疗、食品安全和公益等领域，逐步成为产业升级的主力军。

区块链+教育：从学到用，护航千万学子远大前程

早在 2016 年，工信部颁布的《中国区块链技术和应用发展白皮书》就指出"区块链系统的透明化、数据不可篡改等特征，完全适用于学生征信管理、升学就业、学术、资质证明、产学合作等方面，对教育就业的健康发展具有重要的价值"。那么，区块链到底如何能融于教育，改善教育现存的问题，并最终变革教育呢？我们从以下几个方面可以略窥一二。

记录"学有所证"：建立个体学信数据，真正达成产学结合

学习的最终目的是服务社会，然而，在年轻人从校园走向社会的道路上存在三道难以逾越的鸿沟。其一，候选人的学历是否真实？其二，就算认证了学历的真实性，该认证真的能代表候选人的知识水平吗？其三，候选人的知识是企业真正需要的吗？

学历认证更简单

早在文学经典《围城》中，钱钟书先生便描绘了主人公方鸿渐在海外留学，一事无成，花钱买了一张"克莱登大学"的学历，归国后竟能够以此假学历招摇撞骗。今天，这一问题仍然未得到很好的解决，假证、假学历在人才市场泛滥，其造假成本极低，几百元就能定制一张大学毕业证书，对企业识人用人造成了严重困扰。

面对这一问题，国际一流名校携手区块链技术为我们带来了全新的思路。2017 年，麻省理工学院率先做出尝试，试点的 111 名毕

业生成为第一批可以选择通过手机里的应用程序接收其区块链文凭的学子。[①] 学生在下载一个叫 Blockcerts Wallet 的应用程序后，系统会自动生成公钥-私钥对，并将公钥发送到麻省理工学院，由学校创建数字记录。接下来，将单向哈希（可用于以后验证的数字字符串）添加到区块链。文凭信息本身并没有进入区块链，只是带有时间戳的交易表明麻省理工学院创建了数字记录。最后，麻省理工学院通过电子邮件将其上刻有学生公钥的数字文凭发送给学生。由于学生手机上的应用程序具有其唯一的私钥，学生可以证明该文凭的所有权。

使用这一新型的数字文凭系统，雇主和学校等第三方无须联系注册服务商办公室就可以通过使用链接或上载学位信息的文件来轻松验证文凭是否合法。麻省理工学院的注册主任兼高级副院长玛丽·卡拉汉说，麻省理工学院的数字文凭使学生"拥有自己的记录，并能够以安全的方式与他们想分享的任何人共享记录"。

无独有偶，在英国，伦敦大学学院也已宣布其区块链技术中心开展了一项试点计划，通过与初创公司 Gradbase 合作，利用区块链技术开发的学历认证平台，在伦敦大学学院研读金融风险管理课程的学生可以通过平台注册自己的详细学位信息并得到验证。可以看出，世界名校都朝着这方面做出努力探索。

另外，一些国家也针对这一问题从上而下地开始行动。肯尼亚政府在饱受学历造假对社会经济带来的负面影响后，联合 IBM 公司建立了一个基于区块链技术的学历证书网络发布与管理平台，让所有学校、培训机构等都可以在区块链网络上发布学历证书，实现学历证书的透明生产、传递和查验，从而打击文凭造假等非

[①] MIT, Digital Diploma debuts at MIT, http://news.mit.edu/2017/mit-debuts-secure-digital-diploma-using-bitcoin-blockchain-technology-1017.

法行为。

学习轨迹更清晰

通过区块链技术，学历的真实性得到了验证，那么手中的证书是否能代表真实的知识水平呢？再者，一批手握相同学位证书的学子，如何才能看出谁能脱颖而出呢？在区块链技术下，不仅是最终的"结果"——证书可以上链，得到结果的"过程"同样也可以上链。

如果把人们在不同学习阶段取得的成果比喻成一枚枚徽章，那使用区块链技术就能实现"开放徽章"。"开放徽章"是用来呈现个人通过完成特定的项目、课程或者实践活动而获得的技能、兴趣和成就的一种"数字徽章"。区块链的防篡改系统是"开放徽章"最佳的存储空间。最终，见证我们学习成就的不只是那一张学历证书，还可以是一条长长的"徽章走廊"。

早在 2016 年，未来教育研究所（IFTF）和美国高考基金会（ACT）就提出了"学习即赚钱"的未来教育构思[1]，其中心思想源于 EduBlocks 概念，类似于当前用来记录和评估学生学习的"学分"。在现在数字化教育方式越来越深入推进的趋势下，用线上方式记录学习轨迹变得更加容易。除了跟踪学术学习活动外，这一系统还可以测量和记录非正式学习，比如参与相关培训、比赛、社会实践、课题研究、课外实习等，一连串的 EduBlocks 形成一个分布式账本，让学生在任何时间、任何地点发生的学习事件都能被一一记录。在毕业时，每个学生都会得到属于自己的个人电子信息数据库，其中包含"赚取"的各种技能，即学生在学习期间获得的所有 EduBlocks，它们将被纳入学生在求职面试时所用的简历，也将成为招聘单位选拔人才的重要参考依据。

---

[1] IFTF, LEARNING IS EARNING in the national learning economy, http://www.iftf.org/learningisearning/.

在政府的规划下,中国也朝着这一领域迈出了走向实践的第一步。2018年末,京津冀大数据教育区块链试验区在河北省廊坊市宣布成立,这标志着全国首家大数据教育区块链试验区及全国第一个大数据教育区块链研究中心正式成立。[①]

"在信息技术高速发展的今天,京津冀三地集合大数据资源、超级计算资源、教育智能化资源,使区块链技术能够在教育领域落地应用,这是中国教育现代化进程中的一件大事。"在启动仪式上,教育部原副部长、中国国际教育交流协会会长刘利民在书面致辞中评价道。

在京津冀大数据综合试验区框架体系内,在廊坊市政府、市教育局牵头下,北京市通州区教委、天津市武清区教育局、河北省廊坊市教育局联合中国语言智能研究中心、国家超级计算天津中心、润泽大数据公司、天闻数媒科技有限公司共同启动京津冀大数据教育区块链试验区建设工作。此外,三地教育部门同时联合首都师范大学、北华航天工业学院、廊坊师范学院共同启动京津冀大数据区块链研究中心创建工作,实现理论与实践研究同时落地。

"如何让所有的校长、老师和学生都参与京津冀教育协同发展是我们一直关注和思考的议题。"试验区成立后,三地教育部门将搭建一个大数据平台,采集并记录学生的学习成长轨迹数据,通过区块链的分布式、不可篡改和留痕功能,建立学生的个人学习成长档案,为建立诚信教育和诚信社会留下最基础的数据。

在廊坊市教育数据监测平台上,打开某校某学生的个人信息,一张高三成绩明细表详细地列出该生语文、数学、英语、物理、化学、生物等各学科每次周测的成绩。依据成绩统计,一个结论被自

[①] 解丽达,霍相博,《当教育遇上"区块链"——全国首个"区块链+大数据+教育"项目、廊坊市教育数据监测平台探访》,河北日报。

动分析得出：该生的优势科目是语文、数学、英语，劣势科目是地理、化学。"我们充分利用区块链技术的留痕和不可篡改特征，从基础教育阶段，为每一个孩子建立成长档案，等孩子完成基础教育阶段的全部课程，就可利用教育统计系统对孩子的成长过程形成客观综合评价，进行精准画像。"许红伟说。这些评价不仅包括学业水平，还涵盖德育水平、健康状况、特长、诚信状况、心理发育等。在未来，这一记录学生全流程的电子档案由于其长时间累积和全方位证明，将会比参加一次中考或高考得到的成绩更有意义。

产学结合更顺畅

有了清晰的历史学习轨迹和真实的证书，怎么能找到与自己的经历最对口的职位呢？

为了解决校园与企业之间供需不匹配的问题，欧洲 BitDegree 平台做出了尝试。[1] 2017 年 12 月，首个基于区块链的 IT 职业培训在线平台 BitDegree 完成通证发行。这个由区块链技术驱动的在线教育智能激励平台，主要目的是让学生获得劳动力市场当前所需的技能。

BitDegree 平台采用智能激励合约的方式对接学生和 IT 企业，从而匹配 IT 企业的需求与毕业生的劳动供给。在这个生态中，为了获得通证，学生将会按照企业的需求来学习 IT 企业所要求的具体课程，而 BitDegree 平台将为学生提供配套的在线课程，驱动学生学习 IT 项目，同时检验其学习成果并维持整个系统的正常运行。BitDegree 的开发者将其视为改变全球教育和 IT 企业招聘的激励式解决方案。到 2019 年 5 月，BitDegree 的注册学员数已达 50 万。

这样一来，学子能够明确知道当今市场需要什么样的人才、应该朝哪些方向努力，而企业也能更清晰地了解自己所需要的人才在哪里，大大提升识人用人的效率，做到产学真正结合。

---

[1] BitDegree, The BitDegree Story, https://www.bitdegree.org/about-us.

保护"学有所得":尊重学术版权,维护创作者权益

2019年初,翟某学术不端事件一石激起千层浪。以高学历自居的翟某,竟不知中国学术期刊著名网站"知网"为何物,其博士、硕士期间的论文均涉嫌抄袭,这一行为不仅伤害了广大寒窗苦读的学子,更是伤害了呕心沥血完成作品的原作者。近来一段时间,学术圈频频出现的"暴雷"现象更是让人寒心。踏实做研究的学者得不到应有的权益,侵犯别人版权的抄袭者却逍遥法外。学术版权问题在中国学术界乃至世界学术界都是极为重要且需要规范的问题,而区块链技术的融入为这些难题提供了解决方案。

区块链让学术维权更容易

如今,学术出版的数字化使得学术作品能够更快地触及更多的读者,这本是一件知识普及的好事,却难逃更易被盗用的下场。虽然近年来相关检测学术不端的工具也取得了一定的发展,但还是难以杜绝学术版权被频繁侵犯的现象。并且,就算相关出版机构在筛选时发现了学术不端行为,大多也只是私下撤稿,对相关人员的学术声誉影响很小。

在版权保护方面,虽然我国不断取得进步,但要想真正实现对个体版权的有效保护仍存在不小的难度。从版权登记成本来看,版权登记在提交所有证明材料的前提下,最短需要30个工作日,并且以单件最低100元为成本,才能完成版权登记。对于大规模出产的学术作品来说,这一耗费时间、金钱成本的流程的实操性很低。若不采取版权登记,只靠版权自动获取的政策,后续追责难度又会有很大提升。一旦牵扯版权法律纠纷,传统司法实践中证据验真会带来繁复的手续,维权成本会进一步提升。

区块链技术则可以做到对版权流转的全流程溯源。在引入区块链后,可以利用其可信时间戳对发表作品进行存证,能够对学术作品生成独一无二且不可篡改的存在性证明。在查看作品前,用户首先需要获得作者的授权,产生事前限制的功效。再者,哈希算法为版权流转带来更可靠的保障。利用哈希算法,即使版权经过多次流转,新的授权信息所产生的区块会包含明显不同的哈希字符串,并链接到对应的主链上。根据这一特性,哪些节点查看过作品都会清晰地呈现在作者面前。这样一来,对全流程做到真实可追溯,这种"事前限制+侵权快速查看"的方式更好地弥补了现行数字版权管理(DRM)"事后监测,涉嫌侵犯用户隐私"的缺陷。另外,学术版权区块链通过连接司法机关,让司法机关成为学术版权区块链节点,能够为链上存证提供强大的公信力,为后续维权打下坚实可信的基础。这样一来,学者维权的时间和金钱成本会大大降低,维权意识进一步提升,进而减少乃至杜绝学术不端行为。

除了杜绝学术不端行为,专家评议也是学术发表的一大环节,对稿件质量把控起着至关重要的作用。然而,这一制度也存在问题:一是审稿人数量的局限可能带来审稿主观性因素太强、与真实科研需求脱节、能力不足等问题;二是其评议结果的非公开性会加大审稿人不负责任、滥用权力的可能性;三是现阶段审稿过程较为冗长,不符合瞬息万变的社会发展,延缓了学术进程。

针对这一现象,利用区块链建立审稿奖惩机制成为可能的出路。编辑通过对审稿节点的专业背景与审稿过程进行核实判断,对那些专业能力不足、不负责任的审稿节点实施惩罚,反之则奖励声望值,从而减少扰乱审稿秩序的情况出现的可能。为了消除节点顾虑,学术出版商可通过姓名加密的方式实现匿名审稿,配合平台的激励机制与监督功能,在保障学术公平的前提下,有效缩短审稿周期。

区块链让学术激励更有效

致力于学术研究的学者大都需要阅读大量的学术期刊才能写出好的作品,但由于绝大多数学术期刊都是需要付费的,而且近年来其价格一直在大幅增长，这给学者带来不小的经济压力。不少业内人士认为，由于大多数科学研究离不开政府的资助，付费学刊让科学成为一个需要纳税人与科学家双重付费的产品。造成这种局面的原因，是学术出版公司的垄断。

  研究显示，如今几乎所有学术领域都至少有一半的研究成果出版于全球前 5 大出版集团，而一些领域，比如心理学，甚至有 71%的论文发表于 5 大出版集团的学刊。与一切垄断一样，巨大的市场份额给这几大出版集团带来了惊人的利润。五大出版集团之一的爱思维尔的市值已涨到 350 亿美元，其科学出版业务的净利润率更是高达 39%。相比之下，脸书与谷歌等科技巨头的净利润率仅有 20%左右，苹果公司也只有 30% 出头。[①] 与此同时，相对于利润极高的出版集团而言，真正发表作品的学术研究者收到的酬劳却是杯水车薪，甚至难以收回前期在学术期刊上的投入。在当前国际学术版权垄断的背景下，广大学者对于寻求更为民主化的学术版权价值交换方式的呼声日渐高涨，带有去中心化性质的区块链进入人们的视野，成为变革这一领域的希望。

  现有出版集团的价值主要体现在两方面：一是对于优质作品的挑选，二是起到价值交换中介平台作用。

  对于第一点，基于区块链的学术版权交易平台可以更好地衡量学术作品的价值，决定作品价值的不再是出版，而是真实的市场影响力。一般来说，下载量和引用量被看作衡量作品影响力的重要指标。现在，虽然知网、万方等大型数字出版平台会统计作品的下载量和引用量，但这些统计往往不够全面，而且由于平台的不同，数据只能反映整体下载的一部分。区块链由于其全网分布式账本的特

---

① DeepTech 深科技，《惊人净利润率超苹果！全球学术出版五巨头已成垄断之势，著名"学术侵权机构"如何反击？》，https://mp.weixin.qq.com/s/CMgxH1PzgKlioETX-QsFNQ。

点,上链的学术作品每次被下载、引用都会被公开广播并记录,并且不可篡改。这样一来,更能真实反映学术作品的影响力,激励创作者提高作品的质量,获得学术声誉。

对于第二点,基于智能合约的学术平台能够起到替代中介的作用,使价值更多地流向真正的学术贡献者。基于区块链的学术平台通过合理运用智能合约,直接连接创作者和消费者,面对读者的需求,创作者可以实现学术版权直接授权,省去中间环节。用点击量、下载量等维度为整体授权的交易模式做出补充,探索新型版权赢利方式,用市场衡量价值,灵活增加版权收入。这样一来,被平台赚取的渠道利润被释放,流向消费者和创作者,在保障创作者利益的同时降低消费者的研究门槛,进一步形成良性的学术激励。

鼓励"学有所长":巧用积分机制,升级学习社区

在日常的学习工作中,我们总会求助全球知识网络,小到基于在线课程的学习交流平台——同时上这门课程的学员可以通过分享笔记、互动讨论等方式交流心得,大到专业性强的各类学习论坛,如以 Github 为首的编程类论坛、经管之家等经济类论坛。这类论坛会集了专业能力极强的专家,他们乐于在自己擅长的专业领域里与其他有相同兴趣的人讨论难题,传道解惑。更广泛的是各类问答型社区,以知乎、Quora 等知名社区为主导,这类社区由于讨论话题的全面性带来较低的门槛,网民参与度极高,而一些热门答案往往引起极高的关注度。然而,现有的学习社区存在参与度不足、社区环境治理难、抄袭现象严重等问题,严重阻碍了社区的健康发展,区块链技术则成为学习社区热爱者眼中的"救星"。

基于学习积分的激励机制带来社区活跃度

当前,学习社区为了激励回答者的回答热情,提升社区活跃度,一般会给优质资料上传者或者答疑者社区币、积分等形式的虚拟奖励。优质资料上传者和答疑者会因为奖励积累得到等级的提升等荣誉，也可以用积分等兑换相应奖励。然而，这一激励系统存在一些问题：其一，在社区里得到的积分不能变现，只能内部消费；其二，由于这些社区都是相互孤立的，A社区的积分对于B社区来说毫无价值；其三，万一哪天社区不运营了，这些积分将全部作废。因为这些问题，相关学习者的积极性非常低，现有学习社区的活跃度也受到很大影响。

那么，如何能让学员的优质知识长久保存，并在分享中体现价值？区块链技术的应用或许能为我们找到答案。在区块链上，学习社区成员在学习交流过程中的价值由区块链通用积分体现。通过将自己在学习过程中的优秀作品、笔记、回答等发布到基于区块链的学习社区，利用其不可篡改的特点，所有过程得以长久保存，并得到相应积分奖励，此积分可以实现全球跨社区性流通。成员之间在进行答疑、合作等相互交流的时候，如答疑、合作等，可以通过发布积分悬赏的形式激励其他人参与，或者用自己的积分换取社区学习资料与服务。这一积分体系不仅注重参与量，还可将其他成员的认可纳入衡量标准，比如赞同、感谢、邀请等，进而保证内容质量更高。这样一来，学习社区成员在自我学习、互助交流过程中产生的价值能更好地体现，整个社区的参与度也会大大提升。

基于智能合约的信誉度认证净化社区生态环境

人们在浏览现有学习社区时，时不时会发现一些不和谐的音符，一些具有误导性的谣言或者带有攻击性的言论常常扰乱社区的和谐秩序。智能合约的引入，将自动把社区里的发帖、提问、回答等内容推送到社区平台，根据预设的程序进行自动化监控，对那些不和谐的言论自动屏蔽删除，并根据社区成员发帖内容进行信誉认证，信誉认证好的社区成员可以享受更多的社区权利，以此净化社区生态环境，营造更加积极向上的社区氛围。

未来展望

结束一考定终身，转变教育评价体系

在升学过程中，学生和家长都面临一个困扰：一考定终身。学生生涯中屈指可数的几次大型考试在很大程度上决定了人生的发展路径。未来，在区块链赋能教育后，将改变过去教育评价方式单一的局面，衡量受教育者的标准不再只局限于考试这种存在弊病的固定形式，而是延长至整个教育过程。孩子的每一次成长都会被真实记录并永久保存，教育评价体系由此变得多样化，与之对应的人才培养方式也变得更加个性化，真正做到对个体因材施教，最大限度地发挥每个人的优势。

教育资源对等，教育系统整体优化

2019年，成都七中的"一块屏幕"的新闻体现了当前教育的一个问题，那就是由于客观条件的存在，教育资源存在不对等现象，进而造成各地的教育事业水平发展不平衡。而区块链深层次的普惠精神，可以实现教育资源的有效对接和实时共享，让高质量的教育不局限于当下的时间和空间，发挥更大的功效。

激励机制贯穿始终，建立终身学习社会

从之前的分析可以看出，无论是学习轨迹记录，还是社区积分积累，教育领域是区块链激励制度的最佳运用地之一。展望未来，这种激励具有长期性，甚至会贯穿人的一生。不仅仅是在学校的时间里，在进入社会之后，在工作中也同样需要不断吸收新知识，做到时学时新。在实践运用中，可将这种激励落在实处，比如在体制内，可以尝试将这种学习积分以一定权重纳入考核评职称；在体制外，也可将雇员的学习经历纳入晋升加薪的考核体系，从而让终身学习成为每个人的信仰。

需要突破的瓶颈

截至目前，区块链在教育行业落地的项目较少，更多的是战略布局，而不是市场迭代。其需要突破的瓶颈有以下三个。

1.资产数字化程度低，先天优势不足。由于教育与线下互动相关性密切，其大部分资源的数字化程度较低，这为教育上链带来了较大的困难，大部分"区块链+教育"现阶段仅为设想，相关应用都只是试验阶段，大规模应用还需等待。但随着现在在线教育的蓬勃兴起，教育行业的数据量会得到不断积累和沉淀，为下一步区块链的进入创造条件。

2.变革者的积极性不足。教育作为公益性质较强的领域，其变革推动者往往来自教育部门等政府机关。然而，"区块链+教育"的模式与既有的相关制度是存在一定冲突的，相关部门对"区块链+教育"应用的大规模推广暂持观望态度。例如，个体学信大数据平台在一定程度上与学信网的工作范围重合，作为目前国内在学历认证等方面唯一的认证平台，虽然学信网存在改进空间，但由于几乎不存在竞争，其在接受新技术升级方面的意愿并不是很强。未来，在政府的进一步号召和其他想借机进入市场的企业的双重压力下，区块链在教育领域的变革指日可待。

3.责任划分不清晰，相关技术不成熟。教育是万众关心的重点民生问题，每一个举动都牵动千家万户的神经。因此，在这个领域的改革动作也是非常谨慎的，特别是对于技术还没那么成熟的区块链，在现实社会中存在诸多争议。加上学历验证等教育相关应用场景涉及的参与方众多，当这些参与方上链后，相关的机构责任如何划分，相关的教育数据由谁负责，传递信息的过程是否安全，怎么保证不被干预，这些都是需要事前思考的问题。

总的来说，育国育民的教育大业在区块链时代还处于初级阶段，但因为其巨大的社会影响力，在这一领域展开区块链变革的效力会非常可观。要完成这些设想，需要整个学术供应链、出版商、政府、司法机关与有关科技公司多方通力合作，构建良性的"区块

链 + 教育"生态体系，为教育事业长期健康发展保驾护航。

区块链 + 医疗：链接数据孤岛，破解医疗困局

医疗领域问题频发，屡屡牵动国人的敏感神经。从一触即发的医患关系，到漏洞百出的血库管理，再到令人发指的疫苗安全事件，医疗事故即使可以得到及时妥善的处理和解决，其后遗症也难以得到根治。比如，在医患纠纷常态下，医生为求自保对病人进行防御性治疗；又或者矫枉过正，医生要求那些未必有充分理解能力的患者家属签署如天书般的知情同意书，这些均有可能损害病患的利益，反倒加重医患误会。

迅猛发展的互联网行业已孕育出不少以春雨医生为代表的互联网医疗产品和平台。然而，寻医问诊流程的扁平化仍旧无法解决以上一系列由来已久的根基问题：信息堵塞与信任缺席的恶性循环仍在继续，医疗资源结构性与区域性严重失衡。

医疗信息主要被堵塞在两个关系上。其一在于医患之间。患者的医疗健康信息均掌握在外部医疗机构中，即使患者只去一家医院看病，且每次都保存好自己的病历等个人信息，也无法确保每次看病医生都能全面了解自己的病史记录，这会对患者就医造成较大的困扰。其二在于医疗行业生态圈内的各机构之间。由于任何医疗信息变更都有可能影响对患者的诊断的准确率、治疗效果以及科研成果，患者的个人健康数据和护理治疗记录的安全保障与隐私保密需求较高，医疗机构跨平台的信息缺乏标准体系，数据确权不明晰，传输也受到严格的管制，间接造成信息孤岛现象。此外，公共医疗资源管理上也存在根深蒂固的协作效率问题。比如，传统的血液管理方式在信息核对和跨区域调配上依赖人工，耗时严重，全程监管难以到位，血液的整体利用率不高。

医疗信息堵塞为现有医疗体系带来了许多问题。首先，信息系统的分割化导致病人在就医过程中遇到诸多不便。比如，在患者转院转诊的过程中，患者将面临相同项目重复检查的窘境，这给患者造成金钱及时间上的浪费，不仅使患者就医体验差，而且存在医疗资源未能有效利用的问题。其次是医患之间信任关系的缺乏，医疗服务本身具有极高的信息不对称性，而医疗资源的稀缺性加剧了信息不透明，病人不理解医生的诊断开药情况，医生也没有足够的精力向病人解释清楚，这样的医患矛盾导致医闹事件频发。数据显示，2019 年中国医疗损害责任纠纷案件高达 18 112 件，与 2018 年相比上涨 47.9%。[①] 除此之外，由于医疗机构对数据安全的掌控能力不足等原因，病人的医疗数据在现有体系中得不到应有保障，隐私保护面临挑战。重重困难面前，打通现有医疗体系壁垒，使信息安全顺畅流通，迫在眉睫。

区块链的出现能消除数据所有权不明确的问题，从而保证数据完整性和对等问责制，确保在不影响患者数据的隐私安全的情况下授予各方对区块链的访问权限，逐步消除妨碍医疗保健机构与患者有效开展数据共享的种种因素。在提高透明度的同时，数据丢失、被更改或被攻击等风险得以控制，有利于促进更好的合作，优化医疗资源配置，改善个性化的患者体验，推动医疗研发效率与护理模式的升级。根据 BIS Research 的一份报告，到 2025 年，全球医疗保健市场在区块链上的支出预计达 56.1 亿美元，可为医疗行业整体节省高达千亿美元与数据泄露相关的 IT、运营、人员等方面的成本。

数字就医，知己知彼

当前医疗信息大道交通严重堵塞主要源于数据收集不统一与

---

① 医法网，《2019 年全国医疗损害责任纠纷案件大数据报告》。

信息被盗取的风险极高两大痛点。对此，区块链的治愈之道可从目前已处于风口中的数字病历应用窥知一二。区块链技术可提供统一的数据存储结构，每一笔医疗交易所经过的客户端都成为数据服务器，病人的生命体征、体检记录、诊断结果，以及医护地点、人员、科室、器械等涉医数据都将完整地纳入区块链，以节点数据存在。各医疗机构在收集了完整的数据链之后，可提取所需信息，可以突破收集与处理数据缺乏统一标准的局限，从而更好地了解患者的生理信息，以采取更准确的治疗方案。在分布式查看共享的机制下，可以通过区块链的身份识别技术和治理规则，预先定义用户的访问权和身份匹配机制，保证只有授权的参与方才能接触信息，从而确保数据准确透明。如果出现患者基本信息填写错误，只需获得链上参与者的一致共识，或者一半以上网络参与者的更改批准，就可以更改历史数据区块，这可以兼顾信息安全与灵活度。在整个过程中，病历的所有权掌控在患者手中，患者可根据自己的就医路径自行决定数据共享的对象，实现历史信息的共享，便于精准治疗和疾病的预防，重现就医本身所需的人性化。微信智慧医院当前已基于区块链技术更新了智慧医院3.0版本，除涵盖1.0版本和2.0版本的所有功能之外，还增添了处方流转、药品配送等功能，确保所有参与方的数据上链保存，实现链上实时监管以保护个人信息。

当前，在对信息数据的分类和处理上，医疗行业仍显粗糙模糊。其实，医疗数据的细分领域极多，需要制定数据价值标准，形成数据等级划分。除基本病历信息之外，区块链可为医疗信息大道开拓信息来源，提升数据价值的整体深度。首先，患者的授权信息也会上链形成对照，简化医疗审批流程。其次，区块链还可作为平台型工具，用于集成其他设备，如可穿戴设备、专业医疗设备等的数据，提供患者的服药量、临床数据、影像资料等有价值的信息，进而提供基于个体差异的个性化护理。篡改手术记录以粉饰医疗事故的案件并不鲜见，因此手术记录也是未来数据上链的重点对象。区块链可以记录存储完整的手术过程，以确认医疗事故的真实责任人。链上了解医疗事件事实的可信方还可以将信息添加到系统中，从而提高记录的准确性和可信度。此外，由于涉及重大的财务利益，临床试验数据被篡改的可能性也很高，再加上患者生物学测试包含大量的统计数据和大量的研究人员，临床数据跟踪的难度很大。区块链在这个场景中便可大显身手，即使大多数人的动机不纯，急于公布具有结论性的试验结果，也很难逃离哈希值强大的可验证特性。因此，区块链可降低利用临床数据欺诈的风险，推动科研界多方可信赖的协作进展，降低研发成本，加速为更多的患者提供有效的治疗方案。

区块链具备的身份识别特性与智能合约自动执行功能在未来的医疗行业中也有很大的应用空间。基于数据实时集合并经过身份验证之后，医疗保健服务者在访问数据之前也需要"过安检"，身份核查无误后才能对数据进行监测和分析，以此保障患者所接收的私人化建议和定制化保健计划的可靠性。不仅如此，过了"安检"的临床主治医生还可以跟患者一起制定合同条款与授权文件，设定疗程的目标与流程。患者的病史和影像资料将作为科研学习的参考资料，利于医生建模，寻找病理规律。在监测患者医疗数据的过程中，可深度挖掘区块链的智能合约功能，预置各种响应条件以探索智能护理的不同可能性。比如，链上可设置一次性阅读机制，如果在医生阅读后数据可以被销毁，便可保证患者健康数据的隐私性。又或者设置监测指令，一旦某个指标超出标准，会自动完成挂号，就医诊断的流程便可更为顺畅。对于患者而言，可以利用智能合约实现对数据访问的商业化。其中的一个可能性是，患者向制药公司收费，授权公司在药物研究过程中访问或使用有关他们的数据。

医疗保险，效应联动

医疗保险一开始就像一支镇静剂或强心针，给予患者与家属希望之光。然而在进入冗杂的保险报销流程之后，这根救命稻草就变得越来越沉。大多数患者心里对"如何报销"与"何时报销"的疑问与恐慌一直得不到回应，很多时候医疗保险反倒沦落成患者的心理负担。

当前医疗信息主要掌握在医院手中，医院数据保护与防泄露机制的存在使得各个医疗机构之间存在很高的访问壁垒，保险公司因而无法立即获得医疗数据，需要参保人提供各种相关证明。也就是说，在获得理赔之前，投保人需要先向医院支付医疗费用，然后再用从医院获得的相关费用文件向保险公司申请理赔，这会耽误将救命稻草及时送到患者手中。对于保险公司而言，管理成本也很高，无论是合同签订、数据库维护、款项收支，还是理赔检查、资料审定，都面临耗时耗力的痛点问题。同时，医保监管体系水平不高，没有针对不同地区之间的政策差异及时调整，滞后性较严重，且国内各地区之间均存在医保目录范围和报销比例失衡的现象。[1]

在区块链系统的运作下，索赔支付和保险裁决可以在一个相对简单的逻辑下自动化处理。相关数据以区块链要求的格式存储上链，节省了在信息纠正和信息索取等方面的时间滞留。医院数据的确权则保证了数据不可篡改、安全共享，有效避免了在解决合同争议上耗费时间。即使投保人没有申请理赔，医院与保险公司的账本联动也可以进行自动化的验证，理赔流程依然可以自动执行。在保险公司接收到医院自动发送的相关文件后，赔偿金会自动支付给投保人，减轻患者和家属的心理负担，也推动流程高效运转。由于这

---

[1] 健康界，《区块链如何在医保监管中发挥作用？》，https://www.cn-healthcare.com/articlewm/20191203/content-1077359.html。

种就诊数据的实时动态参访，医保机构还可以展开对数据的预测工作，推动高级分析基础上的顶层保险精算决策和规划。区块链全流程的数据留痕也将大幅度减少医保中心的监控负担，赋能医保支付资格的审查工作。

英特尔在区块链的布局便首先进入医疗健康领域，早在2017年，英特尔就利用自家的开源区块链平台"锯齿湖"（Sawtooth Lake）和英特尔芯片，与一家叫PokitDok的医疗健康API企业合作，打造了一个叫Dokchain的医疗区块链解决方案。通过赋能不同医疗机构进行数字信息共享，该方案致力于帮助医院找到患者群，处理医保账单，可谓区块链在医疗保险应用领域的典型示范。

药品溯源，重构信任

现阶段，在发展中国家出售的药品10%～30%是假冒的。欧洲也是重灾区，假药制品每年会给医疗行业带来1020万欧元左右的损失。[①] 生产环节长期存在制造商伪造数据、篡改产品检验记录、变更工艺参数等问题，流通环节的封闭失控，以及供应商之间的信息不对称，都提供了无数造假机会，网购的发展进一步模糊了医疗产品的来源，给患者的身心健康带来不少潜在风险。区块链的出现则可以排除制造商、批发商、终端药房对药品信息的干预，实现生产、流通全周期公开透明。

基于区块链的溯源系统并不是由一个实体或组织运作，而是由多家实体，包括开发商、分销商和医院这些上下游单位共建数据库。具体而言，制药公司将具有唯一性的RFID标签贴到药品上，用于监控药品的身份动态。在供应链全链条中，药品从生产、质

[①] IBM,《What are the use cases for blockchain tech in healthcare?》, https://www.ibm.com/blogs/blockchain/2018/12/what-are-the-use-cases-for-blockchain-tech-in-healthcare/.

检、入库、出库、流通的各节点都留有 RFID 识别码的痕迹,作为交易过程统一协议的标准,在交易结束时以数字方式签名。在高效的区块链中,上链标准可以完全确保假冒产品无法渗透,一旦被发现,假冒产品也会被精确召回。如果有药品失踪导致传输中断,那么各方也可以通过区块链账本上的数据快速追踪定位其最终位置并及时找回。

在消费端的使用上,区块链将增强患者对制药行业的信心。医生在开处方时,将相关信息上链,确保药物开得准、价格开得合理。消费者将配备数字证书,即密钥,用以查询详细信息。具体来说,消费者在购买过程中将个人数据上传至区块链,使得购买信息透明化,通过与区块链上的信息相互对照确保药品的合法性,同时满足监管要求。一旦消费者或机构在供应链终端发现假药,区块链的优势便显现出来,因为每个节点的信息都不可篡改,且具有身份存取的权限机制,经过信息比对,可迅速查明药品问题出现在哪个具体环节。

天津市于 2019 年 12 月 1 日正式开放了疫苗追溯监管平台,实现疫苗生产、运输、仓储、配送、接种全部环节相结合,以及生产企业、流通企业、疾控机构、医生、受种者、监管人员全覆盖。更重要的是,它实现了平台与国家疫苗追溯协同服务平台的连通。该实践的交付包括面向公众的疫苗查询系统、面向疫苗生产企业的企业服务系统、面向监管人员的监管系统。公众可通过三个官方 App,扫描条形码或输入疫苗批号以查询相关信息。监管人员也可提供预警、召回及销毁相关药品。

腾讯基于自家的 TBaaS 区块链开发了一套药品溯源解决方案(见图 10-1)。结合腾讯云物联网和腾讯视频云,通过对药品的整个生产过程、仓储、批发、物流、零售等环节进行数据采集,完成对整个产品生命周期链条的监控,形成药品安全的可追溯数据库。患者在购买药品时,可以根据产品包装上的二维码或其他电子身份证，在药厂官方网站或官方微信小程序、App 等，查询整个产品生产、运输、批发等环节的链条，实现对医药制品历史数据的追溯。依托自身扎实的技术储备，腾讯在该领域已拓展多方合作关系。2018 年 9 月 6 日，腾讯与河南紫云云计算股份有限公司合作，为其构建全国医药行业区块链联盟链，已打造药品追溯防伪一体化的云服务平台。

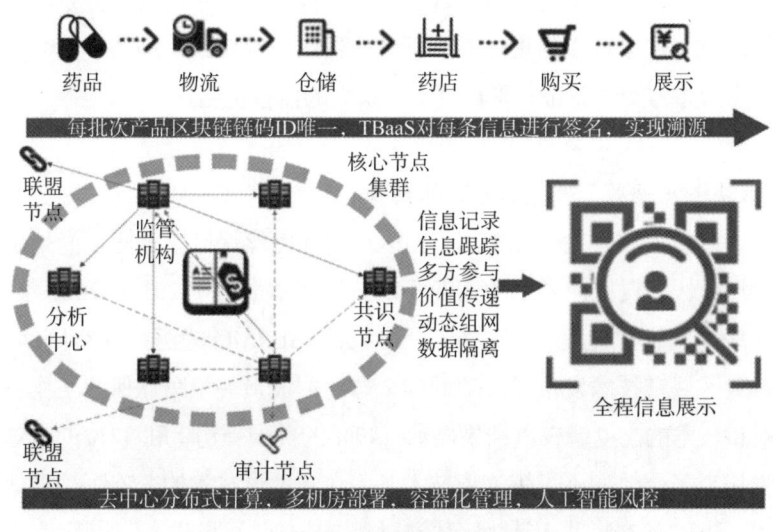

图 10–1 腾讯开发的药品溯源解决方案

在药品溯源领域，区块链的智能合约在未来也有施展拳脚之地。国家药监局会给每个药企发放一个 GMP（生产质量管理规范证书），要求企业全面确立作业规范。如果 GMP 可以全面嵌入区块链溯源系统，一旦企业不符合要求，可设置扣分或吊销证书等惩罚，并将这些不可篡改的记录保存下来，提高作恶成本。反之，若企业稳定保持良好信誉，则可通过智能合约技术实现信誉积分，以激励药企合规作业。

然而，药品溯源不能仅仅依靠"术"，还需要"法"和"道"。

国际上在药品溯源方面较为典型的区块链药品追踪项目 Medi Ledger，目前已成长为医疗界的区块链联盟典范，收纳了 25 名成员，其中包括辉瑞、基因泰克等制药商，以及三大制药批发商——麦克森、美源伯根和嘉德诺，最近也吸引了零售业巨头沃尔玛加入。然而，联盟的壮大还需各方克服在透明度上的意愿障碍。数据要上链，就需要有分享精神和节奏相当的行动配合。在药品溯源层面上，由于所有上链的数据具有互操作性，各利益相关方需愿意同行，在多技术的集体支持下齐头进入透明系统，推动链上数据的有效多方交叉验证，形成更有约束力的监督机制。

"区块链+医疗"需披何荆，斩何棘

　　智慧医疗时代已然来临，但区块链在医疗保健上的应用尚处于早期阶段，以区块链为主营业务的公司基本诞生于 2015—2017 年，其潜力的释放速度仍旧较慢。一个名为 SERMO 的医疗社交网络，针对区块链技术发布了一项面向全球社群成员关于医疗保健工作者对该技术的态度调查。结果显示，49% 的美国受访者和 47% 的全球受访者表示他们不了解这项技术，而在熟悉该技术的全球医生群体中，也仅有 32% 的人认为区块链已足够成熟，可以进入医疗行业。[①]这说明医疗保健从业者对区块链仍然没有信心。

　　区块链在医疗保健领域推广的一个障碍是公司难以找到大量互相信任、相互合作的伙伴共建区块链，因而导致链上信息不完整、信息价值有限。对于新进入者，区块链上原有的企业可能会有排斥心态。区块链的引入对于不同医疗保健参与主体也有不同影响。中介机构，例如，检查、运输、处理、保存其他医疗保健公司数据的

---

① IBM, What are the use cases for blockchain tech in healthcare?, https://www.ibm.com/blogs/blockchain/2018/12/what-are-the-use-cases-for-blockchain-tech-in-healthcare/.

中介可能会因为区块链的出现不复存在。此外，基于区块链的医疗保健应用程序的相关标准尚未统一，未来各独立的区块链仍然面对系统、资源整合的烦琐过程。再者，尽管区块链具有加密技术，患者的信息仍可能因为内容关联性高的数据链接而暴露于公共区块链。区块链不能篡改的特征又与允许用户完全删除相关数据的法律法规相违背。值得注意的是，生物医学数据量庞大，通过区块链进行存储将导致数据负载、运行速度慢。运行效率低下会让人们对区块链在医疗保健这一场景的运用持怀疑态度，因为患者在病危时刻没有时间让医生为了翻看病史和诊断记录等待数据加载。

虽然目前区块链在医疗保健这一场景的应用仍然面临技术、后勤和监管等挑战，但未来这一应用实施落地之后，在医疗数据存储、传输和验证方面发挥的重要作用不可低估。宏观来看，预计到2022年，医疗数据将成为国家重点发展的基础设施和关键企业资产，并将吸引大量资金投入，医疗行业因此将提前得以对人口有更详尽的了解。微观来看，医疗行业的利益相关方将逐渐接受医疗数据由患者所有，患者同意授权各方运用自己的医疗和医保数据也已成大势。医疗体系将在区块链驱动的通证经济背景下发挥数据来源作用，使医疗各方高效地各司其职，同时在各方数据互联中更密切地合作共赢，增强医疗和社会服务之间的联系。①

未来想要关注区块链在医疗领域应用的企业和机构可从以上三种场景开始布局。由于与区块链的结合相对较容易，医疗保险是目前落地速度最快的方式。在溯源领域，除药品之外，医疗机构还可以利用区块链解决一次性医疗器具的废弃处理问题。由于医疗产品的垃圾处理牵涉多个环节，周期很长，难免有人会动

---

① 德勤，《未来已来：2022年生命科学与医疗行业预测》，https://www2.deloitte.com/content/dam/Deloitte/cn/Documents/life-sciences-health-care/deloitte-cn-lshc-predictions-2022-zh-180326.pdf。

"发展黑色产业链"的不良心思，比如二次使用消毒针头造成交叉感染等。以医院为代表的公共机构接下来则可先从这些不涉及过多复杂患者数据的小项目入手，为较大的区块链项目做好准备。同时，由于医疗领域转入门槛高、监管严格，未来将会有越来越多的行业联盟成立，以集群模式探索行业内的区块链应用标准。因此，医疗机构必须时刻关注生态圈内各方的边界动态，挖掘应用区块链技术的"混血模式"，强强联手推动各项联合试点工作和行业标准的制定。

区块链 + 溯源：流转全记录，还需要解决事实上链难题

食品安全和商品保真始终是最基本的民生问题。历史上，由于疯牛病的蔓延，欧盟早在 20 世纪 90 年代就开始对牛肉质量进行安全追溯，并逐渐形成体系，实现了"从农场到餐桌"的全过程质量监管。21 世纪初，欧盟和美国陆续在溯源领域出台相关法规，此后又成为多数国家或地区的共识。我国早在 30 多年前就开始着手解决商品防伪问题，从 20 世纪 80 年代利用激光、油墨等制作防伪标签，升级到 90 年代的电话数码防伪，再到目前的数字网络防伪，已发展出多种防伪形式。当前，被使用较多的防伪手段包括射频识别、二维码、电子存证等。其实这些只能进行基础认证，无法完全保障信息的真实可信度。并且，当前电子数据存证在存储上还面临数据源不完整、缺乏时间痕迹、数据库被恶意攻击篡改等问题，同时在数据流通上也存在无复制限制、信息系统之间交互共享困难、信息核对流程烦琐、追溯成本高等难处。"惟进取也，故日新。"截至 2019 年 11 月，我国防伪专利申请数量通过数已达 1756 项。[①] 其中，区

---

① TokenInsight，《区块链赋能商品溯源防伪》，https://www.mytokencap.com/news/116875.html。

块链技术是众多企业机构甚至个体密切关注的方向之一。分布式共享账本、节点控制、信息不可篡改且可回溯等特性的日益成熟无形中给商品溯源带来一个全新解法。

商品溯源的核心在于实现多方获取商品在生产、加工、仓储、运输到销售全流程的信息，本质在于信息的跟踪和传递。这种需求恰恰可以与区块链技术无缝对接。区块链可分布式账本、去中心的特性可打开数据闸口，生产各流程和市场流通各环节上的多重节点信息均能以时间戳的方式被记录。如果将商品的前世今生都搬上链，对应的信息便不可篡改，这相当于确定了现实世界里商品的唯一身份，其对应的信息将会在验证后被永久记录和备份在每个区块节点上，不仅可以防范假货信息混入区块链追溯系统，而且能够大幅提升参与方后期验证的可信程度。监管部门由此可对产品信息进行有效的核实和分析，信息在不同部门之间的流转还可统一凭证，让审核工作更高效。这对于划分商品质检问题责任、把握溯源与隐私的平衡至关重要。如珠海格力电器股份有限公司董事长兼总裁董明珠于2019年中国企业家博鳌论坛上所言，"未来在区块链、大数据等科技的协同下，中国制造必将如虎添翼"，区块链技术可成为一大利器，匡正国际社会对我国出口产品质量的偏见之态。

食品安全

民以食为天，食以安为先，安以质为本，而质以诚为根。当根基开始动摇时，食品安全问题甚至会让人们"寝食难安"。经历了毒奶粉、假牛肉等一系列令人震惊的事件后，食品安全问题一直是百姓心中的头等大事。食物从产地到餐桌之间会经过太多的参与方，以猪肉为例，假如消费者食用一份猪肉后生病了，消费者会怀疑：猪饲料会不会有毒，收猪的商家会不会造假，物流会不会造假，传输过程中是否经过检疫，仓储会不会造假。在现实中，包括生产者、经销商、分销商、代理商、加工厂在内的每一个流通环节都有可能"不诚"，在利益的驱使下，没人能保证过程中绝对不会出现安全隐患，想完全明晰食物的前世今生仿佛成为一种奢望。谁来救救"受有毒食品之害"的人？

要想解决这个问题，最重要的就是追溯食品流通全过程的真实数据。现在的食品流通环节基于中心式记账方式，各方的信息只记录在自己的系统里，除了自己和系统提供方，其他人无法知道。这样一来，各方填写数据的不可靠性和被篡改的风险就会大大增加。而区块链去中心化的分布式记账方式恰恰解决了上述问题。通过数据上链，各方将所有信息公开记录在"公共账本"上，分布式记账不再依赖于某个核心组织的信用或分散的个体担保，彼此相互监督，完全公开透明。此外，写入链上的数据具有时间戳，进一步提升了造假难度。

"区块链+食品安全"这一赛道早早吸引了巨头进行布局。以京东为例，其在 2017 年 6 月底将区块链技术引入食品溯源扶贫项目"跑步鸡"，结合原始绿色的养殖理念，基于区块链等技术的科学方法和监督手段，通过将一只鸡的全生命周期追溯数据上链，打造放心品牌，帮助农户脱贫。从鸡的出生到送达终端客户手中，一只鸡的溯源包括养殖、屠宰加工、检验检疫、仓储、冷链物流等环节，不同环节采取了不同的数据采集方式。以养殖过程为例，"跑步鸡"之所以叫这个名字，是为了满足消费者对鸡肉品质越来越高的要求，每只鸡要求必须跑够 100 万步才可以出栏。为了记录鸡的运动量，商家为每只鸡佩戴了脚环，并将此作为每只鸡独一无二的"身份证"，脚环会记录"跑步鸡"每天的步数并自动上传至链上。另外，通过数据采集 App 记录养殖过程，例如，入栏、喂食、清扫、消毒等，养殖人员只需要在这些环节作业时，打开 App 进行记录，相应的数据就会自动上链，同时 App 自动采集当时的位置、天气等信息，无须人工干预。全部数据安全存储在链上，消费者对此清晰可见。

除此之外，京东还和沃尔玛、IBM、清华大学共同宣布成立中国首个安全食品区块链溯源联盟，旨在通过区块链技术进一步加强食品追踪、可追溯性和安全性的合作。沃尔玛相关负责人表示："一旦发生食品安全恐慌，或对某种产品产生怀疑，就可以很快地追溯到其生产地，从而判定它是不是受到影响。如果受到影响，就能够快速做出决策，以判定是否召回。"

除了让消费者对食品安全更放心之外，食品追溯还对沃尔玛这样的供应链大户起到了很好的效率提升作用。以杧果为例，沃尔玛原来的供应链追踪系统完成一箱杧果的进货记录需要好几天的时间，有时候甚至几周才能完成。但是如果应用基于区块链技术的从追踪到记录的解决方案，只需要几秒钟就可以查看这一箱杧果的完整记录。

然而，现阶段的食品追溯项目还需要攻坚源头造假和消费端置换两大问题。数据的真实记录是事实上链的基础，而现阶段的技术并不能保证源头上链的食品就是完全安全的。这需要物联网等技术在物理层面上协同提高安全性和智能性。

品牌溯源

放眼全球，假冒伪劣商品遍及线上与线下，造成的社会损失可谓巨大。2017 年，全球假冒伪劣商品总价值达 1.2 万亿美元，假货对服装、鞋类、化妆品、手袋以及手表等行业中的高端消费品造成的损失高达 980 亿美元。[①] 世间假货、劣质产品如此泛滥，主要有

---

① Research and Markets,《2018 年全球品牌假货报告》, http://xueshu.baidu.com/usercenter/paper/show?paperid=e185a7fad5e0b7a6da602d56af5f3035&site=xueshu_se。

三个原因。其一，供应端的利润驱动，不法商贩利用假冒伪劣商品获取利润。其二，消费端的"占便宜"心理，当消费能力与消费欲望不同步，望梅而止不了渴时，很多人只能退而求其次，转向次品和劣品。其三，商品市场内的信息不对称，买方掌握更多的真实信息，消费者在逆向选择的处境中往往无法准确分辨商品的优劣，只能按照市场价格来进行交易。久而久之，次品逐渐占领市场并取代正品，即著名的"柠檬市场理论"。这样一来，不仅花了大价钱却买来次品、劣品的消费者受到伤害，而且原品牌商由于被次品搅乱市场，份额压缩，要是质量出现问题，名声也会被"飞来横锅"损害。消除以次充好的乱象，是消费者和品牌商的共同心声。

早在2013年，区块链技术便出现在服装行业的品牌商品中，主要是通过在服装的标签、材料中植入芯片，以记录出产地、工厂等商品来源信息。经过多年的发展，此领域的技术得到长足进步。其中，奢侈品由于其仿制利润丰厚成为伪劣产品的重灾区，对于这个领域的防伪溯源尤其受到关注。2019年5月，法国路易威登集团联手微软公司和纽约区块链技术公司ConsenSys共同打造首个奢侈品区块链平台Aura，应用于路易威登品牌及迪奥香水产品线。[①]在Aura里，利益相关方可以查询每件产品背后的完整信息，包括使用的各类原材料如羊毛、皮革、制革工序、生产、运输以及最终到消费者手中的每个环节，从而有效打击仿制者。除此之外，销售环节涉及的初始购买地点和此后的转售时间信息也全部上链实现透明化，有效抑制灰色市场二手奢侈品的不法交易。未来，这一平台将向所有奢侈品直接开放应用，无中间环节，且所有数据均被加密。

---

① 华丽志，《LVMH披露首个奢侈品区块链认证平台细节：奢侈品生命周期全程可追溯》，https://luxe.co/post/100156。

除了服装之外，品牌追溯的应用范围已扩展到万事万物。据统计，2019年"双11"期间，各大电商平台在品牌溯源上纷纷发力：受到蚂蚁区块链保护的天猫商品达到1.5亿件，覆盖14 500个国际品牌；京东运用"区块链防伪追溯平台"追溯超过10亿件商品；苏宁也在"双11"发布会上称利用区块链技术溯源的商品已经超过50%。[①]越来越多的消费者将商品溯源信息作为确定品牌真实性、确保货品质量的重要因素，这一领域在未来会得到进一步的发展。

区块链溯源砥砺前行

习近平总书记在"区块链+民生领域"的相关重要讲话对区块链在商品防伪领域的应用有所提及，可见国家层面的高度重视。加上消费端和交易链条上各参与方对高透明度的商业环境的呼声越来越高，显然区块链在商品溯源上仍留有广阔的运用空间。比如，在二手商品市场中，买卖双方可以依据链上公开透明的二手商品的信息，如二手汽车的定检、定损、理赔等历史，基于实际情况定价，而不是根据鱼龙混杂的市场按市场均价定价。此外，市面上对艺术品防伪的需求也很高，区块链非对称性的加密算法可以兼顾信息的透明度、匿名性与安全性，为艺术品和收藏品提供一个分布式的所有权登记载体。

然而，区块链溯源是否有所作为仍面临一系列未知数。首先，区块链无法鉴别上链前信息的真实性，源头造假的可能性仍然存在。当前区块链溯源仍需要借助物联网等其他技术来实现上链的真实性，无法摆脱物理层面的图层覆盖问题，区块链溯源还面临外部技术不完善所带来的风险。厂家一边卖东西一边溯源，又当运动员又当裁判，无法将公信力完整地落到实处。并且，现在消费端造假

---

① Odaily，《双11背后的区块链》，https://www.odaily.com/post/5143846。

的难度也不大，如果未来在经销线上区块链不受人工干预地与商品实时绑定，便无法彻底消除商品欺诈的可能性。此外，目前数据上链的成本暂时高于传统溯源方式，供应链上各方，尤其是自动化能力较差的企业配合意愿较低。无论人工，还是物联网，确保真实数据上链是需要花费成本的，在短期内有可能因为被迫提升商品价格而增加商品销售环节的复杂性。信息量逐渐海量化之后，短期内也会带来一定的存储成本。种种成本都有可能转嫁到消费者身上。以上这些难言之隐都是区块链溯源应用者需要认知、攻克的，但区块链在民生领域的大势已至，国家和地方政府的支持将会对以上转型障碍起有效的缓解作用。

区块链+公益扶贫：精准透明，重建公益组织社会公信力

荀子坚信人之初，性本恶，只有接受后天的教育才能使人心归化向善。在教育已然高度普及化的现代社会，公益活动本向善，但得不到应有的"善待"。公益准入门槛不断降低，芜杂纷乱的信息和形形色色的煽情讨好屡见不鲜，到处泛滥的冲动型行善项目在快速聚集力量的同时，也为投机行为提供了土壤。

郭美美事件发生后，相关网上调查表明，80%以上的网民表示不会再捐款给红十字会。[①]慈善组织的权威又一次被践踏，透明度又一次被质疑，公众的信心又一次被掩埋。与此同时，公众间"无财务公开不捐款"的理念也悄然确立，谁都不想让自己捐助的善款被某些内部人士窃取。2018年，公益慈善领域亮点频出，例如，2018年志愿服务组织已增长至143.3万家。然而，无论是社会组织、基金会，还是民办企业单位，从数量上看，自2016年开始增长率就

---

① 人民网，《"一分钱捐款"是对慈善组织的信任测试》，http://opinion.people.com.cn/GB/159301/17994114.html。

开始呈下降趋势。①近几年增长率开始放缓到 10% 以下，60% 以上的志愿服务组织的生存周期在 5 年以内。2018 年，社会捐赠总额预估值为 1128 亿元，与 2017 年的总额相比，减少了 398 亿元。即使加上全国志愿者贡献的价值与同年筹集到的彩票公益金，核算后的社会公益总值预计达 3265.2 亿元，与 2017 年的数据相比，也只是基本持平。②

这种下沉影响早在 2010 年就被充分证明。当时，全国有 42% 的慈善组织没有专门的信息披露办法，37% 的慈善组织没有专人负责信息披露工作，90% 的公众不接受这种披露程度和方式。③ 其实，真正阻止公益行为的不是参与活动本身的高投入、低回报，而是公益自身在信息公开机制、信息统计体系和监管体制上的不健全。南都公益基金会理事长徐永光用"五个看不见"来描述慈善的不透明现状：捐款人看不见，灾区群众看不见，灾区政府看不见，灾区慈善组织看不见，捐赠落实看不见。④

讨论公益的未来去向，需要首先把握好眼前的两大公益之痛：机构公信力的缺失与信息利用效率的低下。

链上信息映射需求：匹配式精准扶贫

2019 年的诺贝尔经济学奖颁给了在扶贫领域拥有卓越理论贡献的三位经济学家。三位在扶贫的经济学研究领域做出卓越贡献的经济学者经过 20 多年的不懈努力，通过大规模的社会实验，深刻地揭

---

① 杨团，《慈善蓝皮书：中国慈善发展报告（2018）》，北京：社会科学文献出版社，2018 年。
② 杨团，《慈善蓝皮书：中国慈善发展报告（2019）》，北京：社会科学文献出版社，2018 年。
③ 参见 http://www.cqvip.com/QK/86934X/20111/37077937.html。
④ 人民网，《慈善业，如何凝聚向善的力量》，http://yuqing.people.com.cn/GB/16196269.html。

示了贫穷的本质,消除了对于贫穷的种种偏见和误解,给出了扶贫的一般性指导原则和方法论,并且指出精准扶贫的重要性。

区块链作为生产关系的变革工具,若要让其赋能扶贫与助贫,需要高屋建瓴的方法学和方法论作为指导,来变革传统手段和技术,产生颠覆式的创新。

扶贫的误区

万物是复杂的,其中牵涉众多学科的议题,比如经济学、金融学、心理学、社会行为学等,问题的解决方案也并非单一维度的简单答案。面对纷杂的议题,分析问题的原因并搞清楚产生问题的缘由,比给出一个似是而非的答案更加重要,这往往也是获得解决方案的最佳路径。

古往今来,扶贫项目从未间断,但穷人之所以很难脱贫,是因为绝大多数慈善组织的做法是建立在错误的理解之上。从数据的角度看,我国每年都会有1000多万人"脱贫",近6年全国农村贫困人口累计减少8239万人,每分钟就有26人摘掉贫困的帽子。[①] 2020年,坚定不移地完成脱贫使命的口号目前正在落地进程中,甚至有可能提前完成任务。不过,数据仅仅是一个参考。很多扶贫策略,往往将贫穷和饥饿相挂钩,比如试图通过发放粮食或者食品券来一劳永逸地解决问题,其实最终效果往往不佳。在实际中,致贫的原因多种多样,助贫与扶贫也要对症下药。因此,扶贫项目要实现善款的精准投放,不仅在于投放对象的准确与投放流程的高效,还在于对需求的把握与匹配。贫困人口往往向往的是持久性脱贫,所渴求的外界力量有可能是帮助自己自力更生的资源渠道。换句话说,如果我们能给予扶贫对象充分的选择权,在授人以鱼的基

---

① 北京日报,《中国脱贫攻坚交出优异成绩单》,http://bjrb.bjd.com.cn/html/2019-03/05/content_8900060.htm。

础上考虑授人以渔的可行性，精准扶贫才能恰到好处且深入人心。

因此，扶贫应该摆脱"钱"的限制，我们应以多维度的方式探寻贫困人口的真正所需，从饥饿、健康、教育、人口这四个方面来看穷人真正面临的难题，以及这些难题产生的原因，只有这样才能同时解决"人"的问题，实现真正以人为本。

区块链助力扶贫途径的选择

2015 年，中央提出把扶贫工作作为重大任务推进。2018 年，习近平总书记对脱贫攻坚做出了重要指示，提出要把打赢脱贫攻坚战作为重大政治任务。5 年来，中国脱贫攻坚力度之大、规模之广、影响之深前所未有，并且取得了决定性进展，为全球的脱贫事业贡献了中国智慧和中国方案。2019 年 4 月，中央网信办、国家发改委、国务院扶贫办、工业和信息化部联合印发《2019 年网络扶贫工作要点》，文件要求充分挖掘互联网和信息化在精准脱贫中的潜力，扎实推动网络扶贫行动向纵深发展，不断激发贫困地区和贫困群众自我发展的内生动力，为打赢脱贫攻坚战做出新的更大贡献。[1] 这意味着，脱贫攻坚战已经进入"下半场"，前沿技术将扮演越来越重要的角色。

区块链作为数据的承载平台，实现信息的透明共享，非常有利于信息的分享和传播。利用区块链共享账本的特性，我们可以快速收集扶贫和公益中每个环节的数据，实现全流程的管理和监控，并快速反馈到各个相关机构或社会公众，不仅有利于监督，而且可以利用经济学中的博弈论，实现多方数据的交叉验证，解决链下信任问题。

基础信息的收集能帮助我们获得扶贫和助贫的精确方法。在区

---

[1] 人民网,《〈2019 年网络扶贫工作要点〉印发》,http://gongyi.people.com.cn/n1/2019/0508/c151132-31073401.html。

块链技术的支撑与其他大数据等技术工具的辅助下，贫困人口的第一手资料将被比对与筛选。经过过滤的准确信息进入区块链技术管理系统后，可以形成链上的贫困人员数据构架，在保有私密性的同时，嵌入政府帮扶政策和民间扶贫项目，以便于具体的数据分析，为精准定位扶贫需求做铺垫。同时，各类扶贫措施和方法的大规模社会实验也可以就此开展起来。通过实验和效果调查，可以完成扶贫策略对某些特定人群的筛选，以制定更加精细化的扶贫措施。在帮扶教育、政策性贷款、兴建基础设施、引进电商模式、医疗求助等方面，区块链的作用已经初见端倪，贫困人口的心声将有机会被聆听。例如，对于因病致贫，我们可通过区块链来实现医疗互助基金、医疗补助等，减轻治疗中病人和家属的压力。对于社会保障问题，区块链可以助力社会保障的健全，互助保险基金使用管理等领域，帮助穷人摆脱因为缺少社会保险、退休金、养老金等保证体系所置身的养子防老、越生越穷的恶性循环。

作为全球首个基于区块链技术的数据库应用平台——ChainSQL的开发商，众享比特率先瞄准了扶贫需求的错位现象，其主导的略阳乌鸡精准扶贫已成为国家级扶贫攻坚的重点项目，正被作为标杆案例在全国逐步推广。其中运用的底层扶贫原理——产业消费扶贫，正是贫困人口生计之道这一根基问题的一大出路。在传统的管理方式下，消费者一方面难以从已有信息得知相关产品的产地来源以及具体背景，另一方面即使接触了与产地相关的信息，萌发出消费扶贫需求，也因为供应链信息的闭塞难以充分信任产品质量，导致消费行为受阻。针对这些问题，众享比特利用区块链技术真正实现了乌鸡产品的信息可信追溯、贫困地区乌鸡养殖产业品牌的信誉保障与对应的政府信用担保。通过对乌鸡分类处理以及给每只乌鸡配置脚牌编号，众享比特首先统一了乌鸡的区块链标识。基于此，各个生产环节的节点信息，包括乌鸡的养殖、管理、加工和物流运输等，都会传送并实时更新在区块链溯源平台上，在数字签名机制下保障数据的真实性。同时，众享比特充分利用沙盘和钉钉，将其作为管理支撑工具推动平台与乌鸡现有产供销体系、管理信息系统高效对接，减少人为工作量。沙盘可以结合 ChainSQL 安全存储视频、图片等大型非结构化文件，基于沙盘之上的钉钉则可对接养殖户、驻村干部和屠宰加工人员，通过上传照片、GIS（地理信息系统）、打卡等记录签名，实现在养殖、监督、检疫三阶段的背书，以此方式做全流程的溯源管理。在生产环节向销售环节转换之后，原有的平台信息可以转化为销售数据和运营管理数据，作为后端的工作证明。精准量化不仅可以实现对业务的以销定产管理，还可以利用微信等重要营销渠道将平台信息曝光给终端消费者，推动消费扶贫行为的良性循环。

在未来，扶贫工作将迎来更强的主动性，从精准"输血"过渡到精准"造血"。在区块链技术的扶贫模式下，社会各界力量可以不再"有心无力"，摆脱"扶持生存"的救助思路限制，而是将更关注如何精准调研以配置资源，进而为贫困人口制订切实所需的"生活"解决方案，以传递充分的尊重与可持续的希望，实现全民小康的总体目标。

智能合约立竿见影：扶贫专款专用

好的政策不一定能被有效落实，乌干达政府给学校的资助资金，经调查只有 13% 到了学校。腐败导致贫穷，贫穷加剧腐败。在调查扶贫项目参与方时，由于信息量大、内容冗杂，传统扶贫机构要经过一系列烦琐的流程。数据的整理和分析往往要通过各级人员逐层上报或通过不同平台搜集、整合信息，这既费人力，又费时间，常常使社会信息资源分配不同步。再加上困难群众的信息与资金发放信息之间没有打通，传统扶贫项目充斥着暗箱操作、截领、复领、冒领、漏领等问题。

在区块链时代，合约的智能化执行可以最大化地摆脱人工干预，高效地优化整合公益资源。区块链的智能合约技术可以在确认好参与方之后准确搭桥，并自动执行项目流程。款项的金额、使用规则、使用步骤和预期效果在公益活动开始前就固化到合同中，以代码的形式写入区块链的底层逻辑。当贫困户符合合约中的条件时，智能合约自动强制执行，将募集的资金转入受捐人账户。且一旦启动，合约将自动运行，不受外界任何因素的干扰和阻止。在完成自动执行之后，合约还可根据执行情况自动给出反馈，整个过程摆脱人工干预。同时，这种机制并不妨碍当事人实时查询或接受所有参与方的监督，由此公益本身"人情味"留有余香。智能化的机制保障了区块链上所承载应用的顺利推进，避免了任何一方的抵赖或违约行为。同时提升了运营效率，保证款项能快速救急。通过实现公益机构的扁平化管理，简化中间流程，去掉与公益本身无关的人员，还可降低慈善运营的成本。

诞生在贵州省贵阳市红云社区的国内首个由政府支持的"区块链精准扶贫"项目正是对智能合约理念的充分运用。通过自行建立的"助困工作区块链数据存证系统"将所有扶贫相关信息入链，解决缺乏互信这个最大的难题，让参与者达成专款专用的共识。在这个基础上，该项目在系统中增加了一个新功能——篡改预警。一旦信息被修改，系统会自动预警。直到该社区工作人员认定这是合法的修改，预警才会消失。这一修改设定具有前瞻性，但其实喜忧参半：喜在区块链使得扶贫更加透明，忧在目前人为因素干预区块链预警机制执行的可能性还未能被消除。如何能确定社区工作人员所认定的合法修改就真的合法呢？这让我们认识到公益的公正性、透明性在短期内并不会因为区块链技术的到来而彻底改观，公益事业赖以生存的公信力部分仍需依靠人的意志。由此可见，智能合约的发展仍然是"路曼曼其修远兮"，我们仍需上下求索。

区块链上的通证经济，更将慈善事业推向了新的高度：赋予了扶贫款项全新的含义——加密数字凭证。这一加密数字凭证可以灵活变通：对于缺医少药的穷人，可以以医疗券的形式来使用；对于忍饥挨饿的穷人，可以以食品兑换券的形式来发放；对于适龄的学生，可以以助学贷款或者奖学金的形式进行补助。这里数字资产就具备了强大的灵活性，可以根据不同人群实现数字资产类型的快速登记和变更，管理和发放的成本大幅降低。同时链上的数字凭证，可以通过智能合约进行管控，避免善款被滥用。例如，食品券被卖掉后用来买酒，或者善款被用来赌博，数字化的通证可以限制接收和使用的对象，同时对通证从发放到使用到最后的回收的全生命周期进行追溯，可以精确跟踪每一个环节。由此来看，通证经济会把人类的数字管理能力推到一个全新的高度，把数字管理发挥到极致，通过区块链实现公益、扶贫的全面变革。

然而，信任问题转化为技术问题之后，要意识到目前公益扶贫本身与区块链的兼容局限性。公益扶贫本身难以做到大规模商业化，区块链等相应技术的引进又从财务和技术层面增加了实施难度。在财务上，将区块链应用于精准扶贫需要昂贵的软硬件配套设备以完成每个节点数据的录入、校对及验证，而政府更愿意将资金注入民生、产业领域，从而导致区块链资金不足。在技术上，区块链技术尚未成熟，技术研发人员极其缺乏，难以有效匹配复杂的现实场景。更何况贫困地区的基础设施落后，技术实现难上加难。

假设接下来区块链与公益事业顺畅结合，重建作为公益组织生命源泉的公信力，这种包含科技元素的新型信任又能否持久呢？这需要考虑两个问题：一是组织运作诚实可信；二是公众知道公益组织是如何在基于区块链的新体系下运作的。就目前而言，尽管区块链已经摸索出大量应用场景，但大部分人的认知仍然停留在炒币上。哪怕区块链扶贫的开发平台清楚了解其运营模式，这些平台仍然面临众多参与方的认知阻碍，比如贫困人群、爱心人士在新技术面前难以自洽，又比如更注重实践的帮扶群体在区块链面前缺乏动力更新知识，仍然坚持旧有的扶贫工作方式和思维方式。更重要的是，区块链扶贫的去中心化、集体运维、主体平等的特点颠覆了政府在扶贫领域对自我权威的认知。以上众多主体如何在区块链到来的时代定位和认知好各方角色是近期公益领域的首要落脚点。

2019年3月6日，腾讯CEO马化腾作为全国人大代表向全国人大提交了7份建议案，其中的《关于加强科技伦理建设，践行科技向善理念的建议》引起社会共鸣。感性一直都是公益的底色，当理性成为公益的保护色时，区块链可以成为其"冷静器"。而营造情理平衡、正向循环的公益，还需要对区块链进行全面普及，在更新资金拨款、投后管理等常规流程的同时，把控好安全灵活的接入标准与规范，才能让无数爱心"安心"落地。

小结

技术与应用需要相互成就。只有当区块链技术广泛普及、走入人心，其日新月异的技术与层出不穷的创新才有意义可言。其实，理论上那些需要信任、价值以及协作的民生服务，均有可能通过区块链技术完善对应的解决方案，在探索和试错的过程中，不忘"普惠"初心，才能有效发挥区块链的技术特点，进而与对应的公共服务匹配。区块链不断向民生领域迈进的进程，将释放巨大的社会影响力，推动其在多元领域深化应用。

第四篇

治理

第十一章　区块链是法外之地吗

自2009年世界上第一枚比特币问世以来，以比特币为代表的加密货币及其背后的区块链技术就备受各界关注。区块链作为永久的、不可篡改的、可验证的、去信任的、可编程的分布式账本技术，有望对任何形式的资产（不仅仅限于金融领域，还包括有形财产和无形资产，如软件、医疗数据、想法、信息、名誉等）的登记、库存、交易，实现在世界范围内的去中心化记录。在经历了1.0阶段的加密货币和2.0阶段的智能合约之后，区块链技术开始向经济和社会的各个领域广泛渗透。区块链作为一项通用目的技术（GPT），被认为是自大型机、PC、互联网、移动互联网/社交网络之后第五个颠覆性计算范式和新的基础性技术，将为经济和社会系统建立新的根基。但各国政府一开始并没有对区块链技术及其应用进行积极监管，原因有二：一是区块链处于发展早期，过度监管会阻碍技术创新；二是区块链相关应用如加密资产交易等尚不具规模，并未引发明显的社会风险。

然而经过 10 年的发展，区块链技术日益成熟，正被广泛应用于金融主战场之外的文娱、教育、医疗、公益、扶贫、社会治理、司法存证、政务服务等领域，而且相关应用已具一定规模，区块链上的数字资产和智能合约则被认为代表了数字经济的未来，呼吁法律的积极回应。在此背景下，为抢占技术发展和产业应用高地，各国通过各种方式打造"区块链友好型政府"形象，并积极探索法律和监管措施，以回应区块链技术及其应用带来的法律挑战。

新一轮全球技术竞争已经开始

各国都视区块链和分布式账本技术为未来几十年的突破性技术，新一轮技术竞争已然开始。例如，欧盟已意识到区块链的巨大潜力，将其上升为欧盟战略。2018 年 4 月，EBP（欧洲区块链伙伴关系）得以建立，其作为欧盟成员国合作开发欧洲区块链服务的基础架构文件，旨在识别初始案例和制定功能规范。EBP 将是欧洲范围内使用区块链技术的推动力。在 EBP 之下，欧盟将建成 EBSI（欧洲区块链服务基础设施），EBSI 将利用区块链技术在欧盟范围内提供跨境公共服务。此外，欧盟还建立了可信区块链应用国际协会（INATBA）、欧洲区块链观测与论坛（European Blockchain Observatory and Forum）。在监管方面，欧盟认为法律的确定性是区块链技术在欧盟单一数字市场繁荣发展的关键，目前主要聚焦于为智能合约和通证化建立合适的法律框架，以及推动建立区块链和分布式账本技术的国际标准。种种举措致力于将欧盟打造成全球区块链创新中心。[①]

此外，澳大利亚、德国、美国等国也在加速布局区块链领域，已将监管提上日程。2019 年 3 月，澳大利亚政府提出了国家区块链

---

① 参见 https://ec.europa.eu/digital-single-market/en/blockchain-technologies。

路线图和战略,推动区块链"监管、技能和能力建设、创新、投资、国际竞争和合作"的发展,旨在于这一新兴技术领域成为"全球领导者"。2019年以来,美国国会通过了一系列区块链法案,涉及犯罪预防和侦破、国家安全和反恐、监管确定性、消费者保护、美国国家竞争力和经济繁荣等主题,虽然美国国家区块链战略尚未出台,但这些立法举动无不表明美国对区块链技术的高度重视,意在通过立法巩固美国在区块链领域的优势地位。[①]2019年9月,德国政府发布了《德国国家区块链战略》,计划到2021年底在5个领域采取鼓励区块链发展的措施;这一文件指出,区块链技术在未来互联网中扮演着重要的角色,德国将力争在区块链领域保持领先地位。[②]我国也已将区块链发展上升为国家战略,以科技导向、产业导向、民生导向为核心,助力数字社会建设。[③]

在此背景下,区块链正在带来加密资产与智能合约监管、管辖与争议解决、隐私和数据保护、网络安全、法律责任、双重花费、税收等法律挑战,也在挑战现有的监管框架,例如匿名性增加了执法成本,带来了责任承担难题,跨境性意味着需要更加国际化的规则,中间媒介的缺失带来了应该监管哪些参与者的难题,区块链的永久性、加密性等特征与网络安全、数据保护和隐私难以划清界限,等等。各国已在积极应对这些法律和监管挑战。

逐步推进加密资产监管

目前,金融领域的加密资产是最热门的区块链应用,因此也是各国监管的重点。加密资产,又称加密货币、加密通证等,一般分为交易型代币、证券型代币和实用型代币。各国对加密货币存在监

[①] 参见 https://www.gbaglobal.org/crypto-congress-guide-to-bills/。
[②] 参见 https://www.secrss.com/articles/14956。
[③] 参见 https://www.tisi.org/12390。

管和未监管两种态度，就监管而言，有的人认为合法，有的人认为不合法，对加密货币的属性也存在商品、货币等不同认知。就我国而言，明确禁止炒币和 ICO 融资。例如，央行等五部委发布的《关于防范比特币风险的通知》，将比特币定性为一种特定的虚拟商品，并强调比特币不是真正意义的货币，不具有货币的法偿性，不能作为货币流通；央行等七部委发布的《关于防范代币发行融资风险的公告》，将比特币、以太币等称为"虚拟货币"，禁止 ICO 融资行为。

英国在加密资产监管方面则采取了较为灵活、中立的态度，英国金融行为监管局（FCA）发布的《加密货币资产指南》将加密货币分为三类。一是去中心化的交易型代币如比特币、莱特币等。由于未经国家金融机构发行，该种加密货币以及从事该种加密货币兑换的交易所不受监管。二是证券型代币，即与"股票、债券等传统金融工具相同或类似"的资产，可作为可转让证券在资本市场上交易，适用欧盟《金融工具市场指令》。三是实用型代币，即那些可让用户访问产品、服务，但不授予其与证券型代币相同权利的代币。此类代币一般不受监管，除非被定义为电子货币。可见，英国对于加密资产采取了包容审慎的分类监管策略，有利于提振加密资产市场的信心。

其他国家也在积极推进加密资产监管。例如，新加坡政府对加密货币的态度较为开放，出台了相应的监管细则，吸引世界各地的区块链机构入驻。日本于 2017 年出台了《支付服务修正法案》，于 2019 年修订了《资金结算法》和《金融工具与交易法》，承认比特币等虚拟货币支付手段的合法性，针对数字资产交易所提出了明确的监管要求，并规范数字证券等通证的销售。俄罗斯已出台多项法案，对数字资产、证券通证发行（STO）的监管做出了规定。2019 年 10 月，列支敦士登通过了《通证和可信技术服务提供者法案》，对数字证券、反洗钱和反恐怖主义融资、数字资产保护等做出了规定，是全球首个对通证经济进行全面监管的立法。德国已准备通过立法允许银行销售包括比特币在内的数字货币，并认可银行作为数字货币的托管机构，旨在推动德国成为加密货币行业中心。美国的监管较为严格，在美国经营加密货币业务，需要满足州立法和联邦立法。美国证券交易委员会（SEC）曾在一份公开声明中提出"数字资产证券"（digital asset security）的概念，微妙地传达了其政策和监管立场。美国国会提出的《区块链监管确定性法案》创造了一个"安全港口"（safe harbor），豁免了符合条件的区块链开发者和区块链服务提供者的财务报告与许可要求，表明了对区块链开发者或服务提供者和传统金融机构进行区别监管的开明思路。

破解匿名交易难题，防范网络犯罪风险

匿名性是比特币等区块链应用的一大特色，但匿名交易也给监管带来了麻烦。例如，交易型代币可能成为犯罪分子进行洗钱和恐怖主义融资活动的新工具，同时阻碍执法机构跟踪资金流向。KYC 有助于消除交易的匿名性并追踪区块链上的资产和交易。在这方面，反洗钱金融行动特别工作组（FATF）发布的《加密货币监管标准》提出了消除加密货币匿名性的建议，要求虚拟资产服务商或交易所进行注册或登记，获取并保存准确的发起人信息和虚拟资产转移的受益人信息，并在需要时向有关机构提供。FATF 还建议加密货币交易所应该"依靠数字 ID 系统进行客户尽职调查"。

在韩国，大多数加密货币交易所都有一个 KYC 程序来处理数字货币交易，交易所必须为每个用户保留单独的记录和详细的个人信息，完全去中心化的加密资产交易依然难以被有效监管。在美国，打击、预防区块链相关的网络犯罪、金融犯罪、恐怖主义和危害国家安全的行为，是当前监管的重点，如《金融科技保护法案》和《恐怖分子使用虚拟货币的国土安全评估法案》旨在打击数字货币的恐怖主义用途和非法融资，《FinCEN 改进法案》则旨在扩大金融犯罪执法网络（FinCEN）的权限，从而加强对犯罪分子和恐怖分子使用虚拟货币进行非法融资的打击。就我国而言，国家网信办出台的《区块链信息服务管理规定》要求，区块链信息服务提供者应当按照《网络安全法》的规定，对区块链信息服务使用者进行基于组织机构代码、身份证件号码或者移动电话号码等方式的真实身份信息认证，如果用户不进行真实身份信息认证，区块链信息服务提供者不得为其提供相关服务。

区块链监管离不开法律创新

除了前文论及的问题以外，其他一些重要问题也需要予以积极应对。例如，完全去中心化的区块链网络的节点遍布全球，当特定交易出现纠纷时，应适用哪国的法律？由于区块链的特征，可能导致出现难以调和的法律适用冲突。此外，区块链的去中心化结构并非无懈可击，也面临 DDoS 攻击、Sybil 攻击（女巫攻击）、DAO 攻击（分布式自治组织攻击）等网络安全风险，区块链系统、交易平台等都可能成为黑客攻击的对象。2016 年的 The DAO 事件揭示了基于区块链架构的智能合约的漏洞，一群黑客攻击了以太坊上的 The DAO 网络，并盗取了约 364 万枚以太币。有数据显示，89% 的智能合约存在安全漏洞，保守估计因智能合约漏洞而导致的损失已超过 20 亿美元。因此，需要通过法规、标准等方式维护区块链的安全性。区块链还带来了税收挑战，给具有全球化特征的数字经济的税收问题增加了新的复杂性，各国在数字税争议之外，已在考虑加密货币和区块链的税收问题，并探索解决方案。

显然，区块链需要适度的监管和必要的法律干预，网络解放和政府架空无异于天方夜谭。1996 年，约翰·佩里·巴洛发表《赛博空间独立宣言》，提出网络乌托邦主义，声称网络空间永远不需要受到法律的规制和政府的管辖。在各国都在加强互联网监管的趋势下，二十多年前的口号显得苍白无力。共识算法机制、自动执行规则等特征是区块链区别于传统互联网的地方，但就像互联网一样，区块链也绝非法外之地。而且像互联网基础架构 TCP/IP 一样，区块链技术也需要广泛的社会协调，技术、监管、社会的复杂性远超想象。而区块链的影响可能比互联网还大，可能重塑现有互联网的一切，让金钱和数据在用户之间、在全球自由流动。区块链监管因此变得格外重要，笔者认为，监管应主要在以下三个层面展开。

法律规制区块链滥用

区块链作为新事物，带来了新的价值，但不能以新事物为幌子来从事违法犯罪活动。因此当行为人利用区块链规避法律义务与责任，或者从事违法犯罪活动时，法律必须介入并打击、预防此类行为。这是区块链监管的题中应有之义，各国当前很多立法都聚焦于此，积极防范犯罪分子和恐怖分子的洗钱、非法融资及其他网络违法犯罪活动。

区块链与法律相辅相成

十九届四中全会提出加强和创新社会治理，完善科技支撑的社会治理体系。在这方面，法律与技术代码的结合可以实现公共监管，区块链与智能合约通过代码开创了全新的监管模式。1999 年，莱斯格提出"代码即法律"理念，认为可以通过代码规制互联网，即将法律规则嵌入代码从而实现对人们行为的约束，或者通过技术规则规范人们在网络空间的行为。换句话说，在网络平台上代码不仅能够高效调节用户的行为，而且可被用来保护法律权利或打击违法行为，如通过代码限制终端用户对版权内容的复制、分享，利用 AI 算法筛查、过滤侵权内容或违法内容，等等。

在区块链语境下，这一理念得到了进一步发展，借助区块链技术可以实现法律的代码化，即"法律即代码"[①]，意味着区块链可以发挥出监管技术（regulatory technology）的效用，即可用于定义法律或合同条款并将它们纳入代码，予以强制执行。更进一步，代码不仅被用来执行法律规则，而且被用来制定和阐明规则。比如，基于区块链技术的智能合约可被用来效仿或者模仿法律合同的功能，从而将法律转变为代码。[②] 在这个意义上，区块链代码就是法律。这意味着区块链可以辅助法律和监管，甚至有人认为区块链技术可能导致一个以自治规则代替传统法律的社会。因此，各国已在探索将区块链应用于公共监管，如市场监管、税收金融、电子政务等领域，这将持续给法律和监管开辟新的天地。

区块链监管需要法律创新

第三个层面是区块链自身的监管问题，很多创新都是从法律的灰色地带开始的，新生事物与原有的制度之间总是存在一种紧张关系，原有的制度、框架和评价指标可能不再适用于新事物的发展。这意味着，就区块链而言，既有的监管和法律需要改变。具体而言，存在以下二个趋势。

其一，包容审慎、敏捷灵活的监管思路。这意味着需要给予容错空间，先"等一等，看一看"，再规范，谨慎地将既有监管原则适用于区块链技术。应根据区块链的不同类型并结合具体的应用场景探索具体的监管措施，把握合理的程度和方式，而非采取统一的、一刀切的、泛化的、激进的监管。

其二，监管沙盒。监管沙盒鼓励创新，并鼓励创新企业发展，

[①] 曹建峰，《人工智能、区块链等新技术影响法律的三个趋势》，https://mp.weixin.qq.com/s/6LCBErdLcS4G1SdNMR522g。

[②] 赵蕾、曹建峰译，《从"代码即法律"到"法律即代码"——以区块链作为一种互联网监管技术为切入点》，载《科技与法律》2008 年第 5 期。

而非仅仅服务于监管者自身的价值和目的。例如，英国《加密货币资产指南》意图营造有利于加密资产发展的监管环境，即沙盒内的企业将享受金融行为监管局单独的指导、豁免部分要求等政策扶持。未来，在区块链领域，监管沙盒的作用将进一步得到彰显，监管沙盒也将成为各国在争夺全球区块链技术和产业高地的过程中越来越青睐的监管工具。

其三，牌照。通过明确牌照和许可要求来规范区块链服务提供者，促使区块链相关交易合规化。近两年来，陆续有监管机构明确了牌照要求，例如，香港证券及期货事务监察委员会发布的《有关证券型代币发行的声明》，明确指出从事证券型代币发行应当纳入监管范畴，应当事先获得牌照或注册，否则将被视为刑事犯罪；日本通过的《金融商品交易法》修正案，为加密货币交易所规定了牌照要求，否则不得继续运营；新加坡国会通过的《支付服务法案》同样意在通过牌照制度促使数字货币交易合规；我国的《区块链信息服务管理规定》则要求区块链信息服务提供者（包括节点 IP）及使用者履行备案手续，实名登记在册。

正如腾讯研究院院长司晓所言："完全去政府、去中心化只存在于理论模型中，可监管的区块链、相对的去中心化才是大概率的未来。"诚然，区块链是法律之地，将其纳入国家治理版图将更好地推动区块链技术的发展和产业应用，但这要求改变、革新既有的制度、法律、监管理念和方式等，而非用旧眼光看待新事物，一成不变地套用既有的法律和监管框架。

数字资产和智能合约何以代表未来

比特币诞生后的十年，随着比特币背后的区块链技术不断发展和日益成熟，建立在区块链之上的数字资产和智能合约持续繁荣发展，目前已有一定规模。但在制度层面，各界对于数字资产和智能合约的法律地位尚存较大争议，法律的不确定性阻碍了市场信心的培育，不利于数字资产和智能合约市场的长远发展。

区块链数字资产市场繁荣发展，但却面临法律的不确定性

区块链技术适用于任何形式的数字资产的交易。在区块链框架下，所有资产都可以变成智慧资产，即将所有资产写进区块链，以一个独一无二的标识符表示，以便该资产可以被追踪、控制和交易。这意味着所有有形资产（房屋、车辆等）和数字资产（文件、图像、医疗记录、软件等）都可以在区块链上登记、流转。正因为如此，数字化后的商品、合同、物流单据、发票等可以数字化的形式高效流转，实现数字与价值的真正聚合。

这是区块链在资产交易市场的伟大愿景，有望构筑全新的资产交易模式，这一发展趋势被冠以通证化、资产数字化、数字资产化等理念。CoinMarketCap 公布的数据显示，截至 2019 年 10 月 7 日，全球的加密资产有 2963 种，总市值已经超过 2000 亿美元；而比特币作为全球规模最大的去中心化数字资产，市值约为 1304 亿美元，在全球加密资产市场中占比 66.6%。安比（SECBIT）实验室智能合约监控平台的数据显示，2018 年 10 月以太坊主网智能合约创建总量为 95 139 个，显示出强大的生命力。

但区块链数字资产和智能合约的法律地位却面临不确定性。以我国为例，各地司法机关对涉案的数字资产认定标准并不一致。在合同纠纷中，以比特币为标的的合同往往被界定为无效合同，得不到保护。[1] 对于涉及数字资产的犯罪，罪名通常包括诈骗罪、非法

---

[1] 例如（2017）湘 0105 民初 6277 号，长沙市开福区人民法院在"中亚智能数字科技（深圳）与长沙盛大实业有限公司确认合同有效纠纷"一案中认为，合同双方约定比特币兑换以及兑换后果的合同内容违反国家货币政策，故该合同因违反法律强制性规定而无效。

吸收公共存款罪、集资诈骗罪等。近年来，还有法院在确认虚拟币发行不符合法律规定的基础上，转而将其认定为数据，进而认为窃取他人账户中虚拟货币的行为至少构成非法获取计算机信息系统数据罪。[①] 此外，虽然《民法总则》将虚拟财产纳入民事权利的客体保护，但对于何谓虚拟财产以及虚拟财产属于何种权利的客体尚未有细化规定。在国外，区块链数字资产面临同样的法律困境，如美国商品期货委员会将其界定为商品（commodity），美国国内收入署认为其是财产（property），美国证券交易委员会则认为需要在个案中具体认定。

区块链为数字资产的发展以及交易提供了新的机会，区块链数字资产有诸多优势，诸如减少交易成本、风险和交易时间，简化权利管理，允许新应用的开发（如通过智能合约的可编程财产），密码安全，记录和交易不可篡改等。在此趋势下，区块链数字资产的法律属性不仅关系到交易本身，还可能对继承、破产清算、信托等规则产生影响。因此明确区块链数字资产和智能合约的法律属性对于其长远发展具有重大意义。

区块链数字资产的特征及分类

区块链数字资产始于 2008 年中本聪开发的比特币系统。此后，很多其他的系统和应用相继涌现，很多应用都涉及某种形式的资产的交易，这些资产以数字化的形式存在于特定系统，被称为区块链数字资产，也被称为加密资产、加密通证、加密货币、虚拟资产等。目前，各界对于区块链数字资产并未形成一个统一的精确定

---

① 例如（2018）浙 07 刑终 1034 号，金华市中院在"徐建非法获取计算机信息系统数据、非法控制计算机信息系统"一案中，认为被告破解被害人账户密码，并窃取其账户内的钻石币（双涡轮平台发行的虚拟币）和积分的行为破坏了计算机信息系统安全，构成非法获取计算机信息系统数据罪。

义。英国金融行为监管局认为，加密资产是利用某种类型的分布式记账技术，以密码加密的方式对价值或合同权利进行的安全的数字化呈现。欧洲银行业管理局（EBA）认为，加密资产作为一类私人资产，主要依赖密码学和分布式记账技术来呈现其固有的或被感知到的价值。但这些数字资产具有区别于传统资产的一些全新的特征，主要表现为以下5个方面。

1. 无形性。区块链数字资产存在于特定系统，本身不能被物理地、现实地占有，是纯粹的虚拟资产。

2. 加密属性。数字资产的产生以及交易在很大程度上依赖加密技术。现有的区块链数字资产由公钥、私钥和系统规则共同决定，其中公钥是开放的，而私钥是随机算法生成的一个巨大的随机字符串，具有不可预测、不可重现以及随机性等特点。当发生数字资产交易时，私钥能生成公钥，公钥却不能逆向回溯到私钥，这在一定程度上保证了交易的安全和私钥的隐秘性。

3. 使用分布式账本。数字资产的交易必须基于其所存在的区块链系统。区块链数字资产采用了分布式分类账技术，这种技术与传统的分类账不同，分布式分类账分布在区块链网络上的所有节点，由区块链网络中的每个参与者独立保存和实时更新。区块链数字资产的交易被广播到所有参与者组成的网络中，一旦其被确认有效，就会被添加到账本中。账本的核心功能是确保维持可靠的交易历史记录，并避免双重支付问题。

4. 去中心化。理想状态下，区块链数字资产应具有去中心化的特征。以往的虚拟财产需要可信赖的第三方机构作为中介，因为高度依赖第三方，这类价值转移只能在部分领域得到运用。区块链数字资产从持有到交易都不需要第三方机构的参与，高度的自治性既降低了成本，又提高了交易效率。但是英国加密货币交互式平台CryptoCompare在2018年的报告显示，目前市面上的200多种加密资产，仅有 16% 是真正意义上的去中心化资产。

5. 共识机制。数字资产的交易规则不是由合同或者其他具有法律约束力的方式完成的，而是通过筛选出特殊节点进行投票，在短时间内完成对交易的验证和确认，这被称为共识机制。在分布式账本的使用中，共识机制发挥了重要作用。区块链上每一个节点都遵循统一的协议规范，当交易发生时，这些节点按照预设的规范确认各自的数据，以此来保证账本数据的一致性与准确性。不同的区块链有不同的算法方案，以确定不同的节点，例如工作量证明机制、权益证明机制、股份授权证明机制等。

符合以上特征的区块链数字资产可以从不同的角度进行分类。如根据通证的用途，可以分为交易通证、证券通证、实用通证等；根据持有数字资产的目的进行分类，可以分为为了访问服务、回报潜力、股息奖励、链外资产现金流转、收藏、价值存储、交换以及其他目标，如投机等所持有的数字资产。本书根据区块链资产是否承载链外法律权利，将其分为两种。

第一，区块链原生资产。这类资产以数字加密货币为代表，除了比特币，还有以太币、以太猫、哈希世界土地等。该类资产存在于区块链系统，并基于区块链进行交易，并不代表或关联独立于系统之外的法律权利。

第二，代表或与系统之外的传统资产有关联的数字资产，即对现实存在的各种实物或者非实物资产进行数字化标识，并在链上流通的表现形式。区块链技术是实现资产数字化的重要工具，将链外资产，例如金钱、有形商品、不动产、公司股份、债权债务或者某些合同权利转换为数字化的形式，或者将某些已经数字化的权益转移到区块链系统，这不仅能降低交易成本，减少资源消耗，还能使资源流通更加便捷。链外资产当然具有财产属性，当其上链以后，数字资产表现为各式通证，其法律属性将在下文讨论。

区块链数字资产应属于法律意义上的财产，可以被人们合法"所有"

2019年11月，英国发布《关于加密资产和智能合约的法律声明》，认为一些加密资产的新特征，诸如无形性、加密认证、利用分布式交易账本、去中心、共识机制等并不能使其不符合财产的特征，同时也不因其为纯粹的信息或者不能被归为有体物或者无体物而不能成为财产，因此认为区块链资产是英国法律意义上的财产。认定区块链资产具有财产属性影响深远，将影响在破产、继承、欺诈、盗窃或者违反信托等场景中如何对待区块链资产。此外，乌克兰已通过一个新法案，明确了区块链资产的法律属性，该法案将"虚拟资产"认定为财产和价值的数字化表达，可以交易、转让并用于支付、投资等目的。2019年10月，列支敦士登通过的《通证和可信技术服务提供者法案》也对数字资产的保护做出了规定。

笔者认为，在我国现行法律制度下，区块链数字资产可以成为物权的客体，法律主体可以对区块链数字资产享有所有权，理由如下。

第一，区块链数字资产符合物权客体的特征。首先，区块链数字资产是独立的，是可以确定的，因为在特定的系统中每一对公钥和私钥组成的数字资产都是独一无二的，不存在无限复制的可能。其次，区块链数字资产是可支配的，虽然不能被物理地占有，但私钥所有人可以通过私钥对特定数字资产施加排他控制。再次，区块链数字资产具有可利用性，区块链技术可以保证数字资产的稀缺性，避免因信息的无限复制而使数字资产持有和交易变得无意义。最后，区块链数字资产是持续稳定的，尽管系统参与者就账本的状态和交易的有效性和次序达成共识需要时间，但随着交易量的增加，系统会趋于稳定，也能有效避免分叉问题。

第二，区块链数字资产不是有体物并不妨碍其成为物权客体，或者至少成为法律意义上的财产。在区块链数字资产足以符合物的特定性以及可支配和可利用等特征的情况下，其是否能归于物权客体，取决于民法理论对于无形或无体概念的进一步阐释。退一步讲，即便保有现有的物权体系，区块链数字资产也可以作为一种新型财产进行保护。

第三，区块链数字资产的信息本质并不妨碍其成为财产。将数字资产视为财产的一个阻碍在于单纯的数字信息本身很难被认为有价值。数字资产是公共数据、私钥和系统规则的集合体，不适用于孤立的私钥。孤立的私钥和密码、电话号码、账号等同样是纯粹的信息，当然不能被视为独立的财产。区块链数字资产的价值不在于信息本身，而是基于区块链建构起来的规则，这些信息代表持有者可以对数字资产享有的占有、使用、收益、处分等权利。此外，传统的信息容易被复制，从而导致价值的贬损，区块链的分布式分类账解决了重复支付的问题，保证了其价值的唯一性。

智能合约是不是法律意义上的合同

智能合约是区块链上具有运行程序或执行代码能力的一类应用，智能合约的缔结需要将双方合意记载在区块链网络各节点之中，当条件达成后自动执行合约内容。区块链智能合约的出现表明区块链平台不仅可以存储信息，也能实施交易行为。与传统合同相比，智能合约具有规范性、透明性、自动执行、不可逆等特点。[1]

---

[1] 区块链智能合约以计算机代码为基础，具有严格的形式化语言特征，相较于传统合约，最大限度地减少了缔约语言的模糊性。缔约后，该合约内容便会通过区块链网络传递到每一个节点，各个节点均可以观察、记录、验证智能合约的状态，因此智能合约的内容以及执行过程均是透明的。缔结成功后，一旦触发执行条件，合约便会自动执行。

对于智能合约的法律性质，目前学界主要存在两个观点：一是法律合同说，认为智能合约符合传统法律合同的形式特征和实质特征；二是非法律合同说，认为智能合约具有去中心化、去意志性的特点，消解了传统合同不可缺少的中心架构，智能合约虽不属于法律合同，但属于具有法律意义的合约。

相对于传统合同，智能合约具有特殊性。第一，智能合约在双方交易过程中所担任的角色是不同的。既有以代码化的权利和义务为主要内容的，也有专用于执行协议的智能合约，也不排除以上两者皆有的混合合约。第二，除非在智能合约运行过程中增加修改或删除程序，否则合约将自动执行，剥夺了双方更改合同条款或者在特殊情况下拒绝履行合同的权利。第三，合同解释的一般原则在智能合约的解释上也会遇到困难。传统的合同优先遵照字面解释，对智能合约而言，虽然通常代码是清晰而自洽的，但编程方式以及代码运行顺序等本身就容易在权利和义务代码化的过程中造成影响。

在国外，美国内华达州的立法明确了智能合约的法律地位，法院可以对区块链上的协议进行执法。内华达州将智能合约定义为"存储为电子化记录的合同"，可以通过使用区块链技术来验证。这一定义允许合同被作为证据使用。欧盟的《区块链研究：法律、监管和互操作性问题》则在考虑智能合约的法律问题，即当前的法律框架是否足以确保智能合约的可执行性并在产生法律纠纷时能够明确管辖。英国发布的《关于加密资产和智能合约的法律声明》则认为，尽管计算机代码可用来界定合同义务，或者被用来执行一个链外的协议，但此类智能合约可以借助一般的、业已建立的法律原则来识别、解释和执行，即智能合约属于法律合同，英国法律能够应对匿名或假名主体之间的智能合约、双边智能合约以及建立在 DAO 之上的智能合约。

构建区块链数字资产和智能合约创新发展的制度基础

在法律领域，区块链数字资产和智能合约无疑代表着未来。不仅传统的资产如不动产、动产、股权、证券等可利用分布式账本技术和密码加密技术被安全地数字化呈现，从而实现安全高效的流转和交易，而且无形资产如数据、虚拟物品等也可以借助区块链技术获得财产的属性，从而实现交易目的，软件、IP 等无形财产的管理也将变得更加便捷高效。未来将持续涌现更多的数字资产和智能合约的应用场景。

区块链数字资产和智能合约的结合，将塑造全新的数字交易市场，而明确区块链数字资产和智能合约的法律地位将能增强市场信心，实现法律的确定性和可预测性，对科技界、法律界和全球金融服务市场及数字资产交易市场都有重大意义。

当然，在实现这一目的之前，人们需要为区块链数字资产和智能合约的发展构建适宜的制度和法律框架，包括区块链数字资产和智能合约的法律地位，区块链上的各式通证是否合法有效的登记、证券、金融工具等，数字资产交易和智能合约的法律救济、责任承担、管辖等，以及 DAO 的法律地位、责任承担，等等。唯其如此，人们才能确保区块链数字资产和智能合约持续引领数字经济的未来发展。

隐私和安全

世界经济论坛发布的《2019 年全球风险报告》称，数据泄露和网络攻击已成为全球五大风险之一。在隐私和安全问题上，区块链呈现出两面性：一方面，区块链被视为可靠的增信机器，其去中心化、不可篡改性以及匿名性等特点是保护隐私、保证安全的重要设计；另一方面，区块链公开、透明的特性也引发了与数据上链和交易有关的隐私与安全问题。尤其在政务、医疗、金融等对数据高度敏感的领域，区块链的隐私性和安全性将影响应用场景的拓展。因此，区块链在落地过程中必须优先解决隐私和安全问题，而这对技术和法律提出了双重挑战。

区块链的隐私问题

一方面，区块链技术为保护隐私和保证安全提供全新的技术解决方案。以往，数据控制与处理高度依赖中心化的第三方机构，数据共享和数据交换之间面临被第三方平台复制、留存、转卖或篡改的风险。此外，黑客攻击问题在区块链上并未被杜绝，第三方平台常常因为被黑客攻击，造成巨大的经济损失。

可以说，区块链为保护隐私和保证安全提供了一种全新的技术解决思路。区块链技术所具有的去中心化、匿名性交易[①]等特征被认为能够削弱以往的一些利益中介，增强数据主体的控制力，降低隐私泄露风险。例如，采用加密的分布式记账技术，将上链数据分布式存储在区块链系统的所有节点上，对单个节点的修改无效，除非能够控制系统中超过51%的节点，这提升了区块链存储数据的稳定性和可信度。再如利用非对称式加密技术，为使用者分别配备公钥和私钥，私钥用于单向加密且不能解密，保证数据的安全性，避免出现第三方数据泄露问题。同时，理论上讲，相较于中心化架构，对去中心化的架构进行网络攻击的难度也大得多，只有当计算足够强大时，才可能实现对区块链上大多数节点的同时攻击。

另一方面，区块链带来了新的隐私和安全问题。自区块链诞生之时起，因为黑客攻击导致的区块链数字资产流失事件就从未停止。2010年，黑客曾对比特币发动攻击，打破了比特币的有限总量，

---

① 现阶段区块链所实现的匿名性交易实际是指非实名性交易，匿名是指每个人的身份是无法被人知道的，而非实名是指每个人在区块链上有一个和真实身份无关的虚拟身份，但这个虚拟身份做的所有事情都是透明的。

凭空创造了 1844.67 亿个比特币。2017 年，韩国 YouBit 交易所遭黑客入侵，公司不得不申请破产。2018 年，日本 Coincheck 交易所丢失 5.2 亿个新经币，损失达 5.4 亿美元。这说明尽管区块链是一个具有较高隐私性和安全性的系统，但在区块链上存储着巨量的数据，仍面临潜在的安全和数据泄露风险，区块链运营者需要采取网络安全措施。

第一，传统的信息网络安全防御方案不完全适用于区块链系统。传统的隐私安全保护主要通过增强中心节点的防御能力抵抗攻击，例如，升级服务器性能、设置攻击检测软件等。在区块链系统中，数据储存在分散的节点，区块链系统中基础架构的每个部分都面临网络攻击和被篡改的风险。区块链上常见的攻击行为既包括攻击配置漏洞和代码漏洞，如分布式拒绝服务攻击，也包括利用智能合约漏洞控制权利人资金或者伪装成交易者接入节点并直接获得交易数据的不法行为。

第二，攻击手段逐步升级，区块链上的用户身份和交易数据隐私保护难度加大。区块链上的用户身份隐私是指用户信息与区块链地址之间的关联性，即使区块链上的用户地址呈匿名或假名状态，目前的技术也可以通过跟踪用户交易数据，分析用户交易轨迹，推测用户的真实身份乃至位置信息。区块链上的交易数据隐私包括存储在链中的交易记录和交易记录背后涉及的隐私数据。在公有链中，通过分析区块链系统的交易规律和交易特征，攻击者能获取链上资金流向等信息，从而带来隐私威胁。[1] 对于金融、医疗等存有敏感数据的行业而言，基于交易记录，分析人员还可进行宏观金融趋势分析或获取病史资料以及其他具有科研价值的医疗数据。

---

[1] 参见祝烈煌、董慧、沈蒙，《区块链交易数据隐私保护机制》，载《大数据》2018 年第 4 期。

第三，隐私保护问题。涉及个人数据的区块链系统需要遵守数据保护法律。区块链的分布式特征带来了新的问题。例如，在隐私和数据保护合规方面，该适用哪个国家、哪个地区的数据保护法律？现实情况可能是，一个区块链系统在收集、处理个人信息时，可能需要遵守很多不同法域的法律，带来难以逾越的法律适用冲突。就节点分散在不同国家和地区的区块链系统而言，如何确保数据的跨境传输是合规的？在欧盟，可能包括执行被批准的标准合同条款，或者签订欧盟-美国隐私护盾的接收者。此外，欧盟的 GDPR 给数据处理者施加了对数据进行假名化操作的义务，以及数据主体请求删除其个人数据的权利（被遗忘权）。尽管假名化和存储在区块链上的数据并不冲突，但被遗忘权的行使则面临困难，因为区块链上的记录是不可篡改的。而且在完全去中心化的区块链系统中，确定哪个主体是数据控制者也面临诸多困难。

典型国家和地区的立法与监管

目前，全球都在就区块链可能带来的隐私和安全问题积极提出解决方案。

中国：《区块链信息服务管理规定》迎来区块链监管时代

2019 年 1 月，国家互联网信息办公室发布《区块链信息服务管理规定》（以下简称《规定》），旨在明确区块链信息服务提供者的信息安全管理责任。从《规定》的内容来看，监管部门将通过区块链信息服务提供者备案以及区块链信息服务使用者实名认证制度等将区块链信息服务提供者和使用者纳入监管范围，以便及时通过技术手段处理不法信息和行为。

《规定》将区块链上的信息内容安全管理责任归于区块链信息服务提供者，强调区块链信息服务提供者对区块链上不法行为的事先预防与安全评估，明确了区块链信息服务提供者对区块链的整改、处置、报告、备份以及为相关执法部门提供技术支持等责任。《规定》第九条明确指出,"区块链信息服务提供者开发上线新产品、新应用、新功能的,应当按照有关规定报国家和省、自治区、直辖市互联网信息办公室进行安全评估"。根据国家互联网信息办公室的后续说明,国家鼓励相关企业委托国家认可的一批具有相关资质的测评机构进行安全评估或者展开自评,并提交安全自评报告。[①]此外,我国也正在起草《区块链平台安全技术要求》,以便为区块链平台的安全稳健运行提供基础和保障。

整体来看,《规定》仍沿用了传统互联网中心化的监管思路,这与现阶段非完全去中心化的项目占据多数的现状相符合。市面上一些采取去中心化区块链技术所开发的项目,在数据存储、网络节点运行等层面上依然依赖中心化服务存储器,因此沿用中心化的规范范式,能对半中心化的区块链项目进行有效规制。当然,《规定》要求信息服务提供者对系统上的信息进行监督审核,要求区块链服务提供者和使用者备案和实名,这可能制约公链的发展。

欧盟:以 GDPR 与区块链的协调适用为重心

欧盟的 GDPR 是目前隐私与数据保护领域最引人瞩目的立法变革。GDPR 建立在中心化规范范式之上,旨在加强数据主体对数据的控制力。去中心化的区块链系统如何适用 GDPR 的规则成为欧盟需要重点回应的问题。

截至 2019 年,欧洲数据保护委员会(EDPB)和大部分国家数据保护当局都没有发布关于如何协调 GDPR 与区块链的正式指南。但是,法国数据保护当局已经陆续在一些相关出版物和报告中着手讨论适用方案。例如,2018 年 11 月法国数据保护监管机构国家信息与自由委员会(以下简称 CNIL)发布了一份初步报告《在个人

---

① 参见 https://baijiahao.baidu.com/s? id=1641401081330471067&wfr=spider&for=pc。

数据背景下负责任地使用区块链的解决方案》。[①] 该报告是欧洲数据保护监管机构就这一主题发布的第一份指南。2019年7月，欧洲议会科学和技术选择评估小组（以下简称STOA）发布了研究报告《分布式记账技术能否与欧盟数据保护法相协调》，分析了区块链在适用GDPR时可能存在的解释难点，并为GDPR与区块链技术的协调与适用提供了一个初步思路。

首先，现存区块链上的数据并非均处于公开状态。STOA指出公有链是完全去中心化的，无须经过任何管理员许可即可加入；私有链和联盟链有一定的门槛，需经过许可才能够加入成为链上节点的区块链网络。[②] CNIL也认为，不同类型的区块链在适用GDPR时可能面临不同的问题，其中以公有链的完全去中心化与GDPR的中心化规范范式冲突最为严重，建议在GDPR之外寻找其他解决方案。联盟链和私有链能对个人数据进行较好的控制，在适用GDPR时困难反而不多。

其次，GDPR与区块链之间存在天然的紧张关系。第一，GDPR以假定个人数据存在一个或多个数据控制者为前提，而区块链分布式存储让数据的控制权变得分散，从而导致很难找出符合GDPR要求的"数据控制者"。第二，适用GDPR的前提是区块链上存在个人数据，经过非对称加密或散列的数据是否还属于GDPR中的个人数据也存在争议。第三，为保证数据的稳定性与完整性，区块链上任何单一的节点都无法实现对数据的修改，GDPR的"被遗忘权"和"修改权"在区块链系统中不能轻易实现。第四，GDPR还规定了个人数据处理的"最小化"原则，即对于个人数据的处理数量以满足该业务需要的最小数量为限，不得收集任何非必需的个人数据。然而区块链是

[①] 参见 https://www.cnil.fr/en/blockchain-and-gdpr-solutions-responsible-use-blockchain-context-personal-data。

[②] 参见 http://www.zhonglun.com/Content/2018/08-22/1104120902.html。

一个数据不断膨胀的系统,"最小化"原则在区块链上很难适用。

STOA 强调,区块链与 GDPR 的立法目的是一致的。区块链本身是加强数据主权和数据保护的技术工具。随着技术的成熟,分布式存储技术能够帮助数据主体增强对个人数据的控制,还能促进数据流通和利用。

最后,STOA 还提出了三项较为初步的政策建议:(1)进一步完善监管指南,以便为区块链监管提供确切的法律依据;(2)鼓励监管部门和私营部门开展合作,建立完善且具体的行为准则和认证机制;(3)在区块链与 GDPR 的协调适用方面加大科研投入,开展跨学科研究。

区块链在隐私与安全保护上的技术进展

以太坊创始人维塔利克·布克林(Vitalik Buterin,被称为"V 神")在 2019 年末发表文章回顾了当前在区块链加密领域的技术进展。他介绍,代码混淆、哈希加密等基础性技术的进展较为缓慢,还有一些难点尚未攻克甚至完全没有解决方向,同时在 2019 年还出现了关于如何改进同态加密的实用性、提高应对 51% 攻击的响应能力等新问题。[1]

目前已经实际落地的加密技术可以分为以下两种。

一是基于密码学原理,对数据先加密再进行验证。例如,设立独立的密钥设备提供商和运营商,哈希上链等。前者依然是中心化的管理机制,存在第三方泄露风险,后者无法让第三人直接对哈希数据进行逻辑校验,是一种成本很高,而且效率极低的加密方法。[2] 这些

---

[1] 《V 神:区块链最关注的 3 大问题解决了吗?》,https://www.bishijie.com/shendu/67312.html。

[2] 《区块链的隐私保护机制有哪些?真的安全吗?》,https://new.qq.com/omn/20180316/20180316G1AP1Q.html。

加密方式依赖于密钥，如果密钥丢失或被盗，数据就无法被找回。

二是引入侧链，模糊交易的发起人地址，提高追踪成本。[①] 早期比如比特币，采用"匿名化身份＋零钱地址"机制进行交易，即每笔交易用不同的公钥形成隐身地址，以此提高对交易者以及交易数据的追踪成本。然而研究人员已经认识到，这种隐私保护方式是脆弱的，因为公钥与本人之间仍存在千丝万缕的联系，当算法足够强大时，根据某些节点上的一些公开信息或者被泄露的信息，足以识别用户的真实身份。混币（Coin Join）是另外一种"匿名化"交易的实现方式。混币采用中心化的混合服务方法，在交易被记载在公共账本之前，混淆交易双方的联系，以此加大识别交易双方真实身份的难度。中心化的混合服务本身将掌握大量真实的交易者数据，并未真正实现区块链的匿名性，反而给区块链交易带来了负担。[②] 在中心化混币以外，出现了越来越多的去中心化混币机制，取消了第三方混币提供者，逐渐摆脱了对第三方中心化服务的依赖。但同时，去中心化混币也提出了更高的使用要求，比如在执行混币过程中，要求所有参与者同时在线，这不仅增加了运行成本，还会影响混币服务的效率。

新的趋势是选择从根本上加密交易过程，典型技术如环形签名、零知识证明等，这种思路更符合区块链的价值特征，但仍存在不完善之处。环形签名是指在交易开始时，环中的交易发起者将其私钥与其他成员的公钥混合，接收者用私钥验证交易。使用环形签名可以模糊交易发起者的身份，仅仅通过查看环形签名不可能辨别哪个地址发起并最终签署了交易。但是由于环形签名需要与其他用户的公钥进行混合，若遭遇恶意用户也会存在暴露隐私的情形。零知识

---

① 参见 https://www.jianshu.com/p/b2bbe2db2c79。
② 《浅析 coinjoin 隐私保护方案》, https://bihu.com/article/1755856。

证明较环形签名私密性更高，能做到只公开交易信息，而隐藏交易细节，证明者能够在不向验证者提供任何有用信息的情况下，使验证者相信某个论断是正确的。Zcash 是首个使用零知识证明机制的区块链系统，由 Zcash 和 Ethereum 合作推出的 zk-SNARK 被认为是目前最先进的区块链隐私交易机制。[①] 目前，以太坊上的智能合约也已可以运用零知识证明。但是一旦区块链系统遭到黑客入侵，其信息也将是"零知"状态，难以被察觉，这给系统安全带来了不确定性。

客观来看，现在的区块链隐私保护方案都牺牲了区块链的部分价值，或是去中心化，或是验证效率，以此来保护隐私和保证安全。区块链中的交易较为理想的状态是：各方在交易时不被关联到其网络地址或其他交易行为；交易中的交易细节公开化，但交易本身的信息私密化。显然现有的技术方案尚未完全实现这一理想状态。

实现区块链发展与隐私保护的平衡

区块链发展至今，人们对于区块链与隐私安全之间的关系认识也越来越全面，区块链对隐私安全既是机遇又是挑战，构建安全且具有隐私性的区块链系统，成为区块链"脱虚向实"的关键突破口。

一方面，区块链在提升信息网络隐私性和安全性方面仍具有较高潜力。现行的区块链技术虽不能完全解决网络安全与隐私问题，但它的确是一个具有强大潜力的治理工具，可以帮助提升数据隐私性与交易安全性。区块链的出现意味着，除了依靠道德约束和法律规范，更多的科技手段将被用来实现隐私和安全。在数字经济时代，区块链治理不是要将涉及隐私的数据完全私密化，而是想要实

---

① 参见 https://www.jianshu.com/p/e4cb6537e874。

现既能够防止数据被泄露与滥用,又能让其在安全可信的框架下被合理有效地聚合使用,而不必担心其被篡改或被其他主体识别。

另一方面,区块链的技术特征也会带来新的隐私和安全问题。虽然区块链上与安全隐私相关的基础层面的技术发展相对缓慢,但仍在逐步推进之中。对技术的理解应常变常新,才能设计出更适应区块链发展的治理方案。同时,对数据隐私与安全的保护也不应该是静态的,需要足够的灵活性,以快速适应变化的技术环境。

第五篇

转型

第十二章　企业的区块链转型

在洗去加密货币的浮躁气息后，区块链产业与实体经济结合成为大势所趋。政策的鼓励，技术的进步，同业的压力，新风口的形成，让各个行业的企业都唯恐错失入场良机。抢夺先机固然重要，但如果为了争先而武断地加入赛道，那么效果可能适得其反，最后沦为中看不中用的面子工程。对于企业来说，想明白如何利用技术来解决问题才是最重要的。找准切实的需求和恰如其分的应用场景，稳当部署好着陆点、跑道以及跑法，并在执行阶段遵守与区块链相匹配的"行为规范"，才能不忘初心，不摔大跟头。本章将分别从企业利用区块链技术能做什么、能不能做好、如何去做以及如何进行监管这4个转型必答问题出发，为企业在入场区块链前提供一个思维蓝图。

火眼金睛，巧辨需求

区块链并非一把万能钥匙，在进军区块链之前，企业首先需要思考一个最重要的问题：区块链究竟能为我解决什么？要想回答好这一问题，需要企业自下而上地从组织流程、客户需求和价值链等方面分析自身的真实痛点。企业要想过滤掉没有意义的伪需求，就需要对区块链的技术原理及适用范围有清楚的认知与把握。[1]

区块链的差异化商业价值在于将多方事实上链，降低信任成本。这传递了以下三个基本信息。

第一，区块链对于信任壁垒低的场景实质上是画蛇添足。如果中心权威实时在线且完全可被依赖，那么围绕各节点所具备的共识机制即使再严谨，意义也不大。去中心化之后，采用多方参与记录数据的方式，反倒会降低原有场景的有效性。比如，房产登记依据法律规定由中心化系统确认即可，若是倚靠多方共识，听取各方意见，反而会产生很多庞杂和凌乱的信息。在这种应用场景，花工夫保障中心化系统的安全才是当务之急。在另一种情况下，各参与方彼此之间完全值得信赖，可以直接摆脱中心权威，那么同理，在这种场景下区块链的利用价值也很有限。因此，企业应重视的应用场景特点包括参与方众多、全球属性强、中介运行逻辑复杂度高、中介成本极高等。[2]

第二，区块链技术强调的是事实上链，这导致区块链救赎不了那些上链前数据源头已受污染的应用场景。区块链不可篡改的特点能保障上链后的数据始终如一，但无法使源头造假的数据暴露原形。比如，目前运用区块链技术在食品追溯场景下，无论链上机制

---

[1] Teppo Felin and Karim Lakhani, "What problems will you solve with blockchain?", MITSloan management review, https://sloanreview.mit.edu/article/what-problems-will-you-solve-with-blockchain/.

[2] 荷月科技，《企业区块链应用的几个基本原则》，https://www.jianshu.com/p/a2d13f72c8a6。

如何透明和有效，也无法消除食品数据在上链前被篡改的可能性。事实上不了链，一切皆是空谈。

第三，生产要素对数字化需求低的应用场景并没有必要引入区块链。如果原有的商业模式本身对数据的记录、汇总诉求低，也不太需要对外共享和披露数据，那么强制性的数据存储和共享只会导致性能浪费。

企业在甄别痛点需求时，需要认真思考自己的业务属性，认识到以上三个应用误区，筛选出真正适合用区块链解决的需求，把区块链的内核价值用在实处。能解决实际问题的技术，才是带来实际价值的技术。只有解决了根本问题，才有可能带来持久价值。

内外审视，可行与否

在回答了"能做什么"后，下一步就到了"能不能做好"这个问题。倘若没有一个能与企业经营范围接轨的商业模式，就算技术再成功也无法成为企业长久发展的核心竞争力。在考虑区块链技术的变现路径和投资回报规模之前，企业需要审视自身的顶层规划与资源配置、外部的市场环境以及自身的市场定位，还有区块链项目的成本结构，检验自身的转型基础，才能筛选出可行的"软"着陆点。

在构想区块链战略的初始阶段，企业的区块链项目应与业务框架相吻合，与自身已有的能力点相承接，且与宏观战略设想同步，降低企业的总体成本。横向来看，商用区块链需要规避自身对原有收入来源的负面影响，企业需放大视角考虑区块链多层叠加应用带来的综合效益，避免长期的因小失大。此外，区块链如何与已有的系统设施集成也是普遍需要考虑的问题，尤其是在政务、城市中台等基础设施领域，完全抛弃已有系统并不现实。纵向来看，区块链项目本身所携带的资本支出结构需要结合技术渐进式的发展纳入企业的立项分析。区块链技术的本质决定了其运行成本与安全性的正向关系，企业应根据各个时期对安全性的需求程度来定夺区块链在内部不同时空的发展空间，以平衡好长远来看高昂的系统运维成本。

从外部环境来看，企业在业界的市场定位需综合分析市场环境，找到合理的定位。真需求只有处于区块链的主场，才能被引爆。区块链进军的领域需要依托充足的市场增长空间，有足够大的需求，才能利用差异化趋势，因此"不能过温"。但在高度成熟化的市场中，新技术和对应的新应用模式有可能触发传统解决方案所没有的问题，在本来就饱和的市场中因新问题而前功尽弃的概率较高，因此"不能过火"。基于对市场的了解，行业的领导者可以利用自己的资源优势加速部署，抢先占领潜在业内价值最高的应用场景赛道，甚至提前自建行业标准，而缺乏行业资源的初创企业则可以选择从构建分布式商业切入获取收益。

开锁是个双向匹配验证的过程，即使钥匙能插进锁孔已确认无误，也得检验锁孔本身能否配合钥匙彻底开启大门。在这个情境下，锁孔便是企业自身，只有内外部资源配置到位，市场时机抓取得当，企业才能顺势而为。

明道定法，外引内联

企业在审慎判断需求，分析可行性后，也要着重回答好"谁来上链""如何上链""上链后往哪儿走"等问题，遵循一定的指导方针来实现整个商业闭环。区块链技术应用的出发点，就是为了在碎片化的商业环境中从各自孤立转换到端到端的价值链融合状态，这决定了应用过程中跨主体跨区域能力交互、数据流动、协同共享的不可或缺。市场参与主体、业务流程、实现路径等怎么协调，如何参与、贡献甚至领导生态建设，怎样才能在新领域长久生存，这些都是企业在建设过程中应持续思考的重大事项。①

通常来说，合作生态建立在两个基础之上。

其一，合作生态建立在联盟链主体之间。建设多元化的社区生态不易，但考虑到网络和扩展效应，联盟链有助于推动整体的开放创新，提高代码的整体质量，且能控制区块链集成和维护成本。但联盟链毕竟不是企业的唯一解，面向公有链和私有链，企业应该如何选择呢？公有链的读写权限对所有人开放，优势在于所有交易数据公开、透明、难以篡改，但其低吞吐量带来了缓慢的交易速度。私有链的读写权限对某个节点控制，相比需要通过大多数节点验证的公有链，私有链的交易速度更快，交易成本也更低，但是由某个组织或机构控制的私有链与"去中心化"理念有所出入，如果过于中心化，那就跟其他中心化数据库没有太大区别。联盟链是私有链的一种，仅限于联盟成员参与，成员参与区块链运行需要按照规则获取读写记账的权限，其权限设计要求比私有链更复杂，但比纯粹的私有链更具可信度。总的来说，去中心化的程度越高，可信度越高，而交易速度越慢。可以看到，在业务板块对可信度、安全性有很高要求，而对交易速度不是那么苛刻的落地场景里，公有链更有发展潜力。对于更加注重隐私保护、交易速度和内部监管等的落地应用，使用私有链或联盟链则更加合适。

其二，合作生态建立在产业链的上下游之间。这个基础有以下三个关键点。

第一，如何选择合适的团队进行建设是企业需要谨慎决定的问题。大体来说，有自建和外包两条路径。在原有实体企业里抽调

---

① IBM，《区块链——造福人类的伟大技术》，https://www.ibm.com/downloads/cas/DG0NGPZ9。

人员组成专业部门或小组，可以使开发团队对业务具备较深入的理解，对企业所想解决的问题了解得更为清晰直接；在相关系统搭建好后，后续的跟进和维护工作也更为持久。并且，企业自身的数据和信息是企业做出从产品开发到制造和市场营销的关键决策的基础，选择自建能使企业保障对自身关键资源和数据的安全控制。企业如对外寻求第三方专业区块链服务商来进行相关项目的建设，则在对业务理解上不如前一种方案，但是由于后者在区块链领域有丰富的实践经验，这会让他们更具有竞争力。具体如何进行选择是企业需要结合自身基础思考的。一般来说，技术研究较为薄弱的传统型企业寻求外部力量来注入新鲜血液的效果较好。在这种情况下，企业可以通过和技术提供商开放直接式的对接以及一定的责任共担条款减少与公司本身业务结构的摩擦并对冲外部风险。自身科技基因较强的科技型公司自建部门扩展区块链项目往往更为合适。

第二，作为一个分布式账本，区块链提供了网络效应的效用，而区块链联盟则简化了共享资源的流程，以利用其互补优势，快速而高效地在市场中建立独特的优势，更好地利用这些网络效应满足自身的特定需求。当前，金融服务、医疗、物流等领域已形成多种形式的合作关系，那些内部资源匮乏、无法担负初期基础设施建设成本的公司可考虑加入以解决商业问题为最终目的的商业驱动联盟。不过，在加入联盟之前，企业需结合联盟的目标和愿景，了解联盟内部的关键成员和媒介，理解其动机，以及与其互动的信任循环。同时，要认清区块链联盟内竞争与合作之悖论，及时获取新技术带来的并行红利。[1]

---

[1] Deloitte, Blockchain consortia perspectives: The future of coopetition, https://www2.deloitte.com/us/en/pages/consulting/articles/blockchain-consortia-perspectives.htm.

第三，并购也是企业建立区块链能力的方式，在解决人才匮乏、技术孵化阻力大方面成效较快。如企业发现了资源互补的相关企业，同时双方的愿景相当，协同效应可行且有助于内部能力点的长远提升，则并购不失为一条更高效的积累内部区块链技术的路径。

企业面对的每种策略其实都有其优势和劣势，目前能在实践中平稳落地的领先企业大多选择的都是多元模式和策略组合。这有利于提高对市场的预见性，保持企业参与度且保障对风险的及时对冲。

内靠治理，外看监管

一般而言，新技术被采用的规模与监管的规范程度成正比。监管壁垒较低确实方便企业入场，但若想在这个领域长久生存下去，严格的自我监管和安全意识是极为重要的。区块链去中心化的分布式共享账本带来了美好的自治体系，但也要避免掉入乌托邦陷阱。由于匿名形式不利于参与者承担责任，各应用场景里的监管层面需要建立分布式的透明机制。监管角色需要确保责任分明，保障隐私性，防止潜在的中心控制。在这种机制环境下，企业区块链需要围绕许可和用户访问的原则进行设计，设置区块链访问控制层，确保只有经过身份识别的特定参与者才能完成特定操作，并在链条"试用期"对用户访问区块链做好权限管理，利用加密算法控制可以访问自己数据的用户及访问场景。除此之外，企业还可以采取在区块链系统内部治理中引入监管节点的形式进行链内监管，完善区块链内部治理体系。

与此同时，符合外部监管要求也是必不可少的，监管方可以根据链内监管情况决定链外监管的规则和强度。区块链的监管涉及参与者的各种权利，比如隐私保护问题、数据权属与流动问题等，一个责任划分清晰、执行有力的监管方案是企业持续健康运营的强心针。企业在建立区块链系统时，应重视外部监管的要求，与监管方保持积极沟通，在监管范围内最大限度地实现创新。这样一来，内外监管相互照应，形成双重保障，共同维护区块链生态在产业中的健康发展。

结 语

产业区块链的未来趋势

区块链的应用离不开与具体产业链的结合，而产业链的迭代与技术本身的渐进性应相辅相成。为此，企业需要以点带面，引入创业者不畏"试错"的思维方式，从自身需求出发，以业务为牵引，做好内部系统化的布局，利用市场反复进行验证，在实践中不断调试，尽早找到区块链在自家应用场景内的最佳应用。

从宏观而言，企业也应树立大局观，厘清产业区块链对传统产业的重构，深挖传统产业价值在数字链条上的进化之道。在区块链的大浪淘沙之下，乘风破浪且屹立不倒的才是真英雄。

产业发展进入新篇章，人们对区块链技术的应用已经从基本认知转向实际应用。展望未来，以下几个趋势值得关注。

趋势一：产业区块链成为区块链行业发展的主战场，联盟链、私有链成为主流方向。2019年之后，联盟链会迎来爆发点。联盟链本身对监管友好，有准入体系，并且支持穿透式监管。目前，联盟链在存证、政务、金融领域已经实现一定的规模化落地，可以让多个企业、机构之间实现实质的、有力的协同。更多的企业使用区块链技术来降低成本，提升协作效率，激发实体经济的活力。不同行业将积极寻找解决方案。这同时也反过来推动了底层技术的发展，是一个良性循环。

趋势二：区块链推动政府管理变革。区块链技术"账本共享""交叉验证"可以改变政务的许多关键领域，与政府日益数字化、公开化、透明化的目标高度一致，可以解决现代政府治理面临的许多棘手问题。一直以来，政府部门之间的数据共享存在几个不通：上下不通，地域不通，条线不通。区块链可用于推进政务信息系统整合，破除"信息孤岛"。区块链技术可以在政府部门之间构建对等的可信网络，在不改变原有组织架构的前提下，实现可信信息传递，促进多部门协同。

趋势三：传统大型企业引入区块链。2019年，我们看到摩根大通、沃尔玛、亚洲航空、三菱、耐克等商业巨头都在探索区块链应用。2020年，这一趋势将进一步扩大。传统企业对于区块链的运用往往从降本增效的短期目标出发，用算法和程序建立信任网络，让价值在互联网上自由流动，实现节点间的价值共享，解决企业现有的问题。在此基础上，从长远来看，区块链项目的社区形态、治理体系、运行规则为传统企业的组织形式带来了创新性思考，成为企业数字化转型的关键之举，使得传统企业更快适应甚至引领市场的高速变革。区块链技术本是一项打破企业边界、为新兴企业带来更多机会的技术，有鉴于此，传统大型企业更不能坐以待毙，全面主动拥抱区块链才是长久保持行业领军者地位的必然选择。

趋势四：区块链与云计算的结合越来越紧密，"云链用量"成为衡量数字经济发展的新指标。区块链与云计算结合，将有效降低企业应用区块链的部署成本，降低创新创业的初始门槛，是构建公共信任基础设施的关键组件。"用云量"是衡量数字经济、数字时代发展的重要指标。目前，在区块链产业逐渐萌芽的情况下，不同领域分布式的商业联盟相继成立。它们是一个一个局域网和较小的信息孤岛，但是已经有非常明显的连接在一起的趋势。随着这个趋势的发展，大的局域网、跨链的连接会越来越多，"用云量"也会越来越大。云和链结合，"云链用量"也就成为衡量数字经济发展创新非常重要的维度。

趋势五：跨国区块链行业联盟组建推动垂直领域的区块链应用。2019年，除了R3、Libra之外，更多跨国组织相继成立，共同探索区块链在垂直领域的应用，例如，宝马、福特等全球顶级汽车制造厂商建立的区块链联盟MOBI，致力创建行业通用标准和API服务未来汽车产业的数字生态系统。又比如医药领域的Mediledger和航运领域的TradeLens。这些组织将由跨国巨头牵头，持续为联盟输送资金、场景、人力，更重要的是推动行业间的合作及标准建设。

趋势六：区块链与多方计算、安全计算、联邦学习结合解决数据的隐私保护与共享问题。2019年是隐私问题集中爆发的一年，前有脸书的隐私门，后有谷歌因隐私问题被重罚。欧盟推出的GDPR也开始切实产生影响。在国内，有40余款App因违规收集个人信息等问题，被要求整改。互联网企业的隐私保护问题刻不容缓。与此同时，在数字经济时代，多企业间的数据协作需求越来越多。区块链与多方计算结合可以解决数据的隐私保护与共享问题。通过区块链来维护和管理联盟的准入和运行规则，保证多方计算相互间的协作，数据使用方见证整个过程按照规则来运行，不需要集中到统一的中心进行运算学习。这既解决了隐私泄露问题，也可以推进多主体之间的数据合作，将会是未来几年区块链的热点领域。

传统的多方计算很难在多方之间进行协调，并在实际运算中达成多方见证，事后也很难实现即时结算的激励机制。通过区块链，利用隐私智能合约，让多方协作起来，运算过程中可以进行多方见证和监控，避免隐私信息泄露。以区块链为基础的安全多方计算和联邦学习，使得不可信的多方之间，可以进行隐私数据联合计算、隐私数据求交集、隐私数据联合建模等，并最终实现总体信息的统计分析，输出群体画像这样有商业价值的信息的同时，并不会发生敏感数据泄露问题。此外，通过区块链的智能合约进行即时清算、自动支付，实现数据的一个安全多方计算市场。

趋势七：分布式商业将继续实验，探索可扩展的商业模式。与20世纪90年代的电子商务类似，分布式生态系统的增长和巨大潜力还未被充分挖掘。传统商业主体依靠金字塔式的科层体系实施治理，具有清晰、相对固定的组织边界，相对僵化的利益分配机制。在区块链支持之下，商业机构可以实现人为管理与算法治理的结合。尤其是在区块链上进行算法治理，可以建立一套规范各参与方和利益相关方的制度，而且公开、透明、灵活、不可篡改、自动执行。这就使得各利益相关方聚集在一起，通过智能合约分配价值，围绕一套透明的制度进行协作，形成新的商业生态系统。这种商业组织没有固定的边界，基于高度透明和自动化执行的激励算法，而且具有一定的智能性，能够实现快速引流扩张，迅速发挥网络效应，特别是在营销领域和创业阶段，具有非常大的竞争优势。当然，分布式商业并不排斥传统的组织和管理。由于合约本身注定是不完备的，而算法合约的描述能力事实上还弱于自然语言合约，因此，随着商业系统越来越复杂，在算法合约无法覆盖的领域，传统组织和管理仍然十分必要。所以，对于分布式商业的适用范围应当有合理的估计，不可陷入"加密主义乌托邦"的窠臼。

区块链翻开了数字经济新的篇章，作为一种新的技术经济形态正在将不同主体、不同城市、不同国家、不同领域卷入其中。从少数极客到初创企业、大型客机企业再到政府主导的公共服务，最后发展到以城市为单位的区块链可信城市。区块链几乎适用所有应用场景，所以区块链的地位才会与互联网的地位对标。但这也是区块链行业发展的难题，由于都适用，所以很多领域的区块链应用用不好。原因很简单，因为适用程度不同，无论是企业，还是政府，都需要深度分析自身业务和区块链技术的结合点，更难的是基于区块链技术的产品开发和运营，这些都跟互联网应用面临的困难是相同的，因此不是简单的区块链技术创新就能解决的，它是一个"区块链技术+应用"的生态创新。

要抱持科技向善的理念发展产业区块链。不管是区块链技术，还是人工智能技术，都存在认知差的问题。当出现认知差的时候，是用领先的认知去割别人的韭菜，还是通过新技术滥用数据？我们的初心是通过用新的技术赋能实体经济，带动产业升级，让世界变得更美好。只有不忘初心，才可能走得更远、更稳。从业者要敬畏监管，敬畏客户，敬畏可持续发展。

对于区块链行业来说，未来三年将是传统行业与区块链紧密融合的关键时期，会涌现新型的商业模式和监管服务模式。这为实体产业"换道超车"提供了机遇，数字资产会成为企业的重要资产。对于实体经济而言，这或许既是机遇，也是挑战。

致　谢

区块链是前沿技术的代表之一，也是互联网发展过程中在理念上的创新，蕴含着深刻的方法论思想，自其诞生之日起，便吸引了来自密码学、经济学、社会学、法律、金融、哲学等学科的研究者。2016年初，我第一次接触区块链技术，就被它深深吸引：观察它如何"上天"——在技术上持续发展，在理论和概念层面不断丰富；观察它如何"入地"——作为底层技术和制度设计融入实体经济，形成产业区块链转型的新模式。

对于任何人来说，要想跟上区块链行业的发展节奏并非易事。作为研究者，我们也体验了一次"区块链速度"的研究写作经历。本书是腾讯研究院出版的第一本区块链专著，其中有种种不足，但基本反映了我们对区块链在数字经济社会中的作用及实现路径的思考。

本书的写作得到了许多同事、朋友和同行的帮助和支持。感谢所有参与访谈并无私分享的朋友，他们活跃在各自的岗位，不仅有区块链研究者，还有一线的区块链产品设计者、企业家以及传统行业的老兵。他们从不同维度推动区块链行业生态的建设，没有他们就不会有产业区块链现在的丰富生态圈。

首先感谢本书的作者之一孟岩老师，作为国内数字资产研究的带头人，他对区块链产业理论的发展起到了关键作用。他为本书贡献了"产业区块链的应用模式""区块链支持数据成为新生产要素"等关键内容。

本书的另一位主要作者是腾讯研究院高级研究员曹建峰,他长期跟踪前沿科技的法律政策,思考前沿技术的社会影响及治理模式。在本书中,他对区块链的法律和治理问题做了深入分析,让我们看到区块链并非法外之地。

另外,本书得到了腾讯研究院团队的全力支持:腾讯研究院助理研究员郜若璇、方格越、陈明艳及熊辰为本书做了大量的基础研究及案例撰写工作。正是因为大家通力协作,本书才得以在如此短的时间内呈现在广大读者面前。

还要感谢腾讯的各位同事:富融银行区块链负责人蔡弋戈、产品负责人秦青;腾讯金融云负责人胡利明、架构师吴非、产品负责人邵兵、敖萌;腾讯区块链业务中心负责人郑浩剑、李茂材;腾讯法律创新中心吴平平,以及何家宇、杨晨、苏蹦蹦、王乐庆、蔡庆普、王子豪等战斗在区块链一线的同事。在此无法一一列举每个人的名字,他们在区块链领域的探索为本书带来了基于实践的案例和洞察。

最后感谢腾讯研究院院长司晓、首席研究员李刚、副秘书长刘琼的支持,他们为本书提供了大力的支持和指导。我的同事周子祺、李瑞龙也协助了我校对本书。感谢中信出版社的主编赵辉先生、编辑惠璐瑶女士,他们为本书的出版付出了大量的精力,进行了高效的工作。

本书写于2019年末,准备在2020年初问世。这是前所未有的一个新春假期。疫情之下,新冠肺炎患病人数每天更新,牵动着亿万人的心。疫情防控中出现的很多问题,如数据统计方式陈旧、跨部门数据协作困难、物资派发不透明、中小企业融资难等都显示了治理需要更有力的技术工具。正如本书中诸多案例提到的,区块链可以成为信任传递的机器，让疫情预警防控更及时，让数据晒在阳光下。虽然刚刚兴起的产业区块链还来不及在这次疫情中大显身手，但是在未来的公共事务治理中，区块链发挥的作用也许会比我们想象的更大。当然，每种新技术、新手段都有特定的适用范围，不可不重视，也不可夸大，更不应以技术手段的更新，取代深层结构性改革。善用技术，才能发挥技术的最大功效。

过去 10 年，我们见证了互联网成为颠覆性的力量。那么，区块链将如何成为产业转型中不可或缺的一环？区块链将如何改变我们对财产、商业、经济乃至社会的认知？我们将继续以发现、分析和研究未来作为工作使命。希望有更多的人能一起接受新观念的洗礼，成为重构现实的力量。

徐思彦

2020 年 2 月

经济增长的信任基础

司晓

腾讯研究院院长

信任在社会财富创造和经济稳健增长中扮演着重要角色。如肯尼斯·阿罗所说："几乎所有商业交易的达成都包含信任元素，有时间跨度的交易肯定如此。可以合理推论，世上大部分经济落后现象都可用缺乏互信来解释。"

货物和服务的交易走出封闭的小圈子，走向跨地区的现代市场体系，是经济增长的必要前提，而风俗、社交网络等非正式制度与法律、产权、监管等正式制度都是降低交易成本的关键因素。道格拉斯·诺斯于1991年发表在《经济透视》期刊的《制度》一文提及，如果是村庄经济，社交网络中的个人信誉、人际关系压力等非正式机制就可以保障合同或承诺的执行。而当交易的边界扩展，进入劳动分工细致、交易频繁且时间和空间跨度更大的现代市场后，单纯的社交网络就不够可靠了，需要法律法规和专业机构这些正式制度保障交易的公平进行。硬币的另一面，正式制度的建立和执行成本比非正式制度高很多，只有当经济交换超过规模和集中度的门槛之后，正式制度才是必要的。即便在这样的情况下，正式制度也无法完全替代非正式制度，特别是社会成员之间的一般性信任。

自 1981 年以来，WVSA 连续多年发布对不同经济体的价值观调查。其中一个问题直接指向社会的一般性信任水平："一般来说，你是否同意大部分人是可以信赖的？"基于这一持续发布的调查结果，产生了大量国别比较的实证研究。综合这些研究成果，一般性信任水平与一个经济体的增长速度、金融市场发展、国际贸易和投资甚至企业规模显著正相关，而与其正式制度的监管强度显著负相关。换句话说，一般性信任水平较低的经济体更可能陷入所谓的诺斯型低信任贫困陷阱——"无法让合同有效、低成本执行是历史上发展停滞和当今第三世界国家不发达的最重要原因"，而这样的经济体也倾向用更严格的正式制度来弥补这种非正式制度的缺陷。

在新制度经济学中，科技进步往往是与正式制度的变革放在一起讨论的。法律、监管、产权等正式制度安排需要与科技和生产力匹配，以便发挥全部的生产效率，两者共同决定了市场的交易成本以及企业和市场的边界，但关于科技如何影响非正式制度的讨论则少得多。非正式制度如风俗习惯、伦理、社交规范，更多与历史、人文、宗教等社会因素结合在一起，长期趋势较为稳定。现有的关于技术与信任等非正式制度之间关系的研究，大都集中在特定场景。比如在线支付平台的第三方付款模式，在陌生的商家和消费者之间用质押-担保的方式，用平台本身的信用替换特定商家与单个消费者之间的一般性信任，通过互联网产品的设计巧妙实现增信。搭配退换货保障、争端解决机制、留言评价体系，构建平台范围内的行为规范、惯例等非正式制度，降低交易成本，增强交易意愿。

再如社交媒体平台对原创内容的保护，利用大数据等技术手段，结合有一定公信力的信息源和投诉机制来对洗稿、不真实信息等消极内容进行甄别，搭配惩罚机制，保护原创者的合法利益。在这些例子中，科技与非正式制度的结合局限在具体的特定场景。现实生活中已有的信任、关系、习惯等非正式制度借助新的技术手段，被引入科技创造的新的互动空间，互相补充、加强，降低整体的交易成本，形成可以被信任的新环境。

区块链技术之所以引发关注，可能是因为这一技术在一定程度上脱离了这一轨道，与现有非正式制度甚至正式制度形成一定程度的竞争关系，而且有可能脱离特定场景的束缚，成为泛在的约束条件之一。区块链是一项天才设计：链条的每一次延伸，都是对以往所有历史记录的再次确认；数据大量备份、分散存储；非对称加密的环境保障隐私和匿名；设计者甚至搭建了比特币这样的共识机制来激励参与者确认记录、分散备份。在初始的设计中，每一条面向所有人的区块链都是一个独立存在的数字乌托邦，数据即事实，代码即制度，并不断扩展。匿名，所以无所谓社交关系，无所谓一般性信任；计算，就是规则的执行和规则本身。在现实世界维护社会正常运转、推动经济健康增长的正式和非正式制度，被一行行的代码替代，变得无关紧要了。

也因为这样极端的理想性，按照初始思路设计出来的比特币被证明应用场景非常有限。用代码跳过人际交往、跳过信任建立的过程，也就无法享受一般性信任带来的好处，用代码替代现实世界的法律和规则，也意味着没有现实世界中的正式制度的背书和承认。这很可能是对比特币和其他很多初代加密数字货币存在争议的主要原因。当科技把人简化为一个密钥，那密钥的丢失几乎可以与人的消失对等。我们至今无法把中本聪对应到现实社会中的某个人。这听上去很像是一集《黑镜》的脚本。

链上保真，其余不管。脱离现实世界，也必然被现实世界排斥。从这个角度看，Libra 是对比特币的修正，是对社会现实中非正式和正式制度的回归。由有公信力的机构组建 Libra 联盟，打造现实世界的朋友圈；主动靠近监管，承诺遵守货币监管规则；与主流主权货币挂钩，针对真实的交易场景。这些举措都致力于打破数字乌托邦与现实世界的壁垒，成为有意义的货币和交易的价值中介。这本书中的很多应用案例，可以看作区块链技术应用"脱虚向实"趋势的进一步延展。电子发票、供应链金融、司法存证，每一个鲜活的案例，都是从现实需求出发，利用区块链天才设计当中的某个特性或特性组合解决实际的困难。创新技术与现实世界的社会风俗、社交网络等非正式制度以及法律、产权、监管等正式制度协作，帮助局限在某个场景内的交易"出圈"，走向更多的交易对手和机会、更广阔的天地。在这里，区块链与非正式制度的关系，与上面提到的支付平台和社交媒体的关系并无本质不同。

这正是我们对区块链技术的基本价值判断：这一特点鲜明、优势和劣势同样明显的创新技术，需要在遵守显性的正式制度之外，与非显性的社会风俗互为表里，用科技增强信任，而不是用科技代替信任。与实体经济融合发展，才是区块链应用更健康和可持续的方向。